「不動産登記の仕組みと使い方」

齋藤隆夫 [著]

成文堂

はしがき

　不動産登記は，当事者が申請情報や申請書と呼ばれるものを作成し，それに所定の情報や書面を添付して管轄登記所に送信あるいは提出すると，受け取った登記官が規定に従った審査を行い，当事者の求める記録をすることで終える比較的単純な手続である。

　ところで，不動産登記の手続に関する知識の習得については，筆者が大学の授業をとおした経験によると，抽象的な法文の規定を知るだけではイメージがつかみ難く，実際に近い形でそれを使ってみたほうが理解は進みやすいようである。そこで本書は，不動産登記の初学者のために，手続の仕組と実際の作業の流れを分けて説明することにした。前者については法令を中心に解説するが，ここでは，手続の全体像をつかみ取ってもらうことが主要な目的であり，そのために作業の詳細ではなく骨格部分を中心にした。次に，手続の流れについてイメージをつかみやすいように，売買や担保の取引，そして相続など日常的な登記の例をあげ，そこに法令をあてはめて使い方を解説した。これにより，初学者が，登記の手続に関する知識の効率の良い習得が出来ると考えた。その際に，法令等の基本的な事項が事例を問わず共通することを理解してもらうために，繰り返し述べることもあえてした。

　限られた紙幅であり，不動産登記の細部を説明するには至らないが，それでも不動産に関する主要な取引と，それによる登記の完了までの基本的道筋は説明したつもりであり，初学者の理解の手助けになれば幸いである。なお，不動産登記は，不動産の物理的な現況の登記と，その不動産をめぐる権利関係の登記に分けることができる。このうちの前者を表示に関する登記（「表示の登記」あるいは単に「表示登記」と呼ばれることもある。），後者を権利に関する登記（「権利の登記」と呼ばれることもある。）と呼ぶが，本書は権利に関する登記の仕組と使い方を述べたものであり，表示に関する登記は説明の対象としていない。したがって，本書で使用する登記の用語は，特に断らない限り権利に関する登記の意味である。

最後に，本書の執筆にあたり，事例の選択から全体の構成については司法書士の高橋真人君に，また編集には成文堂の篠崎雄彦氏に，それぞれ大変お世話になった。お二人にはこの場をお借りして，厚く御礼を申し上げる。

2012年3月1日

齋　藤　隆　夫

目　次

はしがき

第1編　仕組み

第1章　不動産登記の仕組み……………………………3

1　不動産登記制度の意義……………………………3
2　基本構造……………………………………………4
　(1)　法令と登記機関 4　　(2)　不動産登記の全体像 5
3　記録の仕方………………………………………10
　(1)　管轄 10　(2)　地図と登記 11　(3)　記録の編成 12
4　登記事項―記録される事項―…………………17
　(1)　表題部の登記事項 17　(2)　権利部の区分と登記事項 18
5　権利に関する記録の方式………………………23
　(1)　記録の単位(様式)と順位番号 23　(2)　履歴の存置 24
　(3)　付記登記 25
6　記録の作業―登記の実行―……………………28
7　手続の概観………………………………………28
　(1)　登記できる権利とその態様 28　(2)　登記できる不動産 29
　(3)　申請の手順 32
8　登記の申請………………………………………33
　(1)　登記の申請(記録の要求)―申請主義― 33
　(2)　登記申請の当事者 35　(3)　登記申請人と共同申請の原則 35
　(4)　単独申請 38　(5)　登記を求める作業と方式―申請― 40

第2章　手続の内容……………………………………42

1　申請の方式―記録を要求する行為―…………42
2　提供すべき情報…………………………………43
　(1)　申請情報 43　(2)　添付情報 43

3 申請情報の内容 …………………………………………… 44
(1) 一般的な申請情報その1 45　(2) 一般的な申請情報その2 47
(3) 一般的な申請情報その3 50　(4) 固有の申請情報の内容 51

4 受付，審査及び実行 ……………………………………… 58
(1) 申請の受付 58　(2) 申請情報の審査と却下 60
(3) 登記の実行 61　(4) 記録の形式 61
(5) 登記官による本人確認 62　(6) 不正登記防止の申出 63

5 申請情報の作成 …………………………………………… 64
(1) 不動産ごとの作成 64　(2) 一括申請 64

6 添付情報・添付書面 ……………………………………… 70
(1) 添付情報・添付書面と役割 70　(2) 添付情報の概観 70
(3) 電子証明書・印鑑証明書 73　(4) 登記識別情報 77
(5) 登記原因証明情報 90　(6) 法人代表者の資格を証する情報 96
(7) 代理人の権限を証する情報 97
(8) 登記原因についての第三者の許可，同意，承諾を証する情報 98
(9) 個別的な添付情報 99　(10) 添付情報の提供 100
(11) 添付情報の省略 101　(12) 添付書面の原本還付 102

7 仮登記 ……………………………………………………… 104
(1) 条件不備の仮登記 104　(2) 請求権保全の仮登記 105
(3) 仮登記の申請 105

8 権利に関する登記の形態 ………………………………… 110
(1) 手続の分類 110　(2) 保存及び設定の登記 111
(3) 移転の登記 117　(4) 変更(更正)の登記 120
(5) 抹消(消滅)の登記 126

第2編　使い方

第1章　土地の売買 …………………………………………… 138

1 基本事例—所有権移転登記— …………………………… 138
(1) 実体関係の整理 139　(2) 手続関係の整理 139
(3) 申請の作業 142　(4) 申請情報の例 147

2 応用事例Ⅰ―登記権利者が複数の場合―............149
　(1) 実体関係の整理　150　　(2) 手続関係の整理　150
　(3) 申請の作業　151　　(4) 申請情報の例　151
3 応用事例Ⅱ―登記権利者が共有持分を取得した場合―......152
　(1) 実体関係の整理　152　　(2) 手続関係の整理　153
　(3) 申請の作業　153　　(4) 申請情報の例　154
4 応用事例Ⅲ―一括申請―............155
　(1) 手続関係の整理　155　　(2) 申請の作業　156
5 応用事例Ⅳ―登記名義人住所移転―............156
　(1) 手続関係の整理　157　　(2) 申請の作業　157
　(3) 申請情報の例　159
6 応用事例Ⅴ―判決による所有権移転登記―............159
　(1) 手続関係の整理　160　　(2) 申請の作業　160
　(3) 申請情報の例　161
7 応用事例Ⅵ―権利承継者による所有権移転登記―............162
　(1) 実体関係の整理　162　　(2) 手続関係の整理　162
　(3) 申請の作業　163　　(4) 申請情報の例　164
8 関連知識の整理............164
　(1) 所有権移転　165　　(2) 所有権登記名義人の住所変更等の登記　181
　(3) 所有権の更正登記　183　　(4) 所有権移転登記の抹消　184

第2章　建物の新築............185

1 基本事例―所有権保存登記―............185
　(1) 実体関係の整理　185　　(2) 手続関係の整理　186
　(3) 申請の作業　187　　(4) 申請情報の例　190
2 応用事例Ⅰ―区分建物の所有権保存登記―............193
　(1) 実体関係の整理　193　　(2) 手続関係の整理　194
　(3) 申請の作業　195　　(4) 申請情報の例　197
3 関連知識の整理............199
　(1) 所有権保存登記　199　　(2) 所有権保存登記の更正　202
　(3) 所有権保存登記の抹消　203

第3章　担保その1　抵当権 …………………… 204

1　基本事例―抵当権設定登記― ………………………… 204
(1)　実体関係の整理　205　　(2)　手続関係の整理　206
(3)　申請の作業　207　　(4)　申請情報の例　211

2　応用事例Ⅰ―登記義務者が複数である場合― ……………… 212
(1)　実体関係の整理　212　　(2)　手続関係の整理　212
(3)　申請の作業　213　　(4)　申請情報の例　214

3　応用事例Ⅱ―いわゆる追加設定の登記― ………………… 214
(1)　実体関係の整理　215　　(2)　手続関係の整理　215
(3)　申請の作業　215　　(4)　申請情報の例　217

4　応用事例Ⅲ―連件申請 ……………………………… 218
(1)　実体関係の整理　218　　(2)　手続関係の整理　218
(3)　申請の作業　220　　(4)　申請情報の例　220

5　応用事例Ⅳ―共有持分権に対する抵当権設定― …………… 221
(1)　実体関係の整理　221　　(2)　手続関係の整理　221
(3)　申請の作業　222　　(4)　申請情報の例　223

6　応用事例Ⅴ―抵当権の内容の変更― ……………………… 223
(1)　実体関係の整理　223　　(2)　手続関係の整理　224
(3)　申請の作業　225　　(4)　申請情報の例　229
(5)　抵当権の順位変更の登記　230

7　応用事例Ⅵ―被担保債権の譲渡― ………………………… 234
(1)　実体関係の整理　234　　(2)　手続関係の整理　234
(3)　申請の作業　235　　(4)　申請情報の例　236

8　応用事例Ⅶ―被担保債権の弁済― ………………………… 236
(1)　実体関係の整理　237　　(2)　手続関係の整理　237
(3)　申請の作業　238　　(4)　申請情報の例　239

9　関連知識の整理 …………………………………… 241
(1)　抵当権の設定　241　　(2)　抵当権の変更　248
(3)　抵当権の移転　252　　(4)　抵当権の処分　253
(5)　抵当権の抹消　253

第4章　担保その2　根抵当権 ……………………………… 256

1. 基本事例—根抵当権設定登記— …………………………… 257
   - (1) 実体関係の整理　257
   - (2) 手続関係の整理　258
   - (3) 申請の作業　259
   - (4) 申請情報の例　263
2. 応用事例Ⅰ—共同根抵当権の設定—
   （登記義務者が複数である場合） ……………… 264
   - (1) 実体関係の整理　265
   - (2) 手続関係の整理　265
   - (3) 申請の作業　266
   - (4) 申請情報の例　267
3. 応用事例Ⅱ—根抵当権の変更— ……………………………… 268
   - (1) 実体関係の整理　268
   - (2) 手続関係の整理　269
   - (3) 申請の作業　270
   - (4) 申請情報の例　272
4. 応用事例Ⅲ—根抵当権者の合併— ………………………… 273
   - (1) 実体関係の整理　273
   - (2) 手続関係の整理　274
   - (3) 申請の作業　274
   - (4) 申請情報の例　275
5. 関連知識の整理 ……………………………………………… 276
   - (1) 根抵当権の設定　276
   - (2) 根抵当権の変更（更正）　280
   - (3) 根抵当権の移転　285
   - (4) 根抵当権者と債務者の相続　287
   - (5) 根抵当権の抹消　289

第5章　相　続 ……………………………………………… 290

1. 基本事例—所有権移転登記— …………………………… 290
   - (1) 実体関係の整理　290
   - (2) 手続関係の整理　291
   - (3) 申請の作業　292
   - (4) 申請情報の例　295
2. 応用事例Ⅰ—法定相続分による共有— ……………………… 296
   - (1) 実体関係の整理　296
   - (2) 手続関係の整理　296
   - (3) 申請の作業　297
   - (4) 申請情報の例　299
3. 応用事例Ⅱ—遺産分割協議の成立— ………………………… 300
   - (1) 実体関係の整理　300
   - (2) 手続関係の整理　300
   - (3) 申請の作業　301
   - (4) 申請情報の例　304
4. 応用事例Ⅲ—遺贈— ……………………………………… 305

(1)　実体関係の整理　305　　(2)　手続関係の整理　305

　　　(3)　申請の作業　306　　(4)　申請情報の例　309

　　5　関連知識の整理……………………………………………310

　　　(1)　申請　310　　(2)　登記原因証明情報　316

第6章　仮登記…………………………………………………317

　　1　基本事例―所有権移転仮登記―………………………317

　　　(1)　実体関係の整理　318　　(2)　手続関係の整理　318

　　　(3)　申請の作業　320　　(4)　申請情報の例　322

　　　(5)　単独申請によってなす仮登記　323

　　2　応用事例Ⅰ―予約契約による仮登記―………………326

　　　(1)　実体関係の整理　326　　(2)　手続関係の整理　326

　　　(3)　申請の作業　327　　(4)　申請情報の例　327

　　3　応用事例Ⅱ―仮登記上の権利の処分―………………328

　　　(1)　実体関係の整理　328　　(2)　手続関係の整理　329

　　　(3)　申請の作業　330　　(4)　申請情報の例　331

　　4　応用事例Ⅲ―手続上の条件が具備された場合
　　　　　　　　　（仮登記に基づく本登記）………………333

　　　(1)　実体関係の整理　333　　(2)　手続関係の整理　333

　　　(3)　申請の作業　334　　(4)　申請情報の例　336

　　　(5)　請求権保全の仮登記に基づく本登記について　337

　　5　応用事例Ⅳ―予約契約の解除―………………………338

　　　(1)　実体関係の整理　338　　(2)　手続関係の整理　338

　　　(3)　申請の作業　339　　(4)　申請情報の例　340

　　　(5)　単独申請について　341

　　6　関連知識の整理……………………………………………342

　　　(1)　申請及び申請人　343　　(2)　登記原因証明情報　344

　　　(3)　仮登記の抹消　345　　(4)　仮登記の更正　346

　　　(5)　仮登記の本登記　346　　(6)　その他　347

参考資料（登記事項証明書の例）………………………………348
索引事項……………………………………………………………351

第1編
仕組み

第1章

不動産登記の仕組み

　冒頭で述べたように，不動産登記の手続は緻密な法令で構成されているけれど，手続の作業を知るためには制度全体について一定程度の理解が不可欠である。そこで本章では，まず登記制度の概観を示し，次に手続の仕組みについて，全体とそれぞれの構成部分を分説する。しかし，本書は後半で，事例に基づいて作業の組立て手順を説明するので，ここでは手続の網羅的な解説ではなく，登記の申請に必要な基本的知識に的を絞り説明をして行く。

1　不動産登記制度の意義

　民法の代表的教科書は不動産登記を，「不動産は重要な財産なので，その物権変動が対外的に認識できないと，取引の安全という観点から弊害が大きい。そこで登記という公示手段を対抗要件としている…」[1]，と説明している。初学者はこれを読むと，「不動産は重要な財産」はともかく，物権変動・取引の安全・公示手段・対抗要件など，どれをとっても奥の深い問題を従えて説明がなされる不動産登記は，極めて重要度の高い法制度である，との印象を持つであろう。確かに，ここでいうように不動産登記は第三者対抗力をとおして不動産をめぐる物権の帰属決定に重要な役割を担っている。しかしこの説明は，実体法的な観点から登記制度の存在理由・意義等を述べたものであり，手続を述べたものではない。不動産登記の手続を一口で言えば登記のための作業であり，重要なことは誰がどのような行為を行うのかである。

---

[1]　内田貴　2001　民法Ⅰ［第2版］補訂版　428頁　東京大学出版会

> **寄り道** 登記制度の手続的概観
>
> 　不動産登記に関する手続の要点を初学者に説明することが目的の本書にとって，実体法的観点からの登記制度の意義は本題ではない。さりとてこの先学習を進める上で，それらを全く無視するわけにもいかない。そこで，論理的な構成は無視して初学者諸君が全体像を描きやすいように，筆者なりに乱暴な説明を加えることにする。
> 　不動産は，人間の生活に不可欠な物であるけれども私有財産なので取引の対象となり，理由はともかく一般に高額である。
> 　住宅には居住する家族が，また企業の社屋には経営者・従業員その他来客まで含めれば多くの人がいるように，不動産の利用者は複数・多数である場合が多い。このため，法律の観点から誰が所有者であるのかを，外観によって判断することが困難である。例えば，家族と同居している読者諸君は多いであろうが，住んでいる家や敷地を誰が所有しているかを，法的な観点から知っているであろうか。所有者を除けば，案外知らないで住んでいるのではないだろうか。住人ですらそうなのだから，ましてや他人が外から見ただけで不動産の所有や利用に関する権利の関係を判断することは難しい。もし，その不動産を買いたい人や担保に取りたい人（取引の相手）がいたら，所有の権利は自分にある，と言う人を一応は信用しても，そうではなかった場合の紛争を思い描くと，契約の相手を客観的に知ることが出来たほうが，取引の安全に繋がる。
> 　そこで，社会は個々の不動産についての所有や利用に関する法律関係を外から判断できるような制度を考案した。方法は，権利関係を記録してそれに法律的な効力を与え，その記録を特定の場所に保管して，希望する人に記録内容を開示するシステム[2]である。この記録のことを登記と呼ぶのである。つまり，登記とは法律により一定の効力を与えられた記録をいうのである。

2　基本構造

(1)　法令と登記機関

登記の法令　不動産登記のシステムは，役割の重要性に鑑みて厳格な運用がなされなければならない。一方，不動産の取引が日常的であることから，システムは事業者や一般国民の身近にあって多くの人に利用されることを念頭に置き，したがって手続の作業はアクセスも含めて容易であり，しかも迅速に事務を処理できることなどの利便性確保も重要である。このようなことから，登記は登記法その他の法令に従って行うよ

---

[2] 「登記」の用語は，対抗力をめぐる文脈で使用される場合と，手続の場面で使用される場合があり，前者と後者で意味が異なることがある。このため，本書では実体法的な文脈時に使う際には「登記制度」，手続機構を指す場合には「登記のシステム」と使い分ける時がある。

う定められ(民法第177条),その法令として不動産登記法及び不動産登記令,不動産登記規則等が置かれている(本書はこれ以降,不動産登記法を「法」,不動産登記令を「令」,不動産登記規則を「規則」と呼ぶことにする)。この他,法令ではないが,登記事務を所掌する法務省が全国の登記事務担当者に対して手続の細部に関する運用方法を指示した「不動産登記事務取扱準則」(平成17・2・25法務省民二第456号通達)がある(これ以降,「準則」と呼ぶ)[3]。

登記の
機関 次に,登記は国家機関の登記所がその事務を所掌することにしたが,具体的には全国の都道府県に配置された法務局・地方法務局及びその支局,出張所がここでの登記所となり,そこに配置された国家公務員の登記官が登記事務を処理している(法第6条,第9条)。

(2) 不動産登記の全体像

不動産登記の手続を主要な構成部分に分けて説明する前に,全体像を簡単に示しておく。

登記(記録と開示)
の全体の仕組み 登記のシステムは,特定の不動産をめぐる権利関係に関する情報を記録し,それを社会に広く開示することを第一の目的に整備されたものである。情報開示に向けては,何よりもデータベースの構築が不可欠であるが,制度の役割に鑑みて蓄積する情報に誤りがあってはならない。このため,情報集積について,記録の方式と情報入手の方式などに緻密な規定が置かれている。

これ以降,手続の主要部分それぞれについて説明を加えていくが,そこに入る前に,まず全体の仕組みを図で示しておくことにする。この図は,不動産登記を手続的な観点から単なる記録と情報開示のシステムと捉え,それを遠くから眺めたものである。なお,一つ一つの土地や建物ごとに所定の方式で作成される電磁的記録を登記記録といい,それが記録される電磁的帳簿を登記簿という(法第2条第5号,第9号)。

---

[3] これは,直接には登記機関に対するものであるが,手続の運用方法に関する部分が含まれているので,申請人等も事実上はこれに従うことになる。

不動産登記のシステム

```
対抗力 ← ① 不動産の権利の記録／権利関係のデータベース＝登記
        ③ 記録作業（登記実行）
        ② 登記所　登記官
        ⑤ 記録を要求する作業（登記の申請） ← ④ 記録必要者（登記申請人）
        ⑦ 情報の要求作業 ← ⑥ 情報必要者
        ⑧ 登記記録・証明書の交付等 →
```

登記の作業　　登記の手続は，データベースを設置すること，そこに一定の情報の登載を求める行為，それに対応して入力する作業，及び出力の作業，に区分することができる。

データベース設置と運用　　データベースの設置は，登記簿・登記記録の設置を中心に，そこに新たな記録を入力し，更新する作業に関する問題で，登記機関の役割である。

情報の入力の要求　　不動産をめぐる権利変動の当事者が，自分の権利に対抗力を得るために行う記録を要求する行為（登記の申請）であり，誰が，何処へ，何をするかの作業手順の問題であるが，これを申請という。そして，当事者が要求する記録（登記）の内容に従って，作業手順が異なる場合がある。

情報の入力　　登記官がデータベースに記録を入力する作業であり，これを登記の実行という。

情報の出力　　データベース設置と同様に登記機関の役割で，登記制度としては重要な部分である。具体的には各種証明書交付の作業であるが，利用者が特別の知識を要しないで情報を得ることが出来るようなシステムになっていて，特に問題となることはない。

寄り道 学習の対象

　前記の図では，登記の手続を幾つかに区分した。このうち，【データベース設置】の部分は，直接的には登記機関の作業である。しかし，登記の利用者が次の区分である情報の登載を要求する作業（申請）を行う場合，データベースをめぐる一定の知識が必要となるので[4]，利用者にとって無関係とはいえない。【情報の入力の要求】は，例えば不動産を買って登記記録に自分の所有名義を求める者が行う作業手順の問題で，そこでは登記できる権利や登記の形式が多様であることから，一定程度専門的な知識が求められる。【情報の入力】は登記官の記録の仕方であるが，登記が却下される場合などを中心に，登記を求める当事者に間接的に影響がある。【情報の出力】は，公示制度の目的達成を左右するほど極めて重要な部分である。しかしわが国のシステムは，証明書等の料金が高額であることを除けば国民にとって極めて利用しやすい環境として整備されているので，利用者が専門的な知識を必要とすることはない[5]。

　以上のことから，不動産登記の手続きに関する学習の対象は【情報の入力の要求】が中心となり，それに関係する範囲で【データベース設置】や【情報の入力】部分も含まれるといえよう。そして《情報の出力作業》については，上述の理由により一般に学習の対象とまではされていない。したがって本書の内容も，情報の入力作業である登記申請の手順が中心である。

手続の構成

　ところで，登記の仕組み編では，データベースには，誰が何をしたらどういう記録がなされるか，を中心に説明を進めていく。その際に，前掲したシステム全体像の①から⑧が手続の主要な構成部分であり，本書もこれらを項目に掲げたうえでさらに細かく分けて説明を加えるが，その項目が手続のどの部分を構成するのかを知っておくために，前掲したシステムの全体像の中に示した番号にそって，項目の中身を簡単に述べておくことにする。

① 登記（記録）

　記録は，原則として，土地と建物それぞれ一つについて一つを備える方式であり，不動産の物理的な現況を収納する部分（表題部・表示の登記）と所有権や抵当権などの権利関係を収納する部分（権利部・権利の登記）が分けられて，記録可能な事項は全て法律で決められている（登記できる権利と事項・登記事項）。個々の権利に関する記録は，通常は他の記録と分界され，独立の番

---

[4] 例えば，「登記事項」は登記記録への記載事項で，直接はデータベースの問題である。しかしこの登記事項が，法文の書きぶりでは申請人にとって重要な「申請情報」と重なることが多い。

[5] 利用者からみて，利便性向上と費用負担は正比例の関係となるようである。

号（順位番号・主登記）を持ってなされるが，技術的な観点から，ある特定の登記に付随する方式でなされるものがある（付記登記）。さらに，記録には実体上の対抗力を持たない予備的なものがある（仮登記）。

② 登記所・登記官

登記所は，既に述べたように法務局，地方法務局及びその支局，出張所であり[6]，それぞれが管轄区域の不動産に関する登記事務を取り扱う[7]。登記事務を所掌する国家公務員が登記官である。登記簿は，事変を避ける目的以外では登記所から持ち出すことはできないが，登記簿の付属書類は所定の場合，登記所から外部に持ち出すことができる（規則第31条）。

③ 記録作業

登記官は，当事者から登記の申請を受け付けた場合には所定の審査を行い，却下事由がなければ記録（登記の実行）をしなければならない。

④ 記録を必要とする者

登記は，それを必要とする者（申請人）が要求する行為（申請）をしなければなされない（申請主義という）。申請の行為は，登記を行ったことで登記（記録）上利益を受ける者（登記権利者という）と，登記の結果不利益を受けることになる記録上の権利の名宛人[8]（登記義務者という）の双方で行うことが原則である（共同申請の原則という）。

⑤ 記録を要求する行為

登記（記録）を要求する行為を申請といい，具体的作業の方法も全て法令に定められている。申請は，概括的にいうと，定められた情報を登記所に提供することでなされるが，この情報には二通りのものがある。

申請情報　申請人が作成するところの，登記官に求める記録の内容等を中心に構成される情報で，申請作業の中心をなす道具である。これが書面で

---

[6]　法務局は，札幌，仙台，東京，名古屋，大阪，高松，広島及び福岡に設置され，それ以外の府県と北海道の函館・旭川・釧路にはそれぞれ地方法務局が設置されている。法務局及び地方法務局には，その管内の一定地域ごとに支局もしくは出張所が設置されている。これは，不動産登記が国民生活に身近であり，利便性が考慮されたものであろう。

[7]　登記所の管轄は，例えば，東京都渋谷区内の不動産であれば，現在は，東京法務局渋谷出張所の管轄となるように，主に行政区域を基準に定められている。

[8]　登記記録上の権利の名宛人を，登記名義人という。具体的には，権利の名前を冠記して「所有権登記名義人」のようにも使用する。

作成される場合には，それを申請書と呼ぶ。

　添付情報　　申請情報とともに登記所に提供を求められる情報であり，申請情報に添付するところからこのように呼ばれる。これが書面で作成されている場合には，添付書面と呼ばれる。

　情報の提供方式　　次に，申請情報と添付情報を登記所に提供する方式であるが，これには電子情報処理組織（コンピュータ）を利用するもの（以下これをオンライン申請という）と，紙を利用するもの（以下これを書面申請という）がある。但し二つの方式に質的な差はない。

　情報の内容　　登記の申請は，申請情報・申請書と添付情報・添付書類を登記所に提供する作業が中心であり，申請情報や添付情報の内容について詳しくは後述するが，それらは，例えば〈所有権移転登記について〉や〈根抵当権の変更について〉のように，申請する登記毎に法令が個別具体的に特定のものを定めているのではなく，全ての登記の申請について必要なものと，例えば〈何々の登記を申請する場合には何々に関する情報を〉のように，法令が一定の要件の基に提供を要求する情報の集合体である。この他，申請人のなすべき行為は殆んどが法令で網羅的に決められている。

　⑥～⑧**情報開示**　　登記の情報を必要な者に開示する過程であり，要約すると，記録内容を知りたい者は，誰でも一定の方式に従い手数料を納付すれば登記（記録）の証明書（登記事項証明書）を得ることができる。

寄り道 手続上の要件

　権利に関する不動産登記は，原則として，登記所に対して当事者が所定の情報を提供することによりなされる。申請の仕方やそれをなすべき当事者はもとより提供すべき申請情報と添付情報の全ては法令に定められているが，それらは，例えば「所有権移転登記の申請」であれば「何々と何々」のように，登記できる権利とその態様に応じて個々に規定が置かれているのではなく，権利やその態様を問わず広い範囲の登記の申請に必要とするものと，特定の登記の申請に限り必要なものを定め，求める登記に応じてそれらを取捨選択して決まるようになっている。

　ここでは以下に，申請の仕方，申請人，申請情報及び添付情報についての代表的な規定を掲げておくが，法令の書きぶりはいずれについても，概ね全般的な登記に共通して必要なものを定め，次に一定の要件のもとで"提供の要・不要"を定めている。

　＜申請の仕方と申請人について＞　　法第60条が申請の基本（共同申請）を定め，法第62条～第65条，第68条～第70条，第74条，第105条，第107条，第109条，

第110条等が，一定の要件の下で，申請できる登記と申請人等を定めている。
　例えば法第63条第2項は，「相続又は法人の合併による権利の移転の登記は，登記権利者が単独で申請することができる。」と定めているが，ここでは"相続（又は合併）による""権利の移転の登記"が要件であり，これを満たせば"登記権利者が単独で申請することができる"のである。また法第107条は，仮登記は，"仮登記の登記義務者の承諾があるとき（一部省略）"を要件として，"法第60条の規定（共同申請の原則）に関わらず，当該仮登記の登記権利者が単独で申請することができる"ことを定めている。
　＜申請情報について＞　　法第18条と令第3条（全ての登記に共通して必要な申請情報）がその基本を定め，これに登記令別表の申請情報欄が追加事項を定めている。
　＜添付情報について＞　　法第22条(共同申請の登記義務者についての登記識別情報)，法第61条（登記原因証明情報），令第7条（全ての登記に共通して必要な添付情報）がその基本を定め，令別表の添付情報欄が追加事項等を定めている。
　したがって，申請人や申請情報，添付情報の知識の整理には，「何々の場合…誰の…何が…必要である」のように，法令の要件を意識することが効果的である。

3　記録の仕方

　システムとしての登記の記録は，不動産の存在する現地にそれぞれ置かれるわけではない[9]。一方，登記事務を所掌する登記所は，登記が国民生活に極めて近いことから，利便性を考慮して全国的に配置された。そうすると，個々の不動産の記録をどこの登記所に置いてその不動産に関する登記の事務をどこの登記所が行うのかと，登記（記録）と実際の（現地の）不動産を関係付ける（繋げる）方法が問題となる。前者が登記所の管轄で，後者の役割を担うのが地図である。

(1)　管轄

　登記所は，前述のように全国に数多く配置されているので，個別具体的な登記の手続をそのうちのどこの登記所が取り扱うかの問題である。これについては，個々の登記所には管轄区域が決められており，その区域内の不動産に関する登記事務を行うことができる（法第6条）[10]。この管轄区域は，例え

---

[9]　立木の権利を公示する制度としての明認方法等は，立木の存在する現地に置かれる。

ば，A市・B町はA登記所，C町・D町・E市はC登記所のように，通常，市町村などの行政区域を基準に決められていることが多い。

> **寄り道　電子申請と管轄**
>
> 　登記所の管轄は，当事者には不動産登記の申請をする相手（宛先）となって現われる。申請が書面申請による場合には，管轄登記所は実際の中で作成した書類の届け先となるので理解は比較的容易である。これに対して電子申請でなされる場合，申請情報の宛先が管轄登記所であることは書面申請と全く変わらないのであるが，法務省の電子申請システムの窓口を経由するので，ともすると管轄への認識が薄れる。さらに，不動産登記の証明書についても，何処の登記所からでも交付を受けられるものが多いので，ここでも管轄が意識されなくなる。手続がオンライン化された現在，権利に関する登記に限れば，管轄を設ける必要性は希薄のように思える。しかし，表示の登記に関して登記官が現地を調査する場合があることから（法第29条），当面，不動産登記の管轄が廃止されることはないであろう。

(2) 地図と登記

　登記の記録は不動産が物理的に存在する現地にそれぞれ置かれるわけではないので，記録と実際の（現地の）不動産をつなげる仕組みをつくらなければならない。この役割を担うのが地図とそこに付された番号（地番）である（法第14条）[11]。

　ある人が，或る特定の土地の権利関係を知りたい場合，現地と登記所に備えられた地図を照合することで土地を特定し，土地の番号（地番，例えば6番）が分かれば，それを基に地番6番の登記記録に行きつくことができる。

地図　　　　　　　　　　　　　　　　　　　登記

地図	6番の土地の証明書 →	登記
1, 2, 5, 6 / 7 / 3, 8, 9 / 4		土地　表題部　6番 / 権利部・甲区　Aの所有 / 権利部・乙区　X銀行の抵当権

> **寄り道 参考・地番と住所**
>
> 土地の地番は登記上のものであるが，日ごろ接する「住所」で使う番号と同じ場合とそうではないときがある。行政機関が住居表示を実施して建物に対して独自の番号（住居番号）を付している区域は，住所といわれる番号と登記記録の地番は同じではない。例えば，住所が「○○○番地」と表記されている場合，その番号は一般的に地番に対応するが，「○丁目○○番○○号」と表記されるときのその番号は，地番ではなく住居表示のための番号である。住居表示が実施されている地域では，市町村役場の担当部署に置かれている住居表示の台帳により，土地の地番を調べることができる。

(3) 記録の編成

不動産登記は，一つの不動産ごとに一つの記録が設けられている[12]。わが国では土地と建物が別個独立の不動産として権利の客体となるので，登記の記録も土地と建物それぞれ別に設けられている。

登記記録の構成　登記記録の仕様（編成）は，記録の内容により表題部，権利部に分けられる。そして権利部はさらに甲区と乙区の二つに分けられる。

表題部　不動産（土地と建物）の物理的現況を記録するスペースを表題部という。そして，ここにする登記（記録）を，表示に関する登記（表示の登記）と呼ぶ（法第2条第3号，第7号）。

権利部　不動産の権利関係を記録するスペースを権利部という。そして，ここにする登記（記録）を，権利に関する登記（権利の登記）と呼ぶ。なお権利部は，さらに次の二つに分けられる（法第2条第4号，第8号）。

甲区　所有権に関する事項の記録を収納するスペースである（規則第4条第4項）。

乙区　所有権以外の権利に関する事項[13]の記録を収納するスペースであ

---

[10] 不動産登記に関する登記所の管轄は，登記記録（登記簿）をどこに置くかの問題であり，記録の置かれた登記所が管轄登記所である。したがって，民事訴訟のように併存的あるいは選択的な管轄を考える余地はない。

[11] 建物の家屋番号は敷地となる土地の地番との関係で決まるので，地図とそこに付された番号である地番の役割は，登記制度の利用の観点から重要である。

[12] 土地について，日常生活のレベルでのこの言い方は適切ではないかもしれない。なぜなら，塀で囲まれた宅地が，必ずしも登記上で一つの記録であるとは限らないからである。一つの登記記録が備えられた土地を一筆の土地と呼ぶように，むしろ登記記録が土地の独立性（個数）を決定しているといえよう。

る（規則第4条第4項）。

記録編成の実際　個々の不動産の登記（記録）の編成は一様ではない。表題部は，当事者に義務付けられた申請もしくは登記官の職権による表題登記により，全ての不動産について設けられることになっている[14]。一方，権利部の甲区及び乙区は，設けられているものとそうではないものがある。これは，権利に関する登記が法律上強制されていないことや，所有権以外の権利が全ての不動産にそれぞれ必ず成立しているわけではないことによる[15]。

　この関係は，次の図のとおりであり，建物新築を例にとれば，まず所有者が表題登記の申請をすると①表題部が新たに設けられる。次に所有者が所有権保存登記（後述する）の申請をすると，所有権の記録をするスペースとして②権利部・甲区が開設され，そこに所有権の登記がなされる。もし所有者が所有権保存登記を申請しなければ，記録は①表題部のみで止まる。所有者が所有権の保存登記を申請して権利部甲区の開設された不動産に，抵当権のような所有権以外の権利が成立して登記が申請されると，その権利を記録するスペースとして③権利部・乙区が開設されて，記録がなされる。もしこの不動産に所有権以外の権利の登記がなされなければ，記録は①表題部に②権利部甲区を加えただけに止まり，③の権利部乙区は存在しない状態である。このように，登記記録は必ず表題部開設から始まり，次に権利部甲区開設，その後権利部乙区の開設の順に進み，これ以外の順序，例えば表題部がなくて権利部甲区だけの登記記録や，表題部と権利部乙区で構成される登記記録は存在しない。ただし，ここでいう順序は，当事者の申請の先後ではない。なぜなら，極めて限定的ではあるが，表題登記のない不動産に所有権保存登記の申請を可能とする場合があるからである（法第74条第1項第2号，第3号，

---

[13] 所有権以外の権利に関する事項とは，文字通り所有権以外の登記できる権利に関する記録の全てである。

[14] 土地及び建物の所有権を取得した者は，取得の日から1月以内に表題登記を申請しなければならない（法第36条，第47条第1項）。また，表示に関する登記は，登記官が職権ですることができる（法第28条）。したがって，制度上全ての不動産について，少なくても表題部の登記はなされていなければならない。

[15] 所有権以外の権利は当事者の設定行為等がなければ成立しないので，その存否は当然不動産毎に異なる。

法第75条)。次は、登記記録開設の流れである。

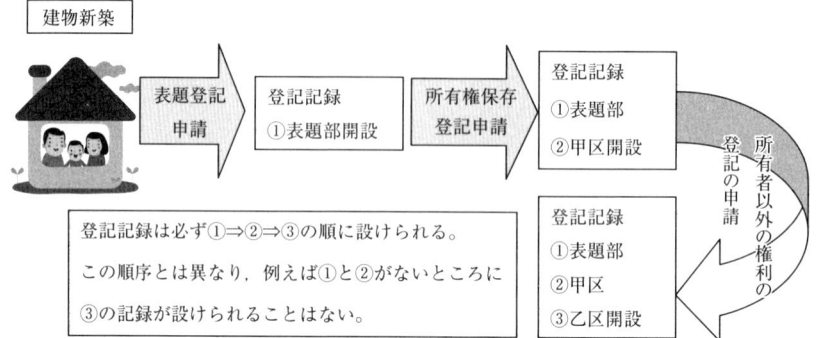

登記記録の例　**表題部**　次は、土地の登記記録の表題部の例である。建物の表題部は、不動産を特定するための事項、(次の記録例の①〜③)が異なる他は、土地と基本的に同様である(次項に掲載のものを参照)。

表　題　部　(土地の表示)		調製	余　白	不動産番号	1 2 3 4 5 6 7 8 9 0 1 2 3
地図番号	A 1 1 - 1	筆界特定	余　白		
所　　在	甲市乙町二丁目			余　白	
①　地　番	②　地　目	③　地　積　　　　m²		原因及びその日付〔登記の日付〕	
3 1 番	宅地	3 3 0 0｜0 0		平成何年何月何日公有水面埋立〔平成何年何月何日〕	
所　有　者	甲市乙町二丁目2番8号　甲				

　この記録例は、不動産登記記録例(平成21年2月20日法務省民二第500号通達)に基づくものである。以下本書に掲載する記録例は、説明が加わらない限り同様である。

　権利部　甲区　次は、権利部甲区の記録例である。

権　利　部　(甲区)	(所有権に関する事項)		
順位番号	登　記　の　目　的	受付年月日・受付番号	権　利　者　そ　の　他　の　事　項
1	所有権保存	平成何年何月何日第何号	所有者　何市何町何番地　　　　　何　某

　権利部　乙区　次は、権利部乙区の記録例である。

権　利　部	（乙区）	（所有権以外の権利に関する事項）		
順位番号	登　記　の　目　的	受付年月日・受付番号	権　利　者　そ　の　他　の　事　項	
何	抵当権設定	平成何年何月何日 第何号	原因　平成何年何月何日金銭消費貸借同日設定 債権額　金何万円 利息　年何% 損害金　年何% 債務者　何市何町何番地 　　　　乙 抵当権者　何市何町何番地 　　　　甲	

編成方式の例外

　不動産登記は，一つの不動産ごとに一つの記録が設けられるシステムであり[16]，理由はわが国は土地と建物が別個独立の不動産として権利の客体となるので，記録も土地と建物それぞれ各別に設けられることは既に述べた[17]。ただし，物理的な意味での建物ごとに記録を設けることを原則に考えると，次のものは例外にあたる。

　附属建物　附属建物は，物理的には独立した建造物であるが，ある建物（主である建物と呼ぶ）と一体となって利用される性質により独立した登記記録が備えられず，主である建物の登記記録に付記される[18]。

　次は，附属建物のある建物の表題部の登記記録の例である。まず主である建物の表題部が掲載され，次に附属建物に関する表題部が設けられる。

表　題　部	（主である建物の表示）		調製	余　白		不動産番号	1234567890123
所在図番号	余　白						
所　　在	甲市乙町　24番地2					余　白	
家屋番号	24番2の1					余　白	
①　種　類	②　構　造		③　床　面　積　　m²			原因及びその日付〔登記の日付〕	
居宅	木造亜鉛メッキ鋼板・かわらぶき2階建		1階　　115：70 2階　　　99：17			平成何年何月何日新築 〔平成何年何月何日〕	
表　題　部	（附属建物の表示）						
符号	①種類	②　構　造	③　床　面　積　　m²			原因及びその日付〔登記の日付〕	
1	物置	木造亜鉛メッキ鋼板ぶき平家屋		13：22		〔平成何年何月何日〕	
2	車庫	木造亜鉛メッキぶき平家建		12：00		〔平成何年何月何日〕	
3	物置	木造ビニール板ぶき平家建		10：00		〔平成何年何月何日〕	
所　有　者	甲市乙町二丁目1番5号　甲						

---

[16] 不動産（物）ごとに記録が設けられる登記のシステムを，物的編成主義と呼ぶ。登記のシステムには，これ以外に権利を有する者ごとに記録を整備する人的編成主義，申出の順に記録を行う年代別編成主義がある。

[17] 別に設けられた土地と建物の登記記録の相互間に，特別の連絡関係はない。したがって，ある土地の記録を見ても，その土地上に建物が建っているか否かを知ることはできない。

[18] 当然ながら，附属建物についての権利部はない。

区分建物　区分建物は，物理的な一棟の建物の中に，法律の上で独立した建物と同一視される専有部分が複数存在するので（建物の区分所有等に関する法律第1条参照），その一つ一つについて，物理的に（外観上で）一戸の建物と同様の登記記録が設けられる。このようなことから，区分建物に関する具体的な登記記録は一般の建物の記録とは異なり，まず一棟の建物全体の表題部が設けられ，次に専有部分の建物の表題部が設けられる。また区分建物が敷地権付きである場合，一棟の建物と専有部分のそれぞれの表題部の間に，敷地権の目的である土地に関する表題部が記録され，専有部分の建物の表題部の次に，敷地権に関する表題部が設けられる。これは，本来土地に関する権利である敷地利用権[19]を，土地の登記記録ではなく建物の登記記録に併せて記録して公示する特殊な方式を採用したことによるものである。次は，敷地権付き区分建物に関する表題部の登記記録の例である。

専有部分の家屋番号	35-1-101〜35-1-110　35-1-201〜35-1-215	（一部事項省略）	
表　題　部	（一棟の建物の表示）	調製　余白	所在図番号　余白
所　在	甲市乙町二丁目　35番地1，35番地2	余白	
建物の名称	霞が関マンション	余白	
①　構　造	②　床　面　積　m²	原因及びその日付〔登記の日付〕	
鉄筋コンクリート造陸屋根地下1階付8階建	1階　417:27 2階　638:03 3階　638:03 4階　638:03 5階　638:03 6階　638:03 7階　638:03 8階　206:52 地下1階　461:82	〔平成2年3月16日〕	
表　題　部	（敷地権の目的である土地の表示）		
①土地の符号	②　所　在　及　び　地　番	③　地　目	④　地　積　m²	登　記　の　日　付
1	甲市乙町二丁目35番1	宅地	599:27	平成2年3月16日
2	甲市乙町二丁目35番2	宅地	266:17	平成2年3月16日
3	甲市乙町二丁目32番	雑種地	390	平成2年3月16日
表　題　部	（専有部分の建物の表示）	不動産番号　○○○○○○○90123	
家屋番号	乙町二丁目　35番1の201	余白	
①　種類	②　構　造	③　床　面　積　m²	原因及びその日付〔登記の日付〕
居宅	鉄筋コンクリート造1階建	2階部分　42:53	平成2年3月1日新築 〔平成2年3月16日〕
表　題　部	（敷地権の表示）		
①土地の符号	②敷地権の種類	③　敷　地　権　の　割　合	原因及びその日付〔登記の日付〕
1・2	所有権	1000分の7	平成2年3月1日敷地権 〔平成2年3月16日〕
3	賃借地	50分の1	平成2年3月1日敷地権 〔平成2年3月16日〕
所　有　者	甲市乙町一丁目5番1号　株式会社甲建設		

4 登記事項―記録される事項―

　登記簿の記録スペースである，表題部・権利部甲区・権利部乙区のそれぞれに記録される内容を，登記事項という。登記事項は，全て法令によって決められているが（法第2条第6号)[20]，代表的なものは次のとおりである。

(1) 表題部の登記事項

　表題部には，以下にあげる表示に関する登記，すなわち不動産を物理的に特定するための事項が記録される（法第2条第7号）。

　土地に関する登記事項　　土地に関する基本的な登記事項は，次のとおりである（法第34条第1項）。

　所在　　土地の所在する市・区・郡・町・村及び字により表わされる。

　地番　　一定の区域（地番区域）内の一つの土地ごとに付された番号である（法第2条第17号，同第35条）。なお，地番の付された一つの土地を，一筆（いっぴつ）の土地という。

　地目　　土地の用途である（法第2条第18号，規則第99条)[21]。

　地積　　一筆の土地の面積である（法第2条第19号）。

　記録例　　次は，土地の表題部の登記記録の例である。

表　題　部 (土地の表示)		調製	余　白	不動産番号	1234567890123
地図番号	A11-1	筆界特定	余　白		
所　　在	甲市乙町二丁目			余　白	
① 地　番	② 地　目	③ 地　積　　　m²		原因及びその日付〔登記の日付〕	
31番	宅地	3300	00	平成何年何月何日公有水面埋立〔平成何年何月何日〕	
所有者	甲市乙町二丁目2番8号　甲				

　建物に関する登記事項　　建物に関する基本的な登記事項は，次のとおりである（法第44条第1項）。

---

[19]　建物の区分所有等に関する法律第2条第6号参照。
[20]　当然であるが，法令に定められていない事項を登記することはできない。
[21]　土地の用途といっても，使われ方の実際（現況）を記録する。

所在　　建物の所在する市・区・郡・町・村・字及び土地の地番（区分建物については，その建物が属する一棟の建物の所在する市・区・郡・町・村・字及び土地の地番）[22]により表わされる。
　家屋番号　　一個の建物に付された番号である（法第2条第21号）。
　種類　　建物の主な用途であり，例えば「居宅」「店舗」のように決められる（規則第113条）。
　構造　　建物の主な部分の構成材料・屋根の種類及び階数で，例えば「木造かわらぶき二階建」のように決められる（規則第114条）。
　床面積　　各階ごとに壁その他の区画の中心線（区分建物は，壁その他の区画の内側線）で囲まれた部分の水平投影面積により，m^2 を単にとして定め，1 m^2 の100分の1未満の端数は切り捨てられる（規則第115条）。
　その他の事項　　建物の名称があるときはその名称。附属建物があるときは，その所在する市・区・郡・町・村・字及び土地の地番（区分建物である附属建物については，その建物が属する一棟の建物の所在する市・区・郡・町・村・字及び土地の地番）ならびに種類・構造及び床面積である。これらの他，建物が共用部分である場合や区分建物である場合などは，所定の事項が加わる（法第44条第1項第6号～第9号）

記録例　次は，附属建物のない建物の表題部の登記記録の例である。

表　題　部	（主である建物の表示）	調製	余　白	不動産番号	1 2 3 4 5 6 7 8 9 0 1 2 3
所在図番号	余　白				
所　　在	甲市乙町二丁目　8番地			余　白	
家屋番号	8番の5			余　白	
① 種　類	② 構　造	③ 床　面　積　　m^2		原因及びその日付〔登記の日付〕	
店舗	コンクリートブロック造陸屋根平家建	1 0 5｜7 8		判決（又は収用）による所有権の登記をするため〔平成何年何月何日〕	

(2) 権利部の区分と登記事項

　権利部は既に述べたように，所有権に関する事項を記録する甲区と，所有権以外の権利に関する事項を記録する乙区に分けられる。甲区及び乙区それ

---

[22] 土地の登記事項にも「所在」はあるが，建物と比べるとその内容は若干異なる。建物の「所在」には，市・区・郡・町・村・字に土地の地番が加わる。

ぞれのスペース内に記録される登記事項についての法令上での決められ方は，記録される権利ごとに個別に定められているのではなく，まず全ての権利に関する登記に共通の事項が定められ，そのうえで，それぞれの権利に関する登記の態様に応じた事項が定められている。

開示可能な情報と記録内容　登記事項は，登記簿と呼ぶデータベースに蓄積する情報そのものであり，わが国の登記のシステムはこの情報の内容をそのまま証明書等に反映する仕組みを採用している。したがって，不動産をめぐる権利関係を知りたい人は，証明書に記載された登記事項をとおして情報を得ることになる[23]。ところで，記録される情報内容についてであるが，不動産をめぐる権利関係を知りたい人は出来るだけ多くの情報を求めようとするので，登記制度がこの要求を聞き入れていると登記事項が拡大することになり，そのことが権利を持つ者のプライバシー侵害や，登記機関の事務負担の増加に跳ね返ってくる。そこで登記のシステムは，登記事項としては必要最小限度の情報を記録することにしている。この情報内容は，次のような二つの性質の事項（登記事項）に分けることができる。

共通の登記事項　原則として全ての権利に関する登記に共通の登記事項とされるものであり，これには次のものがある（法第59条，規則第146条）。なお，形式的に見た場合にこれらが全て必ず記録されるわけではなく，所定の要件の基で記録されるものもある。

必ず記録される事項	一定の要件のもとで記録される事項
☆登記の目的 ☆申請の受付の年月日及び受付番号 ☆登記原因及びその日付[24] ☆登記に係る権利の権利者の氏名又は名称及び住所並びに登記名義人が二人以上であるときは当該権利の登記名義人ごとの持分 ☆権利の順位を明らかにするするために必要な事項として定められた事項である，順位番号[25]。	☆登記の目的である権利の消滅に関する定めがあるときは，その定め。 ☆共有物分割禁止の定めがあるときは，その定め ☆民法第423条その他の法令の規定により他人に代わって登記を申請した者（代位者）があるときは，当該代位者の氏名又は名称及び住所並びに代位原因。

---

[23] 簡単にいえば，記録事項をプリントしたものが証明書となるのである。しかし，記録事項と公示される事項を物理的に分離するシステムも考えられる。

20　第1章　不動産登記の仕組み

寄り道　所有権の登記事項

　所有権は財産権の中心であり，全ての権能を備えていることが当然視され，所有権ごとに権利の内容が変わるということを通常は考慮する必要がない。したがって所有権の登記事項は，原則として権利の帰属主体を住所，氏名もしくは名称で記録するだけで足りるので（法第59条，第76条参照）[26]，ここでいう共通の登記事項だけで記録される。

権利内容を示す登記事項　　前述の共通の登記事項とあいまって，権利の内容を表す登記事項である[27]。この登記事項は，通常はある権利が登記記録に初めて登載される際に表われるもので，具体的には，所有権以外の権利に関する設定の登記（先取特権については保存登記）のときに記録がなされる事項である。例をあげれば，地上権では〈地上権設定の目的〉，抵当権であれば〈債権額〉〈債務者〉などであり，詳しくは次に述べる。

権利部の分類と記録内容　　権利部は，既に述べたように甲区と乙区の二つのスペースに分けられるが，具体的な記録内容と記録方式は，次のとおりである。なお，権利部とその甲区，乙区が記録上に開設されているか否かは，個別具体的な登記記録によって様々であることは，既に述べたとおりである。

　甲区　　甲区には，所有権に関する登記事項を記録する（規則第4条第4号）。所有権に関する登記事項は，上述のとおりである。

記録例　　次は，甲区になされた所有権保存登記の登記記録の例である[28]。な

---

[24] 一部の所有権保存登記については，登記原因及びその日付が登記事項とならない（法第76条）。また，登記の抹消や更正に関して登記原因を錯誤とする場合，所有権移転に関して登記原因を真正な登記名義の回復とする場合，いずれもその日付は記録されない。

[25] 規則第147条，第148条。

[26] 実際の所有権保存登記は，建物に関するものが殆どなので，建物を対象にした登記のように思われがちである。これは，所有権保存登記が，およそ権利に関する登記の中で最初に一度だけなされる性質があり，土地については，登記制度が100年を超えて運用されている間にその所有権保存登記がほぼ完了されたことによるものである。しかし，公有地の払い下げや埋め立てで新たに生じた土地については，表題登記の後に所有権保存登記がなされるので，土地の所有権保存登記がないというわけではない。

[27] 法文に「…第59条各号に掲げられるもののほか…」と定められるものである（法第78条他）。

[28] 前の註で述べたように，一部の所有権保存登記は共通の登記事項である登記原因及びその日付の記録がなされない（法第76条第1項）。

お，ここに例としてあげた所有権保存登記は，登記記録中の権利部甲区に初めてなされる登記であり，登記事項には上述した共通の登記事項中の〈登記原因及びその日付〉の記録がなされていない。これは所有権保存登記の一部に限られるもので[29]，他の権利に関する登記には見られない特徴的なものである。

権利部（甲区）	（所有権に関する事項）		
順位番号	登記の目的	受付年月日・受付番号	権利者その他の事項
1	所有権保存	平成何年何月何日 第何号	所有者　何市何町何番地 何　某

乙区　乙区には，所有権以外の権利に関する登記事項を記録する（規則第4条第4号）。所有権以外の権利とは，登記が可能な地上権・永小作権・地役権・先取特権・質権・（根）抵当権・賃借権及び採石権である（法第3条）。このうち，実際に登記されことが多い権利に関しての特有の登記事項を簡単にまとめると，次のようになる。

用益権

権利名	必ず記録される事項	当事者に定めがあれば記録される事項	法令
地上権	☆設定の目的	☆地代　☆地代の支払時期　☆存続期間 ☆借地借家法第22条前段もしくは第23条第1項の定めがあるときは，その定め。 ☆地上権設定の目的が借地借家法第23条第1項又は第2項に規定する建物所有であるときは，その旨。	法第78条
	民法第269条の2第1項前段に規定する地上権（いわゆる区分地上権）については，上記の他に，その目的である地下又は空間の上下の範囲及び同項後段の定めがあるときは，その定め。		
地役権	【承役地について】 ☆要役地（所在地番等） ☆設定の目的及び範囲	民法第281条第1項但書きもしくは第285条第1項但書の定めまたは第286条の定めがあるときは，その定め。	法第80条
	【要役地について】[30] ☆要役地の地役権の登記である旨　☆承役地の不動産所在事項及び当該土地が承役地である旨　☆地役権設定の目的及び範囲 ☆登記の年月日		規則第159条

---

[29]　手続規定では「一部に限られる」が，通常なされる所有権保存登記のほとんどはこれによりなされるので，量的にはこれが実務の多数を占めている。

賃借権	☆賃料	☆存続期間　☆賃料の支払時期　☆賃借権の譲渡又は賃借物の転貸を許す旨の定め　☆敷金　☆賃借人が財産の処分につき行為能力の制限を受けた者又は財産の処分の権限を有しない者であるときはその旨　☆土地の賃借権設定の目的が建物の所有であるときはその旨　☆建物所有を目的とする賃借権設定の場合で，建物が借地借家法第23条第1項又は第2項に規定する建物であるときは，その旨　☆借地借家法第22条前段，第23条第1項，第38条第1項前段もしくは第39条第1項又は高齢者の居住の安定確保に関する法律第52条の定めがあるときは，その定め。	法第81条

担保権

権利名	必ず記録される事項	当事者に定めがあれば記録される事項	法令
抵当権	☆債権額（一定の金額を目的としない債権についてはその価格） ☆債務者の氏名，又は名称及び住所。	☆利息　☆民法第375条第2項に規定する損害の賠償額の定め　☆債権に付した条件　☆民法第370条但書の別段の定め【抵当証券発行の定めがある場合】　☆抵当証券発行の定め　☆元本又は利息の弁済期又は支払場所の定め ☆所有権以外の権利を目的とするときは，目的となる権利。 ☆二以上の不動産に関する権利を目的とするときは当該二以上の不動産及び当該権利 ☆外国通貨で債権額を指定した債権を担保する場合は，本邦通貨で表示した担保限度額。	法第83条 法第88条 第1項
根抵当権	☆極度額 ☆担保すべき債権の範囲 ☆債務者の氏名，又は名称及び住所。	☆民法第370条但書の別段の定め　☆担保すべき元本の確定すべき期日の定め ☆民法第398条の14第1項但書の定め ☆所有権以外の権利を目的とするときは，目的となる権利。 ☆二以上の不動産に関する権利を目的とするときは当該二以上の不動産及び当該権利	法第83条 法第88条 第2項

30　地役権が成立するのは承役地であり，登記はそこの権利部乙区になされる。しかし地役権は，要役地の従たる権利であることから（民法第281条参照），要役地の権利部乙区にも記録がなされる。

記録例 次は，乙区になされた抵当権設定登記の登記記録の例である。

権　利　部　（乙区）	（所有権以外の権利に関する事項）		
順位番号	登　記　の　目　的	受付年月日・受付番号	権　利　者　そ　の　他　の　事　項
何	抵当権設定	平成何年何月何日第何号	原因　平成何年何月何日金銭消費貸借同日設定 債権額　金何万円 利　息　年何％ 損害金　年何％ 債務者　何市何町何番地 　　　　乙 抵当権者　何市何町何番地 　　　　甲

5　権利に関する記録の方式

　記録は，登記官が自由裁量で行うのではなく，内容等が全て法令に詳細に決められ，厳格に実行されている[31]。理由には，わが国の不動産登記のシステムが，記録そのものを開示する方式を採用していることもその一つに考えられよう。そもそも，権利関係を記録してその情報を開示するシステムを考案するにあたり，記録方式に様式を求める必然性は乏しい。記録は登記機関が当事者の申し出に従い適宜な方式で行い，その一方，記録の開示要求にさいしては，登記機関が記録を基に適宜の方式で証明書等を作成して交付すれば公示制度の役割は果たす。しかし，この方式は記録と開示がシステムの上で分離されているので，開示された事項に誤りが生じる可能性を払拭することができず，システムの信頼性確保に好ましいことではない。そこで，開示することを前提として記録を行う制度が設計されたのであろう。つまり，記録自体を直接開示するシステムといっても過言ではないだろう[32]。そうすると，記録の仕方に，制度の利用者が内容を容易に理解できるような工夫も求められるのである。

(1)　記録の単位（様式）と順位番号

　登記記録の権利部甲区もしくは乙区への記録は，権利が基準ではなく，登

---

[31] 記録の様式については，「不動産登記記録例」と呼ばれるものが通達（平成21年2月20日法務省民二第500号）によって示されている。本書の記録例も，既に述べたように，これに従っている。
[32] 平成16年の改正前不動産登記法の，記録開示手段である「登記簿の謄本」とは，実務的には記録そのものを複写したものであった。

記できる権利の態様（法第3条の「保存等」）を基準になされる。具体的には，所有権でいえば，「所有権」を基準に記録がなされるのではなく，所有権の「保存」・所有権の「移転」などを基準に（申請もこれを基準（区分）になされる）記録がなされる。このとき，登記記録の様式上，一つの記録の独立性を形式的にも表すために，他の記録と分界されたうえで独立の番号が与えられるが，この番号を順位番号という（規則第147条～次の記録例参照）。

次に，記録の中身，言い換えると記録される個々の事項は，全ての登記（記録）に共通するものと，登記の態様によって必要とするものに分けられる。全ての登記に共通して求められる主なものに，登記の目的・申請の受付の年月日及び受付の番号・登記原因及びその日付，登記権利者の氏名又は名称及び住所がある（法第59条）。

(2) 履歴の存置

所有権は物に対して一個であるから（一物一権主義），甲区に記録される所有権も一個だと考えるので，ここから登記のシステムを見ると一つの不動産に所有権の記録も一つでよい筈で，手続上も所有権の記録は形式的に一つあれば足りると考えられる。ところが，わが国の不動産登記は不動産物権の変動に際してそれに対抗力を与える制度であり，権利の移動の経緯をも明らかにしたい実体法上の要請から，権利に関する記録は，その基礎である権利そのものが他人に移動して内容を伴わなくなっても消去されないでそのまま存置される。例えば，次にあげる記録例の甲・乙は不動産を共有していたところ，その土地を丙に売買して登記が完了しても，甲・乙共有であったときの記録は消去されることなく残されるのである。したがって，登記の利用者が記録を見た際に，所有権者が複数存在するような印象を受けることも考えられる。しかし，読み進めれば内容を理解することは特に難しいことではないであろう。

同様のことから，権利の消滅等にともなう登記の抹消にあたっても，対象の登記を記録の表面から物理的な意味において全て消去することはせずに，記録の文字列に下線（アンダーライン）を引くことで，記録上は消されたことを表すことにしている。この方式は，変更（更正）登記でも同様であり，記録

内容のうちの変更等の対象である一部の文字列に下線を引くことで，文字列の事項が記録から除かれたことを表すことにしている。

記録例　次は，所有権が移転した登記記録の記録例である。順位番号の記録は左側になされる。

> 登記名義を失っても記録は残される。

権　利　部　（甲区）　　（所有権に関する事項）			
順位番号	登　記　の　目　的	受付年月日・受付番号	権　利　者　そ　の　他　の　事　項
2	所有権移転	平成何年何月何日 第何号	原因　平成何年何月何日売買 共有者 　何市何町何番地 　持分2分の1 　　甲 　何市何町何番地 　　2分の1 　　乙
3	共有者全員持分全部移転	平成何年何月何日 第何号	原因　平成何年何月何日売買 所有者　何市何町何番地 　　　　丙

> 順位番号

> なされた移転の登記である。「共有者全員持分全部移転」とは実質は「所有権移転」であるが，共有者から所有権を取得したのでこのような記録を行う。

記録例　次は，登記抹消の記録例である。

権　利　部　（甲区）　　（所有権に関する事項）			
順位番号	登　記　の　目　的	受付年月日・受付番号	権　利　者　そ　の　他　の　事　項
<u>1</u>	<u>所有権保存</u>	<u>平成何年何月何日</u> <u>第何号</u>	<u>所有者　何市何町何番地</u> 　　　　<u>甲</u>
2	1番所有権抹消	平成何年何月何日 第何号	原因　錯誤

> なされた抹消の登記である。

> 抹消の対象の登記に下線が付され，その事項は抹消されたことを表している。

(3) 付記登記

　個別具体的な登記（記録）は，登記記録の中では他の登記の記録と分界され，独自の順位番号を与えられた独立のスペースの中になされるのが基本である。しかし，この方式では記録を読み取る際に不都合となる場合がある。そこで，次のような理由から，独自の番号を持たない付記登記と呼ぶ記録方式が考案された。

記録内容の改変　権利の記録事項（登記事項）には，権利を有する者の住所・氏名をはじめ様々なものがあるが，これの基となっている法律関係や事実が記録の後に変わること，例えば所有者が転居して住所が変わり，抵当権の利息が変わることなどがある。このような場合の記録方式は，例えば変わった部分だけを単純に上書きすることも考えられなくはないけれど，それでは変わった経緯が明らかにならないので，わが国の登記制度の性質上，好ましいことではない。そこで，既になされた記録の内容を改変する場合には，改変することを示す記録を別途することとし，しかしそれには独立のスペースと独自の順位番号は与えずに，基の記録に添え書きして基の記録との一体性を表す方式が考案されたのであろう。この方式でなされた登記（記録）を付記登記と呼ぶ。ただし，記録内容の改変にともなう登記（変更登記）は，その基である権利の実質との関係があるので，全てがこの方式によるわけではない[33]。

記録例　次は，不動産の共有者の住所が町名変更で変わったことによりなされた住所変更の登記の例である。

権　利　部　（甲区）　　（所有権に関する事項）

順位番号	登　記　の　目　的	受付年月日・受付番号	権　利　者　そ　の　他　の　事　項
（基となる登記）	所有権移転	平成何年何月何日第何号	原因　平成何年何月何日売買 共有者 　何市何町何番地 　　持分2分の1 　　甲 　何市何町何番地 　　2分の1 　　乙
（付記登記）	2番登記名義人住所変更	平成何年何月何日第何号	原因　平成何年何月何日町名変更 　　　平成何年何月何日地番変更 共有者甲及び乙の住所　何市何町何番地

所有権以外の権利の移転　所有権が移動したときは，現在の記録とは別の独立したスペースに新たな所有権の記録をする。では，所有権以外の権利が移動した場合も同様かというと，そうではない。再び戻るが，所有権の記録は専用区画があり（甲区），しかも所有権は

---

[33] 権利の変更（更正）にともなう登記のさいに，登記上の利害関係人がいる場合には，その者の変更（更正）登記への承諾の有無で登記（記録）方式が変わる（法第66条）。

不動産一個につき一個であることなどから，記録を重ねてもそこから権利関係を判読することは比較的に容易であろう。しかし，所有権以外の権利を同じように記録すると，混乱が生じる可能性が大きい。なぜなら，所有権以外に登記できる権利が複数あること，またそれらの権利の中には一つの不動産に複数成立するものもあるが，システムはそれら複数の権利を一つの区画に（乙区）混然と記録する方式を採用したからである。

まず，特定の不動産の権利部乙区に，新たに成立した権利の記録（設定登記等）とその消滅だけを記録するのであれば，複数の権利が併存しても記録相互の関係を読み取る上で混乱することは少ない。ところが，わが国の不動産登記は権利が変動した際にその態様にしたがってなされるので，例えば抵当権では，その成立（設定）の他にも移転・変更などの記録がなされる。このときに，例えば順位番号1番でA，順位番号2番でBの抵当権がそれぞれ記録されている不動産のAの抵当権がCに移転したことによる登記を独立したスペースに独自の番号，例えば3番を与えて記録すると，一目ではA・Bどちらの抵当権が移転したのかの判断し難いし，悪くすると，見る人に権利部乙区の中に新たな権利が出現したかのような印象を与えかねない。そこでこの場合も上述の記録事項の改変と同様に，基となる登記との一体性をより明確に表すために，添え書き（付記）する方式にしたのであろう。

記録例　次は，順位番号1番で設定登記された株式会社甲銀行の根抵当権が株式会社乙銀行へと全部譲渡されたことによる移転登記がなされた例である。

権　利　部　（乙区）　　（所有権以外の権利に関する事項）			
順位番号	登　記　の　目　的	受付年月日・受付番号	権　利　者　そ　の　他　の　事　項
1	根抵当権設定	（事項省略）	（事項一部省略） 根抵当権者　何市何町何番地 　　株　式　会　社　甲　銀　行
付記1号	1番根抵当権移転	平成何年何月何日 第何号	原因　平成何年何月何日譲渡 根抵当権者　何市何町何番地 　　株　式　会　社　乙　銀　行

以上，付記登記という記録方式の考案理由のようなものを述べてみたが，システムの技術的観点からもう一度これを要約すると，記録の方式については，権利の成立や消滅はそれぞれが独自のスペースを割り当てられて記録さ

れることが基本であるが，権利の内容の改変・所有権以外の権利の移転などは，読み取る側の誤解を防ぐ必要があり，そのために既になされた特定の登記（記録）を起点に別の記録をすることが考案され，具体的には基となる記録との一体性を確保する観点から，基となる記録に付記する方式をとることがあるのである[34]。なお付記登記をなしうるものは，全て法令に決められている（規則第3条）。

6　記録の作業―登記の実行―

登記簿に，記録の作業を行うのは登記官であるが（法第9条），この記録作業を登記の実行と呼んでいる。登記の実行は，当事者からの記録の要求が出され，登記官がそれについて，法令に定められた様式にしたがっているかどうかを審査したうえで行う。審査は登記官の自由な裁量で行うのではなく，方法が法令に厳格に決められている。なおこのことについては，後述することにする。

7　手続の概観

(1)　登記できる権利と登記の態様

権利に関する不動産登記は，登記できる権利について，その成立（設定等）や移転等の変動の形態に従ってなされる。

登記できる権利　不動産をめぐる権利には，所有権を始め幾つかのものが民法に定められている。登記できる権利は不動産登記法に定められているが，民法上の権利である所有権，地上権，永小作権，地役権，先取特権，質権，抵当権，賃借権と，特別法上の権利の採石権がある[35]。ここでの質権には根質権が，抵当権には根抵当権が含まれる[36]。こ

---

[34] 既に述べたが，権利の変更（更正）登記は付記登記でなされるとは限らない（法第66条）。
[35] ここには，物権でも登記できないものと，物権以外でも登記を可能とするものがある。それらの理由について，公示制度を実体法的に見た場合には興味の対象になるかもしれないが，手続の理解を目的とする本書では守備範囲を超えるので立ち入らない。
[36] 法第88条第2項及び第95条第2項参照。

の他，買戻権も登記することができるし（民法第581条），不動産をめぐる権利の取得を目的とする請求権や条件付き権利は，仮登記として登記することができる（法第105条）[37]。これに対して占有権，留置権及び入会権は，物権ではあるが登記をすることはできない。

登記の態様　登記は，上述の登記することを認められた権利について，得喪及び変更などの変動があった場合になされる。手続の上では，ある人が所有権等の権利を持っていることだけではなく，権利の得喪変更の経緯をも記録してそれを公示するが，その方法は権利変動の形態を，登記の態様として表わす。登記の態様には，権利の保存，設定，移転，変更，処分の制限及び消滅がある[38]。

このうち，保存とは，権利を登記記録に載せるために手続の上で使われる用語で，所有権保存と先取特権保存がこれにあたる。設定は当事者の合意により新たに権利が成立した場合であり[39]，地上権や抵当権など制限物権の設定が主にこれにあたる。変更は登記された権利（の内容）に変更が生じた場合，処分の制限は，ある権利に法令の規定で処分の制限が加えられた場合である。消滅は文字どおりであるが，手続の上では抹消の用語があてられる[40]。なお，これらについての登記の方法は項を改めて述べる。

(2) 登記できる不動産

民法には，財産権の対象としての不動産が「土地とその定着物」と定められているが（民法第86条第1項），不動産登記法では不動産を「土地又は建物」と定めている（法第2条第1号）。したがって，登記できる不動産は，土地と建物であり[41]，繰り返すが，原則として土地と建物の一つ一つについて登記記録が設けられる（法第2条第5号）。

---

[37] 仮登記は，登記記録の上では登記であるが，登記の本来的な効力である第三者対抗力は持たない。しかし，登記記録の上に，将来の本登記に備えて予め順位を確保する効力は有している。
[38] これらは，「登記の目的」となって記録に表われる。
[39] したがって，所有権や先取特権はこれに含まれない。
[40] 一度登記された権利を，登記記録から全て消し去る目的で行うのが抹消である。なお，抹消される原因には，設定登記された抵当権を例にとれば，その被担保債権が弁済された場合のように後発的なものだけでなく，誤って登記がなされた場合のように先発的なものも含まれる。

登記上の土地

　土地は，物理的には地表面であり，人の生活に不可欠でしかも再生産ができない物であるが，財産権の対象となっている。土地は，通常は連続しているので，本来，特定や数量の概念で捉えにくい。しかし，利用の実際や処分等の取引の際には物理的な範囲を明確にする必要があるので，土地は古来から人為的に区分されるようになった。不動産登記のシステムはこの現実をふまえ，土地を，現地に合わせて地図上で区分してその一つ一つを独立の存在とし，そこに個数を考えて取り扱うこととした[42]。なお，特定の番号（地番）を与えられた，独立した一つの土地を，一筆の土地と呼ぶことは既に述べた。

　登記できる土地は，国土の全てではなく，私権の対象となっているものである。水面下の土地は，通常私権の対象にはならないけれど，ため池，湖沼や塩田は財産権の対象となり，登記することができる（準則第68条参照）

寄り道　一筆の土地と取引

　不動産登記でいう一筆の土地は登記記録の単位であり，手続上の概念である[43]。しかし，取引の実際は，当事者の都合で進められることが多く，一筆の土地の一部が売買されることもある。例えば登記記録上300㎡あるA所有の甲土地の一部分の100㎡が，他と分界されてBに売買されることもある。この取引は，目的物が特定されているので契約を締結することは可能であるが[44]，このままでBが所有権の登記名義を得ることはできない。なぜなら，物権は物を全面的に支配する権利であると考えると一つの物の一部分だけを目的にして成立することは都合が悪いので[45]，このことを手続上明確にするために，登記記録は権利の対象である一つの土地（建物）ごとに設けられる。したがって，この例でいえば，甲土地の登記記録に，「100㎡分に限りBが所有する」旨の記録をおこなうことは出来ない[46]。

---

[41] 民法でいう不動産は，土地とその定着物であるが，ここでいう土地の定着物は，代表が建物であるとしても，それ以外に，例えば土地に固定された石油タンクや給水タンク等，定着物と考えられるものは様々であり，定義としてはやや曖昧である。そこで不動産登記法は，手続の実際において登記の対象を明確にする必要性などを勘案して，不動産を「土地と建物」と定めたものであろう（法第2条第1号）。

[42] 周囲を塀などで囲われ，外観から一つの土地であっても，登記上（地図上）はそこに複数の土地が含まれる場合もあるので（このような土地を，「一団の土地」と呼ぶことがある。），繰り返しになるけれど，ここでいう独立した土地（手続上の一筆の土地）が，利用の実際に一致するとは限らない。

[43] ただし，上記脚注と同趣旨であるが，不動産取引の実際で「一筆の土地」と呼ぶ場合には，物理的に区画された範囲を指すことがあり，手続上のそれとはやや異なる意味を持つこともある。

[44] 一筆の土地の一部分であっても，その部分が特定されていれば売買は成立し，買主は所有権を取得することができる（昭和30年6月24日最判　民集第9巻7号919頁）。

登記記録上で一筆の甲土地の一部分 100 m² を目的に取引を行う場合には，まず甲土地の登記記録から 100 m² 分を独立の記録を持った土地とする手続を行い（これを分筆(ぶんぴつ)登記という），これによって新たに設けられた登記記録に[47]，A から B への売買による所有権移転登記の手続きを行うことになるのである。

登記上の建物

建物は，既に述べたように独立の不動産であり，原則としては土地と同様に一つの建物ごとに登記記録が設けられる（法第 2 条第 5 号）。一つの建物とは，物理的に独立した建物という意味であるが，土地と異なって外観からの判断が比較的に容易である[48]。ただし，常に外観にしたがって個数が決まるわけではなく，これには登記記録の編成の項で述べたが例外が二つあり，ここでもう一度整理しておく。

附属建物　　物理的には独立した建物でも手続的には独立性を失うもの

建物の中には，物理的には独立していても，用途において他の建物に従属するものがある。例えば，商店の建物と，同一の敷地内に隣接して建てられた物置や車庫などである。この商店が売買されるようなときには，物置や倉庫も一体として売買されるのが一般的であろう。そこでこのような関係にある複数の建物については，所有者の意思に反しない限り一つを主である建物として登記をし，従属関係にある建物については主である建物の登記記録の表題部に附属建物[49]として記録することで，物理的な個数に関わりなく手続

---

[45] この例外が地役権である。地役権は承役地の物理的な一部分に成立し，その登記をすることが認められている。これについて法第 80 条 1 項 2 号の「地役権設定の…範囲」の範囲は，権利が成立した物理的な範囲を指している。なお承役地の一部に地役権が成立した時には，その範囲を明確にするための図面（地役権図面）を申請情報とともに提供しなければならない（令第 7 条第 1 項第 6 号，別表 35 添付情報ロ）。

[46] 法第 25 条第 13 号，令第 20 条第 4 号参照。

[47] 分筆の登記は，ある土地が一定面積をもって区分けされた場合になされるもので，分けた土地について新たな登記記録が設けられる。このときの土地の地番については，元の土地の地番は従来のままで，新たに記録を設けた土地については，元の土地の番号に他の土地と重ならない枝番号が，例えば元の土地が 100 番 1 の場合には 100 番 7 のように付されるのが一般的なようである（規則第 101 条，準則第 67 条参照）。

[48] 手続上の建物は，「屋根及び周壁又はこれらに類するものを有し，土地に定着した建造物であって，その目的とする用途に供し得る状態にあるもの」を指している（規則第 111 条）。ガスタンク，石油タンクなどは既に述べたように，土地に定着していると考えられるけれど建物とは認められない。反対に，野球場や競馬場の観覧席で屋根のある部分は，登記上は建物として認められている（準則第 77 条参照）。

[49] 附属建物とは，「表題登記がある建物に附属する建物であって，当該表題登記がある建物と一体のものとして一個の建物として登記されるものをいう」と定義されている（法第 2 条第 23 号）。

上は1個の建物のようにして取扱うことができるものとしている（準則第78条第1項）。

区分建物　物理的な一棟の建物の一部が独立した権利の客体であるもの

マンションの中の一戸は，物理的には建物の一部分（一区画）であり独立しているとはいえない。しかし，独立した住宅としての役割は十分に果たしている。このように，一棟の建物の一部であっても独立した建物と同様の役割を果たすことができる特定の区画は（これを専有部分と呼ぶ），いわゆる一戸建ての建物と同じように，独立した所有権の目的とすることができる（建物の区分所有等に関する法律（以下区分所有法という）第1条）。言い換えると，区分建物は物理的な外観ではなく，用途によって独立性が判断されて，法律の上で1個の建物として取り扱われるのである。

(3) 申請の手順

次項から申請の具体的な方法を分説するが，作業が細かいことからともすると全体像を見失いがちになる。そこで，手続の手順を改めて確認しておくことにする。

> **登記の事由（原因）の発生**
> **権利の変動**

ある不動産について，登記された権利に変動が生じた場合，例えばAが，自分が所有権登記名義人である甲土地をBに売買したような場合であり，当事者が求める限りその登記をすることができる。

登記記録とそれに符合すべき実体あるいは事実関係の不一致による登記　登記は，上述のように，ある不動産について権利の変動が生じたことによりなされるのが本来的姿である。これに対して，既に登記された事項に関し，例えば登記名義人の住所が変わったことにより，登記記録にある住所とそれに対応すべき事実等が一致しなくなった場合や，登記記録に当初から誤りがある場合，登記の記録を実体関係等と一致させるための登記をすることができる。

登記の申請

登記は，当事者の申請がなければすることができない（法第16条）。申請の行為（手続）を行う者がここでいう当事者であり，権利に関する登記の申請については，登記をすることにより登記上直接に利益を受ける者と（登記権利者〜法第2条第12号），登記をすることにより登記上直接に不利益を受ける登記名義人（登記義務者〜法第2条第13号）が原則としてその地位にある（これを，共同申請という〜法第60条）。しかし，一定の場合には登記権利者と登記義務者の共同申請ではなく，そのどちらか一方（多くは登記権利者）だけで申請ができる（これを単独申請という法第63条，第64条他）。

　申請の具体的な行為は全て法令に定められているが，当事者は，申請情報・申請書を作成し，それに添付情報・添付書面を併せて登記所に提供することが，主な作業である（法第18条，第22条，第61条他）。

登記の実行

登記官は，当事者の申請内容を審査し，却下事由が無い限り，一定の場合を除き受付の順序に従って登記をしなければならない（これを登記の実行という〜規則第58条）。また登記官は登記を実行した後，当事者に登記完了証を交付し（規則第181条），登記名義を取得した申請人に対して，その者が希望しない場合を除いて登記識別情報の通知をしなければならない（法第21条）。

8　登記の申請

　登記官に対し，登記記録に一定事項の記録を求める行為を登記の申請といい，誰が，どういう作業をするのかがここでの問題となる。

(1) 登記の申請（記録の要求）—申請主義—

　不動産をめぐる取引の安全を図るために国が権利を記録してそれを開示するシステムを設けたとしても，それを不動産取引の安全に資するという制度

の目的に沿って動かしていくために，中身となる権利関係の記録に実体関係が正しく反映されていることが強く求められる[50]。そうすると，記録を求める作業の手順は，記録される内容の信ぴょう性の確保を最優先に決められなければならないのであるが，まず登記機関が記録の作業を開始するのには外部からの働きかけを必要とするか否かから，検討する必要があろう。言い換えると，記録をすることについて，登記機関は全く自主的に作業を始めることができるのか，それとも外部の誰かの働きかけ・申し出（これを申請と呼ぶ）を待って，それを契機に作業を始めるのか，ということである。これについて，権利に関する不動産登記は，後者に基づいた方式を原則に採用した。これを申請主義という。これに対して，登記機関（登記官）が誰からの働きかけも受けないで，自らの職務上の権限に基づいて記録を行う方式は（これを職権主義という），表示の登記に採用されている（法第28条）。なお，権利に関する不動産登記についても，全てが申請主義というわけではなく，登記官が職権で行うことができる登記が例外的に定められている。

寄り道　職権登記

　登記手続の基本を理解するうえで重要なのでここでも繰り返すが，権利に関する登記は当事者がおこなった特定の登記を求める行為（これが申請）に対応してなされるのを原則としている（申請主義）。つまり，登記記録への所定の事項の記録は，前提に当事者の申請と呼ばれる所定の行為を必要とするのである。この例外に位置付けられる職権登記とは，登記機関側から見ると，登記官が所定の事項の記録はするが，それに直接対応すべき当事者の申請は存在しないのである。権利に関する登記についての職権登記は，法令に規定がある場合に限ってなされるものであるが，それは登記官が適宜に行う性質のものではなく，当事者がある特定の登記を申請し，その登記を実行した際に付随的になされるものである。

　例えば，Bへの転抵当権の登記がされているAの抵当権の抹消をする場合，法第68条の規定により，申請情報とともに転抵当権の登記名義人Bの抹消についての承諾を証する情報を提供しなければならないが，これに従って当事者がAの抵当権の登記の抹消を申請した場合，登記官はまず（申請に対応して）Aの抵当権の抹消をおこなう。この時に登記官は，法第68条と規則第152条第2項に従って，Bの転抵当権の登記を抹消するのであるが，この作業は当事者から転抵当権の抹消の申請がないなかで，法第68条と規則第152条第2項に従って，登記官の職務権限でなされる登記であり，それゆえに職権登記と呼ばれるのである。

(2) 登記申請の当事者

　登記機関に対し，記録を行うことについての作業開始の申し出を誰がするのかについては，制度が不動産物権変動の過程を如実に表すことを理想に掲げるのであるから，誰でもよいというわけにはいかない。やはり，誤りのない記録を求めるためには権利変動の当事者が自ら主導的にその申し出を行うことが最適だ，という考え方に落ち着くであろう。ただ，権利変動の当事者という表現は抽象的であるために，手続の上で，実際に作業を担う者を決める基準としては適切ではない。そこで法は，記録（登記）への関わりのなかから作業の当事者を決めることにしたようであり，これが登記申請人である。

(3) 登記申請人と共同申請の原則

　権利に関する登記の申請は，登記申請人が単独でなしうる場合もあるが，多くは共同申請の方式で行わなければならない。

　登記権利者　手続の主導者　登記のシステムにアクセスして，登記官に記録することを要求できる地位を持つ者を登記申請人という。では，作業に際して誰を登記申請人にするかであるが，これを立法論的に検討してみると，まず，当事者として不動産の物権変動に関係し，その結果に対して対抗力を必要とする者にその地位を与えることが真っ先に考えられる。作業の観点からいえば，先ずは自らを権利の名宛人として記録に搭載することを求める者を，手続の当事者とすれば良い。ところが，権利に関する登記は，新たに権利を取得した者が登場した場合だけではなく，権利の変更や消滅にともなってもなされるので，当事者を，権利の名宛人を希望する者とするだけでは足りない。そこで，作業をした結果，記録の上で利益を得る者，という基準が考えられたのであろう。これであれば当事者を登記の記録と結び付けて判断できるので，手続のあらゆる場面で対応できる。そしてこの者が，登記権利者である（法第2条第12号）。

---

[50] 不動産登記制度の運用に際し，権利関係を誤りなく記録すること，虚偽の記録を防ぐことは，制度が社会的に信頼を得る上で極めて重要であり，手続の作業を構築する際にもこの観点を実現するために様々な技巧が凝らされている。

登記義務者 真実性確保の担い手

ところで，登記記録の上で利益を得る者だけに作業を主導させるとしても，実際の場面で，その者が要求する記録の基となる法律関係が真実存在したかを，システム側が確認ないし推認する手段の確保が大きな課題となる（登記の真実性の確保）。しかし，これについては，申請する登記の結果により不利益を得る者の意思を確認して作業を進めることで解消できる。この考え方をシステムに採り入れる場合，登記官が不利益を得る者の意思を何らかの手段で確認しながら手続を進める方法と，始めからその者を手続の当事者に加える直截的な方法の二つあり得るが，権利に関する登記の申請に関しては後者の方式を採用している。次に，意思を確認される不利益を受ける者の範囲も問題である。不動産登記法は，その者は，登記記録を中心にして，求める登記が実行されたならば，記録の上で不利益を受ける記録の名宛人（登記名義人[51]）であると考えたようで，これが登記義務者である（法第2条第13号）。

共同申請の原則

権利に関する登記の申請人は，上述のように登記の真実性確保の観点から定められている。登記申請の作業を，立場の異なる二種類の者が共同して作業を行うことを共同申請といい（法第60条），権利の登記はこの形式を基本とする。そしてこれを共同申請の原則と呼ぶ。ここで手続を担う当事者の地位を判定する基準を，再度確認しておくことにする。

登記権利者 登記をすることにより，登記上，直接に利益を受ける者（法第2条第12号）である。

登記義務者 登記をすることにより，登記上，直接に不利益を受ける登記名義人（法第2条第13号）である。

単独申請

登記の中には，例えば登記名義人の住所が移転したことにより，記録上の住所を現在のそれに変更する登記のように，それをしても当事者の利害関係に影響を及ぼすことが考えられないか，判決を得て行う登記のように共同申請の構造を採れないものがあ

---

[51] これも既に述べたことであるが，登記記録の権利部に権利者として記録された者を登記名義人という（法第2条第11号）。例えば，権利部甲区（所有権欄）に「所有者」として名前を記録された者であり，これを権利名を冠記して「所有権登記名義人」と呼ぶことも多い。

る。このような場合には，法令が特に共同申請によらないで申請できるものと定めているが，申請の形式には共同申請のような対立当事者がいないことから単独申請と呼ばれている。単独申請の具体例については，後述する。

登記権利者と登記義務者の関係　登記権利者と登記義務者の関係を図で示すと，次のようになる。ここには図解の容易な所有権移転の例をあげて示すが，次のCが，Bより所有権を取得したのではなく他の物権，例えば抵当権を取得（抵当権の設定）した場合，実体関係の C所有 を C抵当権取得 に，登記関係の 所有名義C を 抵当権名義C と置き換えればよいだけである。

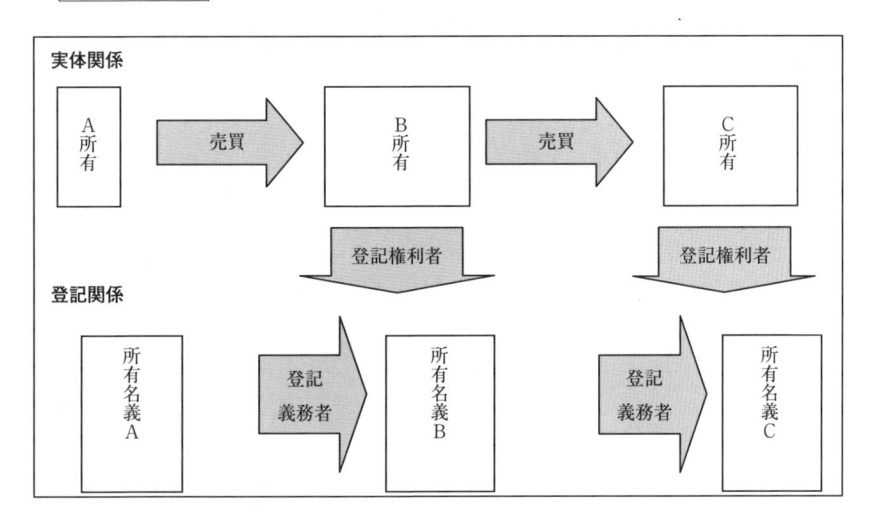

```
実体関係
 ┌───┐      ┌───┐      ┌───┐
 │A所有│─売買→│B所有│─売買→│C所有│
 └───┘      └───┘      └───┘
                ↓登記権利者    ↓登記権利者
登記関係
 ┌─────┐ 登記 ┌─────┐ 登記 ┌─────┐
 │所有名義A│義務者→│所有名義B│義務者→│所有名義C│
 └─────┘      └─────┘      └─────┘
```

登記権利者と登記義務者の判定　上記の例の他，登記された権利の変更（更正）や抹消についても，なされる記録によって利益を得る者と不利益を得る者の比較の中で申請人の地位を決めていく。しかしこの場合，登記義務者だけではなく原則として登記権利者も登記名義人でなければならない。例えば，登記された抵当権の抹消については，それにより不利益を受ける者は抵当権の登記名義人であり，もう一方の登記権利者は，原則として登記上に抵当権の負担をしていた者（多くの場合，所有権の登記名義人）である。ところで，主に権利の変更登記に関して問題となるが，申請する登記がなされた結果から記録の上で利益を受ける者と不利益を受ける者の判断がし難い場合がある。

例えば、登記された抵当権の債務者をAからBに変更するようなときである。この場合には、登記の上で抵当権を負担する者（設定者・多くの場合所有権の登記名義人）を保護する等の理由からその者を登記義務者とし、抵当権の登記名義人を登記権利者とするのが実務の取り扱いである[52]。

(4) 単独申請

再三繰り返すけれども、権利に関する登記の申請は、登記権利者と登記義務者が共同して行うことが原則である。しかし、登記の中にはそれをしても当事者の利害に影響のないものや、登記上に対立当事者が考えられないもの、その他、共同申請に適さないものがある。このようなものについては、共同申請ではない方式で手続を行うことを認めている。これを単独申請と呼び、代表的なものは次のとおりである[53]。

判決による登記 本来は共同で申請をすべきところ、当事者の一方（多くの場合登記義務者）が手続に協力しないとき、例えば、BはAより甲土地を売買で取得し、代金の全額をAに支払ったが、Aは甲土地のBへの所有権移転登記の申請に協力しない場合が典型例であり、このとき、登記を求めるBは、申請に協力しないAに対して登記することを求める訴えを提起することができる。そしてBが勝訴の判決を得てそれが確定すれば、Bは、Aから自分への所有権移転の登記を単独で申請することができる（法第63条第1項）。これは判決により権利関係が確定し、共同申請の方式を採らなくても登記の真実性が確保できることによるものである。

---

[52] このような場合の実務の根拠となるのが、いわゆる先例と呼ばれる登記機関の通達・回答などである。これは登記の手続の作業を進める際に、法令の中で解消できない疑義が生じ、あるいは生ずる可能性のある場合などに、登記機関の責任担当部署が運用方針を決定してそれを作業現場の登記官に通達・回答の形式で伝えるもので、形式的には行政機関内部の指揮命令上のものである。しかし、手続の現場における取扱方針を決定することから、間接的に申請人を拘束することになり、事実上、法令を補足する重要な役割を果たしている。なお先例は、手続を進める上で一定程度必要であり、本書も使い方編でその代表的なものを紹介することにした。

[53] 単独申請とは、登記を申請する者が一人という意味ではない。例えば混同による権利の登記の抹消は、往々にして登記権利者と登記義務者が同一人になるけれども、ここでいうところの単独申請ではない。

> **相続又は法人の合併による権利の移転登記**

ある不動産について，自然人の相続，又は法人の合併により権利の承継が生じたことによる権利移転の登記は，権利を取得した者が単独で申請することができる（法第63条第2項）。相続や法人の合併による権利の承継は，内容が法令上明白であり，しかもその過程が市（区）町村長の発行する戸籍の証明や登記官の発行する登記事項の証明書で明らかであることによるものであろう[54]。

> **登記名義人の氏名もしくは名称又は住所の変更の登記**

例えば自然人の転居や会社の商号の変更等により，登記名義人の住所や名称等が変わる場合がある。権利の種類を問わず，名義人の登記上の住所等を現在のものに符合させるための登記は，それをしても登記の上で不利益を被る者の存在が考えられないので，登記名義人が単独で申請することができる（法第64条第1項）。

> **所有権保存登記**

表題部だけが登記されている登記記録に，初めてする所有権の登記が所有権保存登記である。初めて行う権利に関する登記であるために，登記の上で申請すべき者をめぐる対立関係が考えられない。したがって，所有権保存登記は所有者が単独で申請することができる（法第74条）。

> **根抵当権の元本確定の登記**

根抵当権の元本が確定したことによる登記は，一定の場合，根抵当権登記名義人が単独で申請することができる（法第93条）。

> **仮登記の申請**

登記の申請をする際に，求められる情報のうち一定のものが提供できない場合には将来の（本）登記に備えて予め登記上に順位を確保するため，及び，登記できる権利に関する請求権を保全したい場合のそれぞれについて，仮登記をすることができる。仮登記は予備的な登記であることから，（仮）登記義務者から承諾を得たとき等一定の場合には，（仮）登記権利者が単独で申請をすることができる（法第107条第1項）。

---

[54] 他にも，相続を登記原因とする登記に共同申請を適用すると，多くの場合登記権利者が登記義務者を兼ねることになることが，理由の一つに考えられる。

仮登記の抹消　既になされた仮登記の抹消は，仮登記の名義人が単独で申請することができる。また，仮登記名義人の承諾があれば，その仮登記に対する登記上の利害関係人も，単独で仮登記の抹消を申請することができる（法第110条）。

権利の抹消の登記　登記義務者の所在が不明なとき等，一定の場合，権利の登記の抹消は登記権利者が単独で申請することができる（法第69条，第70条）。

(5) 登記を求める作業と方式—申請—

登記の制度が不動産取引の安全に資することを目的にしている以上，当事者が登記機関に対して記録を要求するための作業については，実体関係を正しく反映し，裏返せば虚偽の記録を防ぐことが最優先の課題であり，これに向けた制度設計がなされなければならない。このために法律は，当事者が自儘な手段で記録を要求する行為を行うことを認めずに，統一的な方式を定めた。

申請情報と添付情報　その方式（申請）は，当事者に対し，求める記録とその内容等の一定事項（申請情報）を，手元のコンピュータから電気通信回線を経由して登記機関のコンピュータに送信させるか（オンライン申請），もしくは書面（登記申請書）に記載して登記機関に提出させるのであるが，それに合わせて求める記録・その内容を裏付けるための，いわば証拠資料とでもいうべきものを，申し出の方式に併せて提供させることにした（オンライン申請の添付情報と書面申請の添付書類）。なお実務上は，事務処理の迅速性などの観点から申請情報・申請書の物理的な内容を定型・画一化している。

寄り道　登記の申請について

　不動産登記は，不動産をめぐる権利関係について，国家機関（登記所・登記官）が所定の方式にしたがって行う記録である。
　記録を求める行為が申請であり，権利に関する登記については立場の異なる二種類の者（登記申請人）が，共同してそれを行うのが原則である（共同申請の原則）。
　申請人が登記を求めるためには，登記所に対して所定の要求行為（申請）をする必要

があり，その行為に必要な道具は，当事者が求める記録内容を登記官に伝えるための申請情報（申請書）と，求める記録の裏付け的な性質を持つ添付情報（添付書面）の二種類のものを使用する。

　ところで，権利に関する登記には，登記できる権利とその態様に応じた形態，例えば「所有権移転」「地上権設定」「根抵当権変更」など様々なものがあるので，申請情報と添付情報の内容の決め方も簡単ではない。登記できる権利と態様ごとにそれを決めるのが最も単純であるが，それを法令で決めることになると，膨大な規定を定めることになり，合理的とはいえない。そこで現行法は，申請情報と添付情報の内容について，まず権利やその態様に関わらず全ての登記に共通して必要なもの示し，次に，権利の種類や登記の態様に従って必要なものを定めたようである。したがって，申請情報や添付情報の内容は，具体的な申請に際して，当事者が法令を適用して取捨選択した結果により決まってくる性質のものである。

第2章

手続の内容

　登記の申請は，当事者が所定の情報を，決められた手段で登記官に提供することによりなされる。

1　申請の方式—記録を要求する行為—

　登記を求める者は，法令に定められた申請情報と添付情報を登記官に提供しなければならないが，情報を搬送する方式には電気通信回線を利用する方法と，書面を利用するものの二通りがある。

オンラインによる申請　申請人が，申請情報と添付情報を，手元のコンピュータから電気通信回線を介して登記所のコンピュータに送信する方式であり（法第18条第1号），これをオンライン申請と呼ぶ。なお，申請情報とともに提供を求められる添付情報が書面に記載されている場合でも，一定の場合にはオンライン申請をすることができる（令附則第5条〜特例方式）。

書面による申請　申請人が，申請情報を書面に記載（申請書）[1]し，その申請書に必要な添付書面を添えて登記所に提出する方式であり（法第18条第2号），これを書面申請と呼ぶ。申請書及び添付書面を登記所に提出する際には，持参もしくは郵便等[2]による送付のいずれ

---

[1] 一定の場合には，申請情報の全部又は一部を記録した磁気ディスクを提出する方式も認められる（法第18条第2号）。
[2] 申請書類を登記所に送付する場合には，日本郵政株式会社の書留郵便，又は民間事業者による信書の送達に関する法律に定められた信書便事業者が行う配達などの記録の残るいわゆる信書便を使用しなければならない（規則第53条）。

の方式も認められる。

2　提供すべき情報

　申請人が登記所に提供を求められる情報には，上述のように申請情報と添付情報の二つがある。

(1)　申請情報
　登記の申請に必要な事項として不動産登記法及び政令等に定められた情報であり（法第18条），内容をなすのは，目的不動産や当事者，登録免許税額等，登記の手続を運用するための事項の他に，例えば抵当権設定登記における債権額のように，そのまま登記事項となるべき事項が含まれている。この情報を記載した書面を申請書と呼ぶ。

(2)　添付情報
　申請情報の内容を裏付ける，あるいは真実性を担保する性格を持つ情報[3]であり，具体的なものは権利や登記の態様に応じて全て法令に定められている。そして，この情報が書面に記載されている場合にはそれを，添付書面[4]と呼ぶ。
　添付情報・添付書面は，前述の申請情報・申請書と併せて申請人が登記を求める作業（申請）を行う際に不可欠な道具である。

寄り道　申請情報とは何か

　申請情報とは，申請作業の中心となる道具であり，申請人が登記所に一定の記録を求める意思を表明する手段である。具体的内容はそれぞれ順次述べるが，概ね，求める記録（登記）の内容をなす事項（登記事項）と，手続の技術的事項の二種類で構成されている。
　ところで，ここで使われる申請情報[5]の用語は，不動産登記の申請手続を，コンピュー

---

[3]　申請情報の主要部分に関する裏付け・証拠のような性質を持つ情報である。
[4]　この書面を「添付書類」と呼ぶこともある。用語法としては，個々のものを添付書面，それらの集合を「添付書類」と呼ぶのが一般的のようであるが，実務現場でこの違いが問題となることはない。

タのオンラインを利用して電子的に処理することを中心に構成したために，文字を意識させる用語を避け，文字で伝達する内容そのものを指して使われているものと思われる。法文はともかく，申請人にとって登記所に伝達する事項は，PCのディスプレー上か書面上かの違いはあっても文字を介して認識するのであるから，申請情報を申請事項（あるいは必要事項）と置き換えても特に支障はない。本書でも，申請情報の内容の説明に際して時おり申請事項，あるいはそれを表示や記載するとの用語を使うこともある。なお「申請情報」自体も「申請書」と呼ぶほうが[6]，手続の過程におけるその役割あるいは道具概念をイメージし易いかもしれない。

3　申請情報の内容

申請情報の内容　　申請情報を構成する個々の情報を，申請情報の内容という。申請情報の内容には，例えば〈登記の目的〉のように，申請の結果それが登記の記録に直接登載されるものと[7]，〈管轄登記所〉〈登録免許税〉のように，作業をめぐる技術的あるいは付随的なものがある。このうちの後者はその性質から登記の種類を問わず共通するものが多く，申請する登記（求める記録）によってそれが異なることはあまりない[8]。しかし前者については，申請の内容に関係なく共通するものもあるが，申請する登記の実質的な内容，具体的にいえば〈権利〉の種類と，権利の設定や移転のような変動の形態に対応する登記の〈態様〉によって変わるものもある。簡単に言い換えると，例えば＜所有権＞の〈移転登記〉と＜抵当権＞の〈設定登記〉を比べると申請情報の内容は異なり，＜抵当権＞でも〈設定登記〉と〈移転登記〉の申請情報の内容は同じではない。

---

[5] 申請情報という用語が，法文では若干意味の異なる使われ方をするようである。本来「申請情報」とは，例えば「登記の目的」のような個別事項ではなく，それらを集合させた，登記所に提供すべき情報のかたまりを指すものと思われる。このことは，個別事項を「申請情報の内容」と表現をしていることからも推測はできる（令第3条など）。しかし令別表には「申請情報」という項目があり，そこには前述の「申請情報の内容」と言い表された個々の事項があげられている。このように，申請情報の用語法に幾分曖昧さがみられるが，そのことが手続に支障を来すことはないので，意識する必要は全くない。

[6] 実務におけるオンライン申請上の「申請情報」の表題は，実は「申請書」である。

[7] これには様々なものがあるが，登記の目的の他，一般的なものとしては登記原因があり，個別的には例えば抵当権については債権額や債務者などがある。

[8] 例えば「登録免許税」について，それが定率課税で納付される場合には「課税価格」が申請情報の内容に加えられる。

ところで，申請情報は権利に関する登記の手続を理解する上で極めて重要な部分であるので，本書は説明を進めるためにこれを分類することにし，全ての登記に基本的に求められる申請情報の内容を一般的な申請情報，権利やその登記の態様にしたがって個々的に求められる申請情報の内容を固有の申請情報の内容と呼ぶことにする。

> 申請情報の内容の分類

　次に，一般的な申請情報を登記記録との関連性をとおしてみた場合に，登記事項とは直接関係がなく申請の技術的あるいは付随的なことがらに関する情報と，そのまま登記事項となるべき事項に分けられる。さらに，申請情報の内容については，提供を求められる範囲は限定的であるが，権利や登記の態様を問わないものがあるので，これらも分けて整理することにした。この他，個別的な申請情報についても，提供を求められる範囲に違いがあり，ここでは，適用される範囲の比較的広いものだけを整理しておき，個々の権利に限定して求められる申請情報の内容については，後半の使い方編でその主なものを取り上げることにする。

(1) **一般的な申請情報　その1―申請の技術的な情報―**
　当事者が求める登記記録の内容に直接繋がる情報ではなく，登記が登記所でなされるまでの様々な道筋等を示す技術的なことがらを中心とする申請情報の内容（申請事項）を，ここでは一般的な申請情報その1として整理しておく。

> 適用される範囲の広い情報

　次の情報は，原則として全ての申請情報に求められるといえる申請情報の内容である。

① 　不動産を識別するために必要な情報（法第18条）
　この情報は，記録（登記）を求める不動産であるが，手続的には権利の変動等の客体となった土地や建物を記録の上で特定する次の事項で，比喩的にいうと，不動産をめぐる権利のデータベースに収録された特定の不動産の記録にたどり着くための，宛先あるいは座標値のようなものである。なお，不動産識別事項（不動産番号～規則第34条第2項）を申請情報の内容としたときは，

この情報は要しない（令第6条第1項）。

　土地　　・土地の所在する市・区・郡・町・村及び字　・地番　・地目　・地積

　建物　　・建物の所在する市・区・郡・町・村・字及び土地の地番　・家屋番号　・種類　・構造　・床面積　　なお，建物が区分建物である場合と，附属建物がある場合は，これに若干別のものが加わる（令第3条第7号，第8号）

② 　登記所の表示（規則第34条第1項第8号）

　管轄登記所の表示であり，申請情報と添付情報の届け先のようなものである。

③ 　申請の年月日（規則第34条第1項第7号）

　当事者が申請情報を発信した日，もしくは申請書を登記所に提出した日である。しかしこの情報は，申請情報がオンライの受付時間外の送信等，申請人から登記所に届くまでに時間差が生じることがあるので，申請情報である意味に乏しいように思える。

④ 　添付情報の表示

　申請情報に添付して登記所に提供する情報（令第2条第1号）を，それぞれ申請情報の内容として表示しなければならない。

⑤ 　代理人の氏名，又は名称及び住所（令第3条第3号）

　登記の申請が代理人によってなされる場合には，代理人の氏名，又は名称及び住所を申請情報の内容としなければならない。代理人が法人であるときは，その代表者も情報に加えなければならない。

⑥ 　申請人又は代理人の電話番号その他の連絡先（規則第34条第1項第1号）

　登記官から申請人への連絡先を，申請情報の内容としなければならない。

⑦ 　登録免許税に関する表示

　登記の申請に際しては登録免許税を納付しなければならないので（登録免許税法第3条），納付する登録免許税の額，及びそれが課税標準金額を用いて算出される場合にはその課税標準金額も，申請情報の内容としなければならない。また，登録免許税法や租税特別措置法等の規定により登録免許税が減免される場合があり，そのときには根拠となる法令の条項を申請情報の内容

にしなければならない（規則第189条）。

⑧ 登記識別情報を提供することができない理由（令第3条第12号）

　共同申請をする際の登記義務者等には，登記識別情報の提供が求められる。しかし，正当な理由があればその提供をしないで申請をすることもできるが（法第22条），その場合には理由を申請情報の内容としなければならない。

> 適用される範囲が限られる情報

　一般的な申請情報の内容と呼べるけれども適用範囲が限られるものに，次のような情報がある。

⑨ 敷地権に関する表示（令第3条第11号ヘ）

　敷地権付き区分建物についての所有権，一般の先取特権，質権又は抵当権の登記を申請する場合には，敷地権の目的となる土地の所在する市，区，郡，町，村及び字並びに当該土地の地番，地目及び地積，並びに敷地権の種類と割合を申請情報の内容としなければならない。

⑩ 申請人が，相続人その他の一般承継人である旨の表示（令第3条第11号ロ）

　ある登記を申請する際に，本来その申請をすべきであった者が既に死亡，法人の場合には合併してしまった場合，その申請を相続等により権利義務を承継した相続人等が代わって行うことができるが（法第62条），この場合には，申請が本来の申請人ではなくその者から権利義務を承継した者であることを明らかにするために，そのことを申請情報の内容としなければならない（この事項は，後述する実質的申請事項⑰にともなう事項である）。

(2) 一般的な申請情報　その2―登記事項を構成する情報―

　当事者が登記官に記録を求める作業の中心をなす申請情報の内容であり，そのまま登記事項となる情報を，ここでは一般的な申請情報その2と呼んで整理しておく。この情報にも，求める記録（登記）の内容に関係なく申請情報全般に共通するものと，求める記録の内容，具体的にいえば＜権利＞の種類と登記〈の態様〉によって必要とされるものがある。ここでは，前者の共通する申請情報の内容と後者の限定的な申請情報の内容の主なものを，それぞれ簡単に整理しておくことにした。なお，ここにあげる申請情報の内容には

そのまま登記事項となるものが多いので、それにあたる場合には、参考のためにできるだけ「登記事項該当」と表記しておくことにした。また、項目の冒頭の番号は、前項からの継続である。

⑪ 登記の目的（法第18条、令第3条第5号）　登記事項該当

　登記は、不動産をめぐる所有権をはじめ幾つかの権利に関して変動があったさいに、それに対応すべく保存・設定・移転・変更・処分の制限・消滅の形態をもってなされるので（法第3条）、申請人は自分が求める記録（登記）がそのいずれであるかを〈登記の目的〉として申請情報の内容としなければならない。具体的には、〈所有権移転〉〈根抵当権変更〉〈抵当権抹消〉のように表示する。

⑫ 登記原因及びその日付（令第3条第6号）　登記事項該当

　申請情報には、登記を必要とする原因となった法律行為や法律事実とその行為等の日をその内容として提供しなければならない。具体的には、〈平成○年○月○日売買〉〈平成○年○月○日弁済〉のように、権利の変動した直接の理由を簡潔に表すが、抵当権（根抵当権を除く）のような担保物権の成立については、被担保債権の存在を前提にして成立するという法的な性質の影響を受けて〈平成○年○月○日金銭消費貸借　平成○年○月○日設定〉のように表示するものもある。なお、所有権保存登記のなかにはこの情報の提供を求められないものがある。また、多くはないがここに日付の記載をしないものもある[9]。

⑬ 申請人の氏名又は名称及び住所（法第18条、令第3条第1号）

　　　　　　　　　　　　　　　　　　　　　　　　　一部登記事項該当

　申請情報には、申請人の氏名や名称及びその住所をその内容として提供しなければならない。権利に関する登記の申請人は、原則として共同申請であるから、通常〈権利者〉〈義務者〉との肩書きを付された上で、申請情報の内容とされる。登記権利者はそのまま登記記録に記録される場合があり、その際に抵当権などの物権の設定の登記に関しては、ここでいう権利者が例えば〈抵当権者〉のように物権の名称を交えて表示されることから、実務上は申請

---

[9] 例えば、登記原因を錯誤とする場合、その日は更正や抹消すべき登記をなした日であり、それは記録の上で明白であると考えられることから、この記載を求められることはない。

情報の内容においても記録に合わせて権利者に替えて〈抵当権者〉と表示する。そしてこのような場合に限り義務者も，権利者と同様の趣旨から，義務者ではなく〈設定者〉と表示が替えられる。なお，申請人が法人であるときは，その代表者の氏名をも申請情報の内容としなければならない（令第3条第2号）。但しこれは，登記事項とはならない（法第59条第4号参照）。

申請情報の記載例　一般的な申請情報のうちの共通のものは以上である。ところで，実務的に数多く申請される所有権の移転登記のほとんどは，ここまでにあげた申請情報の内容だけで構成される。そこで，一般的な申請情報の内容がどのように申請情報や申請書の実際に現われるかを，実務で使用される申請情報（申請書）をもって示しておくことにする。

次は，Aが自分の所有する（所有権の登記名義を持つ）甲土地を株式会社Bに売買し，それによる登記を司法書士Xが代理して書面で申請する場合の申請書の例である。例にある番号は，本文の説明項目の番号である。冒頭は慣例により「登記申請書」と表記される。

```
            登 記 申 請 書
⑪  登記の目的    所有権移転
⑫  原    因    平成○○年○月○○日売買
⑬  権  利  者   乙市乙町○丁目○○番○○号
                   株式会社 B
                   代表取締役  C
⑬  義  務  者   甲市甲町○丁目○○番○○号
                   A

④  添付書類
       登記原因証明情報    登記識別情報    印鑑証明書    住所証明書
       資格証明書         代理権限証書
③  平成○○年○月○○日  ②  ○○地方法務局甲支局
⑤  代  理  人   甲市○町○○丁目○○番○○号
                   X
⑥                  連絡先の電話番号 ・・・・・・・・
⑦  課税価格     金・・・・円
⑦  登録免許税   金・・・円
①  不動産の表示
       所    在   甲市甲町○丁目
       地    番   ○○番
       地    目   宅地
```

地　積　　○○○・○○m²

注）太字の部分が登記事項に該当する申請情報である。

(3) 一般的な申請情報　その3―個別的な申請情報―

権利の種類を問わず共通の申請情報の内容ではあるけれど，提供を求められる対象が特定される情報があり，ここでは一般的な申請情報その3と呼ぶことにして整理しておく。主なものには次の事項があり，ここでも冒頭の番号は，前項から継続したものを付しておくことにする。

⑭　代位申請における申請情報（令第3条第4号）　登記事項該当

登記の申請が，民法第423条等の法令に基づいて本来の申請人（被代位者）に代わる者（代位者）によって行われる場合には，申請人が代位者である旨，本来申請人となるべき者（被代位者）の氏名，又は名称及び住所と，代位原因を申請情報の内容としなければならない。

⑮　登記権利者の持分の表示（令第3条第9号）　登記事項該当

権利の保存，設定もしくは移転の登記を申請する場合に，その申請の結果により登記名義人が二人以上となる場合，申請情報の内容として登記権利者の表示に持分を加えなければならない。ただし，根質権，根抵当権及び信託の登記に関しては，この情報は不要である。

⑯　移転する権利の一部の表示（令第3条第11号ホ）　登記事項該当

権利の一部を移転する登記を申請する場合には，その旨を申請情報の内容としなければならない。

申請情報の記載例　次は，前述の例を若干アレンジして㈱BがAから売買により不動産の（所有権全部ではなく）持分2分の1を取得した場合の申請書の例である。申請情報には，上述の⑮⑯が適用されるので，前記の例と内容が異なるところに注目されたい。

```
　　　　　　登　記　申　請　書
⑪　登記の目的　　⑯所有権一部移転
⑫　原　　　因　　平成○○年○月○○日売買
⑬　権　利　者　　乙市乙町○丁目○○番○○号
　　⑮持分2分の1　　株式会社　B
```

```
                        代表取締役　C
 ⑬　義　務　者　　甲市甲町○丁目○○番○○号
                        A
   （以下省略）
```

⑰　相続人等の申請にかかる場合において登記名義人となる者の氏名，住所等の表示（令第3条第11号ロ）

　登記の申請が，本来の申請人ではなく，その者の相続人等，権利を承継した者からなされる場合において（共通事項⑩と同様の場合），本来の申請人[10]が登記名義人となるときは，その者の氏名，又は名称及び一般承継時の住所を，申請情報の内容としなければならない。

⑱　その他

　登記の目的である権利の消滅に関する定め又は共有物分割禁止の定めがあるときはその表示をしなければならない（令第3条第11号ニ）。また，申請人が登記権利者，登記義務者等ではないときには，登記権利者，登記義務者等の氏名，又は名称及び住所を申請情報の内容としなければならない（令第3条第11号イ）。

> **寄り道　申請情報の様式**
>
> 　申請情報については，作成の様式を定めた規定は見当たらない。しかし申請情報は，その主要部分が登記記録に転写される技術的性質や，実務現場における大量の事務を迅速に処理する必要性などから法務省から一定の様式が示されている。この他実務では司法書士によって様式が統一される傾向にあり，申請情報・申請書の例（見本）を指して書式と呼ぶことが多い。

(4)　固有の申請情報の内容

　ここでは，登記できる各種権利や登記の態様に関し，これまで述べた申請情報の内容の他に，個々に求められる申請情報の内容について，主なものを簡単に整理しておく。

---

[10]　この場合の本来の申請人とは，既に死亡した被相続人もしくは被合併会社（法人）である。

登記できる権利毎に個別に求められる(固有の)申請情報 次にあげる申請情報の内容は，登記される権利が初めて登記記録に登載される〈設定登記〉などの際に求められるものである。

所有権 所有権保存登記の申請情報の内容(令別表28の申請情報)
≪法第74条第1項による申請≫
➤申請人が法第74条第1項各号に掲げる者のいずれであるか，の表示。
➤法第74条第1項第2号又は第3号に掲げる者が表題登記がない建物について申請する場合，当該表題登記がない建物が敷地権のある区分建物であるときは，次の事項。
　◆敷地権の目的となる土地の所在する市，区，郡，町，村及び字並びに当該土地の地目及び地積。
　◆敷地権の種類及び割合。
≪法第74条第2項による申請≫
➤法第74条第2項の規定により登記を申請する旨の表示

提供を要しない申請情報 所有権保存登記の申請に際しては，一般的に求められる申請情報の内容である〈登記原因及びその日付〉は，法第74条第2項の規定により敷地権付き区分建物について申請する場合を除き，提供することを要しない(令第3条第6号)

地上権 地上権設定登記の申請情報の内容(令別表33の申請情報，法第78条)
➤地上権設定の目的
➤地代又はその支払い時期の定めがあるときは，その定め。
➤存続期間又は借地借家法第22条前段もしくは第23条第1項の定めがあるときは，その定め。
➤地上権設定の目的が借地借家法23条第1項又は第2項に規定する建物の所有であるときは，その旨。
➤民法第269条の2第1項前段の地上権～区分地上権[11]～設定の場合には，上記の他に次の事項(令別表33の申請情報，法第78条第5号)が加え

---
[11] 「地下権」「空中権」のような呼びかたもある。

られる。
　　◆設定の目的である地下又は空間の上下の範囲
　　◆民法第269条の2第1項後段の定めがあるときはその定め
　永小作権　　永小作権設定登記の申請情報の内容（令別表34の申請情報，法第79条）
　➢小作料
　➢存続期間又は小作料の支払時期の定めがあるときは，その定め。
　➢民法第272条但書の定めがあるときは，その定め。
　➢永小作人の権利又は義務に関する定めがあるときは，その定め。
　地役権　　地役権設定登記の申請情報の内容（令別表35の申請情報，法第80条）
　➢要役地（その所在する市，区，郡，町，村及び字並びに当該要役地の地番，地目及び地積）
　➢地役権設定の目的及び範囲
　➢民法第281条第1項但書，もしくは第285条第1項但書の別段の定め又は同法第286条の定めがあるときは，その定め。
　賃借権　　賃借権設定登記の申請情報の内容（令別表38の申請情報，法第81条）
　➢賃料[12]
　➢存続期間又は賃料の支払時期の定めがあるときは，その定め。
　➢賃借権の譲渡又は賃借物の転貸を許す旨の定めがあるときは，その定め。
　➢敷金があるときは，その旨[13]。
　➢賃貸人が，財産の処分につき行為能力の制限を受けた者又は財産の処分の権限を有しない者であるときは，その旨。
　➢土地の賃借権設定の目的が建物の所有であるときは，その旨。
　➢土地の賃借権設定の目的が建物の所有である場合で，その建物が借地借家法第23条第1項又は第2項に規定する建物であるときは，その旨。
　➢借地借家法第22条前段，第23条第1項，第38条第1項前段もしくは第

---

[12] 平成16年の法改正以前は，登記上「借賃」と表示されていた（旧法第132条）。
[13] 平成16年の法改正により，新たに加えられた事項である。

39条第1項又は高齢者の居住の安定確保に関する法律第52条の定めがあるときは，その定め。

先取特権　　先取特権保存登記の申請情報の内容（令別表42及び43の申請情報，法第83条）
- ➢債権額（建物を新築する場合における不動産工事の先取特権については，これが工事費用の予算額に代わる。）
- ➢債務者の氏名又は名称及び住所
- ➢所有権以外の権利を目的とするときは，目的となる権利。二以上の不動産に関する権利を目的とするときは，その二以上の不動産及び当該権利。
- ➢建物を新築する場合の不動産工事の先取特権　　上述の申請情報の内容に次のものが加えられる。
    - ◆新築する建物の種類，構造及び床面積等，及びそれらは設計書による旨[14]

質権　　質権設定登記の申請情報の内容（令別表46の申請情報，法第83条，第95条）～根質権は除く～
- ➢債権額（一定の金額を目的としない債権についてはその価格）
- ➢債務者の氏名又は名称及び住所
- ➢所有権以外の権利を目的とするときは，目的となる権利。
- ➢二以上の不動産に関する権利を目的とするときは，その二以上の不動産及び当該権利。
- ➢外国通貨で債権額を指定した債権を担保する場合には，日本の通貨による担保限度額。
- ➢存続期間に関する定めがあるときは，その定め。
- ➢利息に関する定めがあるときは，その定め。
- ➢違約金又は賠償額の定めがあるときは，その定め。
- ➢債権に付した条件があるときは，その条件。

---

[14] 建物新築工事の先取特権保存の登記は，権利の対象となる建物が物理的に存在しない時点で申請とその登記がなされる特殊性を持っている（工事開始前の登記が要件である（民法第338条））。このため，一般に登記の申請情報に表示が求められる目的不動産の表示（令第3条第7号，第8号）をすることが出来ないので，登記の目的である不動産を設計書にしたがって表示せざるを得ない。そこで，その旨を明記させるのであろう。

- ➢民法第346条但書の別段の定めがあるときは，その定め。
- ➢民法第359条の規定により設定行為について別段の定め（民法第356条又は第357条に規定するものに限る）があるときは，その定め。
- ➢民法第361条において準用する第370条但書の別段の定めがあるときは，その定め。

抵当権　　抵当権設定登記の申請情報の内容（令別表55の申請情報，法第83条，第88条第1項）
- ➢債権額（一定の金額を目的としない債権については，その価格）
- ➢債務者の氏名又は名称及び住所
- ➢所有権以外の権利を目的とするときは，目的となる権利。
- ➢二以上の不動産に関する権利を目的とするときは，その二以上の不動産及び当該権利。
- ➢外国通貨で債権額を指定した債権を担保する場合には，日本の通貨による担保限度額
- ➢利息に関する定めがあるときは，その定め。
- ➢民法第375条第2項に規定する損害の賠償額の定めがあるときは，その定め。
- ➢債権に付した条件があるときは，その条件。
- ➢民法第370条但書の別段の定めがあるときは，その定め。
- ➢抵当証券発行の定めがあるときは，その定め，及びこの場合に元本又は利息の弁済期又は支払場所の定めがあるときは，その定め。
- ➢一又は二以上の不動産に関する権利を目的とする抵当権の設定登記をした後，同一の債権の担保として他の一又は二以上の不動産に関する権利を目的とする抵当権設定の登記を申請する場合には，前の登記に係る次の事項。なお，申請を受ける登記所に，前の登記に係る共同担保目録がある場合には，下記に替えて〈共同担保目録の記号及び目録番号〉を記載する（規則第168条第1項）。
    - ◆土地にあっては，当該土地の所在する市，区，郡，町，村及び字並びに当該土地の地番
    - ◆建物にあっては，当該建物の所在する市，区，郡，町，村，字及び土

地の地番並びに当該建物の家屋番号
　◆順位事項

根抵当権　　根抵当権設定登記の申請情報の内容（令別表56の申請情報，法第83条，第88条第2項）
➢担保すべき債権の範囲及び極度額
➢債務者の氏名又は名称及び住所。
➢元本確定期日の定めがあるときはその定め。
➢所有権以外の権利を目的とするときは，目的となる権利。
➢二以上の不動産に関する権利を目的とするときは，その二以上の不動産及び当該権利。
➢民法第370条但書の別段の定めがあるときは，その定め。
➢民法第398条の14第1項但書の定めがあるときは，その定め。
➢民法第398条の16の根抵当権であるときは，その旨。
➢一の不動産に関する権利を目的とする根抵当権の設定登記又は二以上の不動産に関する権利を目的とする根抵当権の設定登記（民法第398条の16の登記をしたものに限る。）をした後，同一の債権の担保として他の一又は二以上の不動産に関する権利を目的とする根抵当権設定の登記及び同条の登記を申請するときは，前の登記に係る次の事項。
　　◆土地にあっては，当該土地の所在する市，区，郡，町，村及び字並びに当該土地の地番
　　◆建物にあっては，当該建物の所在する市，区，郡，町，村，字及び土地の地番並びに当該建物の家屋番号
　　◆順位事項
　　◆申請を受ける登記所に，共同担保目録がある場合には，〈共同担保目録の記号及び目録番号〉（規則第168条第1項）。

買戻しの特約の登記　　買戻特約の登記の申請情報の内容（令別表64）
➢買主が支払った代金及び契約の費用並びに買戻しの期間の定めがあるときはその定め。

> 登記の態様に従って求められる申請情報

　申請情報の内容の中で，権利に固有のそれはこれまで述べたとおりであるが，それらの他に，権利の移転や変更・更正等に従った登記の態様に関しても固有の申請情報の内容が求められる場合がある。これについても，代表的なものを簡単に整理しておく。

　移転登記　移転登記の申請情報の内容について，基本的なものは既に述べた一般的な申請情報の内容であるが，それ以外に必要とされるものは次のとおりである。

- 債権の一部について譲渡又は代位弁済がされた場合における先取特権・質権・抵当権の移転の登記については，以下の事項（令別表45，48，57）。
  - 譲渡又は代位弁済の目的である債権の額
- 民法第398条の12第2項の規定により根抵当権を分割して譲り渡す場合の登記については，以下の事項（令別表60，規則第169条第1項）。
  - 根抵当権の設定の登記に係る申請の受付の年月日及び受付番号並びに登記原因及びその日付
  - 分割前の根抵当権の債務者の氏名又は名称及び住所並びに担保すべき債権の範囲
  - 分割後の各根抵当権の極度額
  - 分割前の根抵当権について民法第370条但書の別段の定め又は担保すべき元本の確定すべき期日の定めが登記されているときは，その定め。
  - 分割前の根抵当権に関する共同担保目録がある時は，その記号及び番号。

権利の変更又は更正の登記
- 変更後又は更正後の登記事項（令別表25）

登記名義人の氏名もしくは名称又は住所についての変更又は更正の登記
- 変更後又は更正後の登記名義人の氏名もしくは名称又は住所（令別表23）

4　受付，審査及び実行

(1)　申請の受付

　登記官は，申請人から申請情報・申請書が提供された場合，その受付をしなければならない（法第19条，規則第56条，準則第31条）。受付は，登記官が単に申請情報等を受領したという意味に止まらず，実体関係に重要な影響を与える行為としての意味を持っている。それというのも，同一の不動産に対してなされた複数の権利の順位は原則として登記の前後によって判定され，その登記の前後は登記記録中の同一の区であれば順位番号を，別の区であれば受付番号を，それぞれ比較することによって決定されるのであるが（法第4条第1項，規則第2条），その時間的な先後は登記官の登記実行の先後である。そして登記官は，申請を受付た順序にしたがって登記の実行をしなければならない（法第20条，規則第58条）。それゆえ，不動産をめぐる権利の順位は，事実上登記の受付の時点で確定されるといえるからである。

受付の事務　　登記制度にとって重要な意味を持つ申請の受付は，申請情報・申請書が管轄登記所に到達した時点をもってなされることを原則とするが，申請情報・申請書が登記所に到達する経路が同一ではないなかで申請情報等の到達をどう確定するかはシステムにとって課題である。これについて不動産登記法は，受付の事務を登記所への入り口に位置付け，申請が電子申請であるか書面であるかを区別せずに一本化し，単一の受付システムと受付帳で処理する極めて単純な方法によって対処した。

　電子申請　　電子申請の受付時間は，登記所の業務日の8時30分から17時15分までである。この間に申請人が申請情報を送信した場合には，業務日の業務時間内に受付されるが，17時15分を過ぎて送信された申請情報については，翌業務日に受付がされる。なお，オンライン申請システムの利用時間は，登記所業務日の8時30分から21時までである（法務省HP「不動産登記の電子申請について」　http://www.moj.go.jp/MINJI/minji72.html）。

　書面申請　　申請人が，申請書を登記所の窓口に直接提出した場合にはそ

の時点で受付がなされるが，申請書を郵便等で登記所に送付した場合には，受付担当者がそれを受け取った時に受付がなされる[15]。

同時の受付　ところで，申請が幾つかの経路でなされることから，同一の不動産に対して申請された複数の登記が同時に受付けに届くことも考えられる。そこで，同一の不動産に関して二つ以上の登記が申請された場合や，同一の不動産に関して申請された二つ以上の登記の前後関係が明らかではないときにそれらの申請が同時にされたものとみなされた場合には，同一の受付番号を付すものとされる（法第19条第2項，第3項）。そしてこのような場合に，申請に係る登記の目的である権利が相互に矛盾するときは，その全ての登記が却下される（法第25条第13号，令第20条第6号）。

受領証　書面申請をした申請人は，申請した登記が完了するまでの間であれば，登記所に申請することにより，申請書及び添付書面の受領証の交付を受けることができる。受領証の申請は，申請書と同一の内容を記載した書面を登記所に提出することによって行う（規則第54条）。

申請の取下げ　申請人は，申請した登記が完了するまでの間であれば，それの取下げをすることができる（規則第39条）[16]。取下げは，申請の形式にしたがって次の方法でしなければならない。なお，一つの申請情報により二つ以上の申請がなされた場合に，そのうちの一部の申請に限って取り下げをすることもできる（準則第29条第4項参照）。

電子申請　オンライン申請と同様の方式にしたがって，申請を取り下げる旨の情報を登記所に提供する（規則第39条第1項第1号）。

書面申請　申請を取下げる旨を記載した書面（取下書という（準則第29条第2項参照））を登記所に提出する（規則第39条第1項第2号）。書面申請の取下げをした場合，申請書及び添付書面は原則として申請人に還付される（規則第39条第3項）。

登録免許税　申請が取下げられた場合，登録免許税は申請人に還付されるが，書面申請の場合には，申請書に貼付した領収書等の再使用の申出をす

---

[15] 受付の担当者が，電子申請と同一の受付システムから受付番号を発番する方法で受付がなされる（清水響「新不動産登記法の概要について」民事月報 Vol.59.8（平成16.8）第4(4)）。

[16] 取下げは，申請の撤回と解される行為である。

ることができる（登録免許税法第31条第3項）。

(2) 申請情報の審査と却下

　登記官は，受け付けた申請情報・申請書について遅滞なく調査し，そこに法令に定められた却下すべき事由に該当するものがあるときは，その不備について申請人が，定められた相当の期間に補正を行った場合を除き，理由を付した決定をもってその登記の申請を却下しなければならない（法第25条）。却下事由の主なものは次のとおりである。

①申請に係る不動産の所在地が，当該申請を受けた登記所の管轄に属しないとき（法第25条第1号）。
②申請が，登記事項以外の事項の登記を目的とするとき（法第25条第2号）。
③申請に係る登記が既に登記されているとき（法第25条第3号）。
④申請の権限を有しない者の申請によるとき（法第25条第4号）。
⑤申請情報又はその提供の方法が，法令の定めた方式に適合しないとき（法第25条第5号）。
⑥申請情報の内容である不動産又は登記の目的である権利が登記記録と合致しないとき（法第25条第6号）。
⑦申請情報の内容である登記義務者（一定の場合には登記名義人）の氏名もしくは名称又は住所が登記記録と合致しないとき（法第25条第7号）。
⑧申請情報の内容が法第61条に規定する登記原因を証する情報の内容と合致しないとき（法第25条第8号）。
⑨法令に定められた登記識別情報，登記原因証明情報その他の情報が提供されないとき（法第25条第9号）。
⑩登記官が，正当な理由により登記識別情報の提供をしないで登記の申請をした者に対して，法令の定めにしたがった事前通知を行ったにもかかわらず，所定の期間内に申し出がないとき（法第25条第10号）。
⑪登録免許税が納付されていないとき（法第25条第12号）。
⑫その他登記すべきものでないとして政令で定められたとき（法第25条第13号）。この規定の主なものは，次のとおりである（令第20条）。
　➢申請が，不動産以外のものについての登記を目的とするとき。

➤ 申請が，一個の不動産の一部についての登記（承役地についてする地役権の登記を除く）を目的とするとき。
➤ 申請に係る登記の目的である権利が同一の不動産について既にされた登記の目的である権利と矛盾するとき。

登録免許税の還付　申請が却下された場合，登録免許税は申請人に還付される（登録免許税法第31条第1項）[17]。

(3) **登記の実行**

　権利に関する登記の申請情報・申請書に関する登記官は，次に述べる申請人の本人性の確認は別にして，申請人本人からの申請であれば，それが権利関係に符合しているかどうかについての実質に立ち入って判断する権限は持たず，申請の方式が法令に列挙されている却下事由（前述）に該当するか否かを形式的に審査する権限しか有しない，と解すべきである（登記官の形式的審査権）[18]。審査の結果，申請情報・申請書等に不備がない場合，登記官はそれによる登記を登記簿に記録しなければならない（法第11条）。これを登記の実行という。

(4) **記録の形式**

　権利の登記は，不動産をめぐる権利関係を記録し，それを開示することにより不動産取引の安全に資することを目的としている。与えられた役割を果たすためには国民の誰に対しても情報が誤りなく伝わることが必要であり，登記のシステムには利用者の読み取り方を念頭に置いた整備が求められる。

一不動産一登記記録　この点に関し，まず，権利は不動産を目的に成立するので，それをめぐる記録も不動産それ自体を基点に，一つ一つ独立させて行っている。これを一不動産一登記記録の原則と呼ぶ。ただし，これには附属建物など若干の例外があることは既に述べた。

---

[17] 書面申請の場合でも，却下されると申請書は申請人に還付されることはないので，登録免許税に関する領収書等の再使用はすることができない。

[18] 大判昭和15年4月5日新聞4563号，幾代通・不動産登記法148～150項

> **主登記と付記登記**

　また権利に関する登記は，権利ごとではなく，その変動の態様に応じてなされるので，技術的にはそれが記録の単位となり，登記記録上には独立の番号（順位番号）をもつ登記として記録される。例示すると，「所有権移転」「抵当権設定」「根抵当権抹消」などであり，記録はこの形式を原則とする。なおこれを「主登記」と呼ぶことがあるが，この呼び名は「付記登記」が関係する文脈以外では登場しない用語で，通常は単に「登記」と言い表している。

(5) 登記官による本人確認

　登記官は，申請された登記が申請人となるべき者以外の者が申請していると疑うに足りる相当の理由があると認めるときは，前述の申請を却下すべき場合を除き申請人又はその代表者もしくは代理人に対して出頭を求め，質問をし，又は文書の提示その他必要な情報の提供を求める方法によりその申請人の申請権限の有無を調査しなければならない（法第24条第1項）。また登記官は，申請人等が遠隔地に居住している場合など相当と認めるときは，この調査を他の登記所の登記官に嘱託することができる（法第24条第2項）。申請人となるべき者以外の者が申請していると疑うに足りる相当な理由があると認めるときとは，主に次のような場合である（準則第33条）。

- ➢捜査機関その他の官庁又は公署から，不正事件が発生するおそれがある旨の通報があったとき。
- ➢申請人となるべき者本人から，自分に成りすました者が申請している旨又はそのおそれがある旨の申出（これを不正登記防止申出という）に基づき所定の措置を執った場合において，一定の期間内にその不正登記防止申出に係る登記の申請があったとき。
- ➢同一の申請人に係る他の不正事件が発覚しているとき。
- ➢前の住所地への通知（後述の，添付情報である登記識別情報の提供が出来ない場合において登記官によりなされる手続）をした場合において，登記の完了前に当該通知に係る登記の申請について異議の申出があったとき。
- ➢登記官が登記識別情報の誤りを原因とする補正又は取下げもしくは却下が複数回されていたことを知ったとき。

➤登記官が，申請情報の内容となった登記識別情報を提供することができない理由が事実と異なることを知ったとき。

登記官の本人確認の内容とその方法　登記官の本人確認の調査は，当該申請人の申請権限の有無についての調査であって，申請人となるべき者が申請しているかどうかを確認するためのものであり，申請人の申請意思の有無は本人確認調査の対象ではない[19]。

調査の方法は，登記の申請が資格者代理人によってなされている場合においては，原則として当該資格者代理人に対して必要な情報の提供を求めることでなされる（準則第33条第2項）。また，登記官が申請人本人を調査する場合でも，申請人となるべき者以外の者が申請していると疑うに足りる事由や疑いの程度に応じた適切な方式を用いることが求められ，電話等による事情の聴取又は資料の提出等により当該申請人の申請権限を確認することができる場合には，本人の出頭を求める必要まではない，とされている[20]。

(6) 不正登記防止の申出

前述のように，申請人に成りすました者から登記の申請がなされていると思料できる，もしくはそのおそれがあると思われるとき，申請人となるべき者本人である登記名義人もしくはその相続人その他一般承継人又はその代表者もしくは代理人（委任による者を除く）は，登記所に出頭し，登記官に申出書その他所定の書面を提出して，不正登記防止の申出をすることができる。但し，当事者がやむを得ない理由により登記所に出頭できないと認められたときは，委任による代理人が出頭してこれをすることができる（準則第33条第1項第2号，第35条）。この制度は，登記官の本人確認調査の契機とするために設けられたものであるが，適切に使われるよう，当事者には申出に必要となった理由への対応措置を取ったことを求めている。この措置には，印章又は印鑑証明書の盗難を理由とする場合には警察等の捜査機関に被害届を提出したこと，本人の知らない間に当該不動産の取引がされている等の情報を得たことによる場合には警察等の捜査機関又は関係機関への防犯の相談又は

---

[19]　平成17年2月25日法務省民二第457号通達第1の1(6)。
[20]　平成17年2月25日法務省民二第457号通達第1の1(5)。

告発などがあたる，とされている。しかし，申出の内容が緊急を要する場合，登記官は当事者によるあらかじめの措置がなくても，申出の受付をすることができるものとされている[21]。

5　申請情報の作成

(1) 不動産ごとの作成

　申請情報は申請作業の中心である。申請情報の内容の主なものは既に述べたとおりであるが，具体的な申請の作業においては"登記の目的"及び"登記原因"に応じて，一つの不動産ごとに作成しなければならない（令第4条）。これを，〈一不動産一申請の原則〉という。

> **寄り道** 申請情報作成の上の整理
> 　申請情報は，全ての申請に共通の申請情報の内容と，権利等に従って個別に求められる申請情報の内容の二種類のものを用いて作成される。具体的には，まず〈登記の目的〉や〈登記原因及びその日付〉など，全ての登記申請に求められる基本的な申請情報の内容を所定の場所に置き，次に個別具体的な申請の際に当事者が求める登記に応じて定められた個別の申請情報の内容をそこに加えながら組み立てていくのである。

(2) 一括申請

　同一の当事者が，同一登記所の管轄区域内にある数個の不動産を，一括して売買等の取引の目的物にすることは，土地と建物を別個独立の不動産と位置づけるわが国では珍しいことではない。「住宅の売買」と言えば，建物だけでなくその敷地の売買を含むものと考えるほうが一般的であろう。このように，同一の当事者が土地と土地上の建物を売買したことに基づいて登記の申請をする場合，一つの不動産ごとに一つの申請情報を作成すると，不動産の表示と登録免許税に関する情報等一部のものを除き，登記の目的から登記原因，申請人等の基本的な申請情報の内容は同一になる。当事者にとって，内

---

[21] 平成17年2月25日法務省民二第457号通達第1の2

容がほぼ重なり合う申請情報等を作成することは，多くの部分が複写で済むことから作業は容易であるけれど，申請行為まで含めれば負担は大きい。そこで，次の要件を満たす場合には，複数の不動産に対する数個の登記を一つの申請情報で行うことができるようにした。これを通常は一括申請と呼ぶ。この他，同一の不動産をめぐる数個の登記について，その基となる法律関係に不可分ともいえる強い牽連関係がある場合，その数個の登記を同時に申請させる必要性があり，これを手続の上で確保するための手法として一つの申請情報でその申請を求める場合がある。

一括申請の基本形　管轄登記所，登記の目的，登記原因及びその日付が同一であるとき。これが基本的な要件である。

複数の登記を一括して申請することができるのは，申請する登記が，同一の登記所の管轄区域内にある数個の不動産に関するもので，〈登記の目的〉と〈登記原因及びその日付〉が同一の場合である（令第4条但書，規則第35条第9号）。この要件は，全ての一括申請に共通するものである。なお，〈登記原因及びその日付〉の同一性については，一部の一括申請の場合に緩和されることがある。

申請例　次は，Aが自分の所有する（所有権の登記名義を持つ）甲土地及び土地上の乙建物を株式会社Bに売買し，それによる登記を司法書士Xが代理して書面で申請する場合の申請書の例である。数個の不動産について一括して申請する場合の登録免許税は，数個の不動産の登録免許税額を合算して算出する（登録免許税法第18条）。

```
　　　　　　　登　記　申　請　書

登記の目的　　所有権移転
原　　　因　　平成〇〇年〇月〇〇日売買
権　利　者　　乙市乙町〇丁目〇〇番〇〇号
　　　　　　　　　株式会社　B
　　　　　　　　　代表取締役　C
義　務　者　　甲市甲町〇丁目〇〇番〇〇号
　　　　　　　　　A
添付書類
　　登記原因証明情報　　登記識別情報　　印鑑証明書　　住所証明書
```

```
       資格証明書          代理権限証明書
   平成○○年○月○○日　○○地方法務局甲支局
   代　理　人　　甲市○町○○丁目○番○○号
                      X
                連絡先の電話番号　・・・・・・・・
課税価格　　　　金・・・・・円
登録免許税　　　金・・・円
不動産の表示
   所　　在　　甲市甲町○丁目
   地　　番　　○○番
   地　　目　　宅地
   地　　積　　○○○・○○m²

   所　　在　　同所　○○番地
   家屋番号　　○○番
   種　　類　　居宅
   構　　造　　木造かわらぶき平家建
   床面積　　　○○○・○○m²
```

一括申請の個別的形態

上記以外に，同一登記所の管轄区域内にある数個の不動産に関する登記について一括申請が可能なものが個別に定められている。

登記名義人の住所等の変更（更正）をめぐる登記　一又は二以上の不動産について申請する二以上の登記が，いずれも同一の登記名義人の氏名もしくは名称又は住所についての変更（更正）の登記である場合（規則第35条第8号）。

具体例としては，ある権利の登記名義人が，〈転居したことによる住所の変更〉と〈婚姻などによる氏名の変更〉の登記を申請する場合である。前述した申請の原則に従えば，このような場合，本来は住所変更と氏名変更とで登記原因及びその日付が異なるので，前者と後者のそれぞれについて登記名義人住所変更等の登記に関する申請情報を作成した上で，それらを各別に申請をしなければならない。しかし，この登記は当事者の利害に直接関係しない性質なので，一括した申請が認められる。

担保権に関する登記　二以上の不動産について申請する登記が同一の債権を担保する先取特権，質権又は抵当権に関する登記であって，登記の目的が同一である場合（規則第35条第10号）。

これは，抵当権などの担保権の登記の申請に際して広範囲に適用される。例としては，債権者が，債務者への貸金債権等を担保するために，債務者所有の建物と第三者[22]が所有するその建物の敷地に対してそれぞれ抵当権を設定して登記する場合や，そのようにして設定登記された複数の抵当権が被担保債権の弁済により消滅したことによる抵当権の登記の抹消が，典型である。これらの登記は不動産ごとに当事者の一部が異なるので[23]，申請の原則をそのまま当てはめれば各別の申請情報による申請が求められる。しかし，被担保債権を共通する法的な性質をふまえ，一括した申請が特に認められたようである。

申請例　次は，Aが株式会社X銀行より金銭の借入をし，自分の所有する甲土地及び妻Bの所有する甲土地上の乙建物に，株式会社X銀行のための抵当権を設定し，それによる登記を司法書士Xが代理して書面で申請する場合の例である。土地と建物の登記義務者（申請書上には設定者と記載される）は，実務では併記し，その上で不動産の表示に登記義務者（設定者）を特定する意味でそれぞれの名前を付記するのが一般的である。

```
　　　　　　　登　記　申　請　書

登記の目的　　抵当権設定
原　　　因　　平成〇〇年〇月〇〇日金銭消費貸借　同日設定
債　権　額　　金3,000万円
利　　　息　　年3・00%
損　害　金　　年18%
債　務　者　　甲市甲町〇丁目〇〇番〇〇号
　　　　　　　　　A
抵当権者　　　乙市乙町〇丁目〇〇番〇〇号
　　　　　　　　　株式会社　X銀行
　　　　　　　　　代表取締役　F
設　定　者　　甲市甲町〇丁目〇〇番〇〇号
　　　　　　　　　A
```

---

[22] 第三者といっても，現実はその殆どが債務者と親子・夫婦などの親族関係にある者である。
[23] 例えば，X銀行がA所有の土地とB所有の建物それぞれに対して同一の債権を担保するための抵当権を設定して登記の申請をする場合，登記権利者はいずれもX銀行であるが，登記義務者は，土地についてはAであり，建物はBである。

```
                        甲市甲町○丁目○○番○○号
                            B
添付書類
        登記原因証明情報     登記識別情報    印鑑証明書
        資格証明書         代理権限証明書
平成○○年○月○○日    ○○地方法務局甲支局
代 理 人    甲市○町○○丁目○○番○○号
                X
                連絡先の電話番号  ・・・・・・・・
課税価格      金・・・・・円
登録免許税    金・・・円
不動産の表示
    所　　在    甲市甲町○丁目
    地　　番    ○○番
    地　　目    宅地
    地　　積    ○○○・○○m²
        設定者    A
    所　　在    同所　○○番地
    家屋番号    ○○番
    種　　類    居宅
    構　　造    木造かわらぶき平家建
    床面積      ○○○・○○m²
        設定者    B
```

同時に申請を求める形態

次にあげるものは，数個の登記を一の申請情報で申請しなければならない。

信託をめぐる登記　〈信託の登記〉の申請と，当該信託に係る権利の〈保存〉〈設定〉〈移転〉〈変更〉の登記の申請は，一の申請情報でしなければならない（令第5条第2項）。

また，信託財産に属する不動産に関する権利が移転，変更又は消滅により信託財産に属しないことになった場合における信託登記の抹消の申請は，その権利の移転の登記もしくは変更の登記又はその権利の登記の抹消の申請と同時にしなければならないが（法第104条第1項），これらの登記の申請は，一の申請情報によってしなければならない（令第5条第3項）。

同様に，信託の併合又は分割により不動産に関する権利が一つの信託の信託財産に属する財産から他の信託の信託財産に属する財産となった場合におけるその権利に係るその一の信託についての信託の登記の抹消及び，それと

他の信託についての信託の登記の申請は，信託の併合又は分割による権利の変更の登記の申請と同時にしなければならない。また，信託の併合又は分割以外の事由により不動産に関する権利が一の信託の信託財産に属する財産から受託者を同一とする他の信託の信託財産に属する財産となった場合も同様にしなければならないが（法第104条の2），これによる信託の登記の抹消及び信託の登記の申請と権利の変更の登記の申請は，一の申請情報によってしなければならない（令第5条第4号）。

記録例　次は，同時に申請された所有権移転と信託の登記の記録例である。

権　利　部（甲区）　　（所有権に関する事項）			
順位番号	登　記　の　目　的	受付年月日・受付番号	権　利　者　そ　の　他　の　事　項
何	所有権移転	平成何年何月何日 第何号	原因　平成何年何月何日信託 受託者　何市何町何番地 　　　　何某
	信託	余　白	信託目録第何号

不動産登記記録例511

寄り道　信託について

　信託とは，ごく大まかにいうと，ある人（委託者）が自分の財産権を他人（受託者）に移転等の処分をし，受託者はその財産を一定の目的のために管理，処分することである（信託法第1条）。これにより，前者からは①信託にともなう委託者から受託者への財産権の移転，例えば〈所有権移転〉の登記が，後者からは②信託の内容を公示するためになされる〈信託の登記〉，の二つが必要となる。この双方は，実体関係において不可分の関係ではあるけれど登記としては各々が独立している。そして，これらの登記の申請を原則どおり個別になさしめると，どちらか一方だけがなされ，他がなされないという事態も考えられなくはない。そこで，複数の登記の申請を同一の申請情報によってさせることにしたのであろう。

競売をめぐる登記　　不動産が競売により売却されたことによる〈所有権移転〉の嘱託と，売却により消滅した権利又は売却により効力を失った権利の取得もしくは仮処分に係る登記の〈抹消〉，ならびに〈差押〉又は〈仮差押〉の登記の抹消の各嘱託は（民事執行法第82条参照），同一の嘱託書で嘱託することができるのが，実務の取り扱いである[24]。これは，競落による売却にとも

なってなされる数個の登記に強い関連性があり，原則どおり個別に嘱託がなされた場合に，そのどれかが却下されると不都合が生ずることを勘案したものと思われる。

6 添付情報・添付書面

(1) 添付情報・添付書面と役割

　添付情報とは，登記を申請する場合に，法令の規定により申請情報・申請書とともに，登記所に提供を求められる情報であり（令第2条第1号）[25]，それが書面に記載されているものを添付書面と呼ぶ。添付情報・添付書面の役割は，当事者が登記官に対して申請情報・申請書を介して記録（登記）を要求する基となった権利の変動，ないしその他の事由に誤りがないことを裏付けるところにある。なお，この先の「添付情報」は添付書面の意味を含めて使用することにする。

(2) 添付情報の概観

　添付情報も，申請情報と同様に全て法令に定められているが，申請情報ほど多様ではない。これも講学のために分類すると，全ての登記申請に際して提供を求められるものと，特定の範囲の登記申請に限定されて求められるものがあり，後者の範囲の限られかたは，〈登記名義人の住所を変更する登記を申請するとき〉のように申請の形態である場合や，〈所有権の保存登記を申請するとき〉のように特定の権利に関する登記に限られたりと，一様ではない。ここでも，前者を一般的な添付情報，後者を個別的な添付情報と呼ぶことにし，二つに分けて説明を進めることにする。

一般的な添付情報　**趣旨** 申請人の本人性ないしその意思及び登記の基となる権利関係を確認する道具

　　重ねて述べるが，不動産登記はなされた記録（登記）に特定

---

[24] 明治32年12月2日民刑1971号回答　登記の目的に，これらの登記を併記することでなされる。
[25] ここでも情報という用語に戸惑うかもしれないが，申請情報と添付情報の相互の位置関係は，例えばe-メールが前者で添付ファイルが添付情報と理解しておけば，差し当たり十分である。

の不動産をめぐる権利関係が正しく反映されていなければならない（登記の真実性の確保・虚偽登記の防止）。この大きな課題についてわが国の権利に関する登記は，手続の基本構造の中に，記録をなすことにより登記上不利益を被るであろう者を当事者に加え（登記義務者），登記をすることにより利益を得る者（登記権利者）との対立構造をとることで，対応を図ることにした。しかし，手続的な観点からは，申請情報・申請書に申請人を名乗る者とりわけ登記上不利益を受ける登記義務者が，果たして真実その者本人であるかや，求める登記の基となった権利の変動等が真実なされたのかが問題であり，これへの対応手段が幾つか講じられている。ここでは，主要な添付情報を知るために概観しておき，詳しくは後述することにする。なお，一般的な添付情報と名付けて整理したものが全ての登記の申請に無差別に必要とされるわけではなく，求められる範囲の広いものもあれば，限られるものもある。

電子署名と電子証明書　電子申請をする場合，申請人等に提供が求められるものである。電子申請ついては，構造上匿名性が極めて高いので，不動産登記法は申請に関わる当事者の全員について[26]，申請情報への電子署名とそれに合わせて電子証明書の提供を求めることで本人性の担保を図ることにした（令第12条，第14条）。電子署名と電子証明書の提供は，コンピュータネットワークを利用した情報授受の際の発信者等の，いわゆる成りすまし防止の手段（本人確認の手段でもある）として一般社会で使用されるもので，不動産登記の申請についても，これを利用して登記官が，申請に関わる当事者の本人性の確認を行うことにしたのである。

印鑑証明書　書面申請をする場合，登記義務者を中心に，その他一定範囲の者に対して，その者が申請書あるいは代理権限を証する書面に押印した印鑑について，市（区）町村長の作成した印鑑に関する証明書で（以下，印鑑証明書という），発行から3月以内のものの添付が求められる。上述の電子申請を行う場合の電子証明書等のように，申請人はもとより代理人や登記上の利害関係人等，手続に関わる全ての者に記名・押印と印鑑証明書の提供を求めることをしないのは，書面を媒介する情報の伝達については，作成者の関

---

[26] 当事者の全員とは，登記申請人（法人の場合にはその代表者）はもとより，代理人や登記原因に対して同意等を与えた第三者までを含む，文字どおり申請に関わる者全員である。

与が書面上に物理的に残り，それにより本人性の確認が一定程度担保されることなどが，理由に考えられる[27]。

登記識別情報　前述の手段により，手続の上で本人性の確認が一定程度なされても，そのことだけをもって当事者本人の，登記申請に関する意思を確認したとまではいえない。そこで，登記のシステムは，登記により不利益を被るであろう登記義務者（及び一部の申請人）の意思を，前述の手段とは別に確認する手段として，登記識別情報と呼ぶ道具を考案し，これを申請情報・申請書とともに登記所に提供させることにした。

登記原因証明情報　更に，登記官においては，登記の基礎となる権利の変動等の存在を確認することも必要であり，そのための手段が手続の中に求められる。この点に関しては，本人性ないし登記申請意思の確認があれば，後は申請情報・申請書に表された当事者の申し出内容に沿って記録を行えば問題は無い，とする考え方もあろう。しかし登記官に権利関係の変動を推認するための道具が与えられていたほうが，虚偽登記の防止にはより効果的であり，ひいては登記制度の信頼性確保に繋がることは言うまでもない。そこで，登記の申請に際しては，原則として登記の原因を証明する情報を登記所に提供することを義務付けたのであろう。

個別的な添付情報　**趣旨**　添付情報は，一般的な添付情報と名付けた登記原因証明情報や登記識別情報のように，申請する登記についての権利や態様に関わらず添付を求められるものの他に，住所を証する情報のように，登記が特定の権利あるいは態様をもって申請される場合に限って提供が求められるものがあり，これを説明の上で個別的な添付情報と呼ぶことにした。つまり，添付情報も申請情報の内容と同様に，提供を求められる範囲の広いものと狭いものがある。そして，後者の，限られた範囲の登記の申請に求められる添付情報の代表的なものとしては，法人の代表者の資格を証する情報，代理人の代理権限を証する情報，登記原因について第三者の許可等を証する情報があり，これについては項を改めて整理してお

---

[27] 他にも，平成16年の改正前不動産登記法が印鑑証明書の提出を求めたのは限られた範囲の者であり，それで手続に特段の支障があったわけでもないので，書面申請については実質旧法の規定を維持したことも，理由に考えられる。

くことにする。

(3) 電子証明書・印鑑証明書

　電子証明書と印鑑証明書は，前者がオンライン申請，後者が書面申請をする際に必要とされるものである。両者は，手続の上で似たような役割を負っているが，求められる者の範囲が大きく異なる。特に印鑑証明書の提供を求められるのは一定範囲の者である。そこで，印鑑証明書を中心に，もう一度説明を加えておくことにする。

　電子証明書　オンライン申請をする場合，申請情報その他の添付情報の作成者は，そこに電子署名をしたうえで（令第12条第1項，第2項），電子証明書を申請情報に併せて送信しなければならない（令第14条）。電子証明書を必要とする者の範囲は，既に述べたように登記申請人だけでなくその代表者，代理人及び登記原因への同意等を行ってその旨の情報を作成した者など添付情報の作成者等も含まれる。

　印鑑証明書　書面申請をする場合，申請書には原則として作成者の記名と押印が求められるが，このときに，一定の場合を除き，申請書には作成者（委任による代理人を除く）が押印した印鑑についての，市町村長もしくは登記官の，作成後三月以内の証明書（印鑑証明書）を，添付しなければならない（令第16条第1項，第2項，第3項）。

　また，書面申請が委任による代理人によってなされる場合，申請人もしくはその代表者は代理人の権限を証する情報を記載して記名・押印した書面を申請書に添付しなければならないが（令第7条第1項第2号　以下これを代理権限証書と呼ぶ），一定の場合を除き，申請書には押印した印鑑についての，市町村長もしくは登記官の，作成後三月以内の証明書（いわゆる印鑑証明書）を添付しなければならない（令第16条第1項，第2項，第3項）。

　印鑑証明書の添付に関する規定は難解なところである[28]。そこで，本書の性質に鑑みてここでは全ての規定を羅列するようなことはせずに，まずは印鑑証明書の添付が求められる主要な対象者[29]を取り上げる程度にとどめる。なおその際に根拠となる法令の規定からその趣旨を若干考察しておくので，これを参考に他の対象者の整理をされたい。

印鑑証明書の提供者

➤申請人本人，その代表者もしくは法定代理人が申請する場合

書面申請にさいして申請書に記名・押印するのは，申請人本人，その代表者もしくは法定代理人であるが，ここで記名・押印した者は，"一定の場合を除き"印鑑証明書を添付しなければならない。

➤委任による代理人が申請する場合

申請が委任による代理人によってなされるとき，申請書に記名・押印するのは代理人であるが，この場合，委任した申請人等は，"一定の場合を除き"代理権限を証する書面の印鑑についての印鑑証明書を添付しなければならない。

> 法文の定め方
> 　法文は，まず申請書と代理権限証書のいずれでも，そこに記名・押印した者は一定の場合を除き印鑑証明書の提供が必要である旨を定めている。つまり，印鑑証明書は，電子申請における電子証明書と同様に，権利者・義務者の区別なく申請人全員が申請書に添付しなければならない，としている。しかし，次に述べるが，添付を求められない者も数多くいる。
> 　添付を求められない者は，以下のように定められている。

印鑑証明書の添付を除外される者

印鑑証明書の添付を"除かれる"一定の場合（令第16条第2項，第1項，規則第47条，令第18条第2項，第1項，規則第48条），言い換えると添付を要しない主な者を要約すると次のとおりである。

（仮登記の名義人を含む）所有権の登記名義人が，共同申請において登記権利者と

---

[28] 印鑑証明書の添付について法令は，それを求める対象者は，あたかも原則として全員であるかのように規定し，その上で"不要な者を除く"手法を採り，しかも不要な者の範囲を他の規定を借りて定めていることがある。したがって，印鑑証明書の添付については幾つかの規定を集めないと全体が理解できない複雑な構造になっている。これらの規定は，立法技術はともかく，利用者はなかなか理解しにくい。これに関し，平成16年改正前の旧不動産登記法施行細則の印鑑証明書添付の規定は，素直に添付の"必要な者"の範囲を定めていた。この規定は，対象者の全てを網羅できないので，これを補足するための通達を必要としていたが，それでも印鑑証明書を求めるのはどの範囲の者が原則で，誰が例外であるかが明確であった。現行規定は，オンライン申請を手続の中心に据えたため，印鑑証明書がみかけの上で電子証明書とパラレルに映る中で，書きぶりへの苦心は推察するが，利用者の理解の範囲を超えていることは残念である。

[29] ここでの主要な対象者だけで，実務の殆どはカバーできる。

なって登記の申請をする場合。

　これが印鑑証明書を求められない最も広い範囲の者で，端的にいうと，登記権利者となって登記の申請をする所有権の登記名義人である。これを逆さまにして「登記義務者となって登記の申請をする所有権の登記名義人」は"除外しない"と読むと，所有権の登記名義人が登記義務者として登記の申請をするときは，申請書に印鑑証明書の添付を求めるとする旧不動産登記法施行細則第42条1項と同趣旨であり，これを印鑑証明書添付の原則に考えることもできよう。

　申請人が，申請した登記の完了時に登記識別情報の通知を受けるべき者に該当する者である場合。

　該当者は基本的には共同申請[30]の登記権利者であり，逆さまにすると登記義務者は除外されないので添付を求められることになる。上記が所有権の登記名義人が登記義務者となる場合を指しているのに対し，ここでは全ての登記義務者が対象となるのである。では，単純に"共同申請の登記義務者の全て"とすればよさそうであるが，そうではなく，添付を求められるのは一定範囲の登記義務者である。その一定範囲の登記義務者は，次の基準で決められる。

　所有権以外の登記名義人が，共同申請において登記義務者となり登記識別情報を提供した場合。

　これも逆さまにして添付を求められる場合，と読み替えると，所有権以外の登記名義人が共同申請において登記義務者となり，（本来提供すべき）登記識別情報を提供しないで登記の申請をする場合である。そしてこれが，旧不動産登記法施行細則第42条の2第1項の定めた範囲の対象者に該当し，上述の原則に対する例外に位置付けることができる。

　印鑑証明書の添付に関する個別の規定

　法令には，上述以外に印鑑証明書の添付を必要とする場合や不要とする例が幾つか定められている。本書の性質から全てを取り上げることはできないが，代表的なものを趣旨とともにあげておく。

---

[30] 単独申請でなされる所有権保存登記の申請人も，これに含まれる。

◆所有権保存登記の抹消を単独で申請する場合の申請人(所有権登記名義人)

◆所有権に関する仮登記の抹消を単独で申請する申請人(仮登記名義人)

　これらは，申請人に印鑑証明書を添付させる趣旨の，登記することによる記録上での不利益は考えられるけれど，その申請が単独申請等で形式的には"登記義務者"に該当しないために，そのままでは法令の規定する印鑑証明書を必要とする者の範囲から漏れてしまう。そこで，補充的に規定が設けられたものであろう。

　これとは逆に，登記義務者が前述の法令の規定上は印鑑証明書の添付を必要とする者に該当するけれども，登記の実質から添付を不要とするものがある[31]。

➤添付が省略されるもの(令第16条第2項，規則第48条，令第18条第2項，規則第49条)。

　本来は印鑑証明書の添付が求められるのであるが，添付を必要とする者が会社等法人の代表者であり，なおかつその会社等法人の登記に関する管轄登記所と，申請する不動産登記の管轄登記所が同一の場合であって，法務大臣が指定した場合を除いては，当事者の利便性に配慮して印鑑証明書の添付を省略できることにしている。

➤印鑑証明書に替わる証明手段が設けられているもの(令第16条第2項，規則第48条，令第18条第2項，規則第49条)。

　申請書等に，公証人又はこれに準ずる者の認証がある場合や，一定の申請書に押印した印鑑について裁判所書記官が一定の方式に則って作成した証明書が添付されている場合には，印鑑証明書の添付を要しない。

寄り道　印鑑証明書添付について

　ここまでにあげた例に共通するのは，申請する登記がなされた結果，記録の上で利益を受ける者には印鑑証明書の添付を求めていないという法令の姿勢である。
　つまり，書面申請において印鑑証明書の添付が求められるのは，申請する登記の結

---

[31] 例外的には，登記義務者が所有権の登記名義人であっても，登記識別情報を提供して申請する根抵当権を除く担保権に関する債務者の変更(更正)登記のように，その登記の性質により登記義務者が印鑑証明書の添付を免れるものもある(規則第47条第3号イ(1))。

果，登記記録上不利益となる立場にある申請人であり，それは基本的には共同申請の登記義務者である。しかし登記義務者であってもその者が所有権以外の登記名義人である場合で，登記識別情報を提供したときには，印鑑証明書の提出は求められない。

これらのことをふまえて，印鑑証明書を添付させる趣旨を改めて検討すると，印鑑証明書は，法令の上で電子証明書と同等に見える位置を与えられ，そこからあたかも書面申請における本人確認の第一義的手段と思わせるけれど，実質は書面申請おいて申請人の本人性を確認するための必須の手段ではないことが浮かび上がる。つまり，申請手続の構造において，書面申請における印鑑証明書の添付が，電子申請の電子証明書の提供とは見かけと違って並列の関係になってはいない。このことは，印鑑証明書を添付させる趣旨が，電子申請の電子証明書とは違うことを現している。但し，これをもって書面申請は本人確認を疎かにしていることを指摘するわけではない。書面申請は，次に述べる登記識別情報が登記義務者の本人性を確認する役割を果たすからである。

それでは，印鑑証明書添付の趣旨は何かであるが，二つのことが考えられる。いずれも，登記申請の意思の確認は登記識別情報の提供によってなされることを基本にしたうえで，一つめは，提供者が所有権の登記名義人である場合，その申請が不動産物権の基本である所有権の処分に基づくという，ことの重要性に鑑みて，登記義務者として登記識別情報を提供してはいても，その者の申請意思を重ねて確認しようとする法令の慎重姿勢にある（申請意思の二重の確認手段）。二つめは，申請意思の確認手段である登記識別情報の提供がなされない場合，登記官による事前通知等の代替手段が設けられているけれど（法第23条），それらの作業の中で本人ないしその意思の確認をするために必要な道具であること，が考えられる（申請意思の確認の補充的手段）。

印鑑証明書の添付について幾分踏み込んだ検討をしたが，いずれにしても添付書類の中でこれを整理する際には，法令の書きぶりを基に，手続当事者の本人性の確認のために関係者の全員にそれを求める，との姿勢を基本に据えないで，本文で述べた特定の場合に限り，それが求められる，と捉えたほうが理解し易いであろう。

(4) 登記識別情報

趣旨 登記識別情報は，申請情報に併せて提供させることにより，登記官が申請人の本人性を確認する道具であると考えられる。提供の求められる申請人は，全てのそれではなく，基本的には既に記録に名義を有する者（登記名義人）が登記義務者となって申請を行う場合である。

登記識別情報は，「登記名義人が登記を申請する場合，登記名義人自らがその登記を申請していることを確認するために用いられる符号その他の情報であって，登記名義人を確認できるもの」と定義され（法第2条第14号），具体的には複数の記号と数字を組み合わせたものが用いられている（規則第61

条）。これについて，登記官署は国民に向けて次のように説明している。

> 　登記識別情報とは，登記の申請がされた場合に，当該登記により登記名義人となる申請人に，その登記に係る物件及び登記の内容とともに，登記所から通知される情報をいいます。登記識別情報は，アラビア数字その他の符号の組合せからなる12桁の符号で，不動産及び登記名義人となった申請人ごとに定められます。
>
> 登記識別情報のイメージ
> 1 7 4 - A 2 3 - C B X - 5 3 G
>
> 　この登記識別情報は，本人確認手段の一つであり，登記名義人本人による申請であることを登記官が確認するため，登記所に提供してもらうことになります（法務省HP新不動産登記Q＆A　http://www.moj.go.jp/MINJI/minji76.html#a13）。

　ちなみに，登記識別情報は，道具としては，ネット上における情報交換の際に，アクセスが本人自身からであることの識別に使用される暗証番号やID・パスワードに類似している。

本人確認制度の必要性　権利に関する不動産登記の制度が与えられた役割をより良く果たすためには，当事者の権利関係を誤りなく記録することが不可欠である。登記の真実性の確保は，共同申請とその当事者の本人性ないし登記申請意思を確認する手段として電子証明書・印鑑証明書の提供により一定程度図られているが，それだけで充分だとはいえない。そこで，国民の重要な財産である不動産の権利関係を法的に確定する制度の重要性に鑑みて，不動産登記制度はより高度の登記の真実性確保を求めることにして，システムの中に申請人の本人性ないし登記申請意思を確認する独自の道具として，登記識別情報を設けたのであろう。

確認の方式と秘密保持　本人性を確認する手段には様々なものがある。一般には，本人だけに与えた物あるいは情報を提出・提供させ，それを照合する方法が使われることが多い。既に述べた電子証明書・印鑑証明書は，社会的な本人確認の制度といえるが，これとは別に限られた範囲で利用されるものも多く，ホテルのクロークの預かり札[32]等や，

---

[32] 旧法の手続きで使用された登記済証は，文字どおり登記の済んだ証を記録の名宛人に交付し，事後の申請時にその名宛人を確認する際に提出させたもので，基本的にはこの預かり札に類似する考え方ということができよう。

情報通信機器を利用する際の暗証番号も，その一例であろう[33]。

　これについて不動産登記の制度は，電子申請と書面申請の双方で使えるよう，ある不動産の登記記録上に名前が記載された者（登記名義人）に暗証番号のようなものを与え，事後，同一不動産に関する別の登記の申請にあたり，現に申請人として手続作業をしている者が登記記録上の登記名義人本人に相違ないことを登記官が確認する道具としてその提供を求め，システムがこれを照合して番号等が合致していれば手続を行う独自の方式を考案した。この暗証番号類似の番号を登記識別情報と呼び，誰に通知するかと，どういう場合に提供するか，さらに提供できない場合はどうするかが問題となる。

　ところで，暗証番号を本人性の確認手段に用いる場合，「番号は本人だけが知っている」ことが前提である。そこで，システムから当事者に番号を通知する際と，逆に当事者からシステムにこれが提供される場合の作業について，高度な秘密保持の措置が講じられている。

登記識別情報の提供　　登記の申請が登記権利者及び登記義務者の共同申請でなされる場合，登記義務者は登記識別情報を提供しなければならない。また単独申請の場合でも，一定の場合[34]に申請人は登記識別情報を提供しなければならない（法第22条）。

> **寄り道　登記識別情報の通知と提供**
>
> 　本項は，添付情報（添付書類）がテーマであり，その範囲で登記識別情報をとりあげると本文でいう提供の問題である。これに対して，通知は申請手続の完了時の問題で，申請の観点から手続の整理をする場合，提供とは別の項目として説明すべきであるかもしれない。しかし，同一の用語であること，一体として理解したほうが道具概念をつかみ易いこと，法文でも続けて登場することなどから，本書では添付情報（添付書類）の項で取り上げ，ここで通知についても説明することにした。
> 　下記の図は，Aがある不動産の所有権を取得して登記を完了し，後日その不動産をBに売買したことによる登記をする際の，登記識別情報の通知と提供の関係を①から⑩まで順を追って示したものである。

---

[33] 近年は，虹彩や指紋を利用した生体認証の技術も確立してきたが，利用環境の整備等に多くの問題があるので，登記の手続がこれを利用することは現状では考えられないであろう。

[34] 登記の申請は，共同申請ではない形で行われるけれども，申請人の地位が実質的に登記義務者と同等な場合で，所有権保存登記の抹消・仮登記名義人が単独で申請する仮登記の抹消・質権又は抵当権の順位の変更登記等がある（令第8条）。

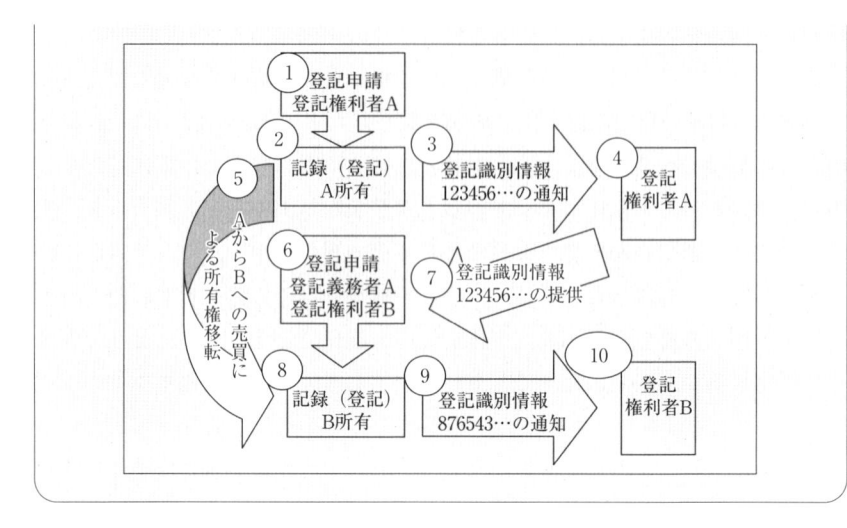

```
┌─────────────────────────────────────────────────────┐
│          ①  登記申請                                  │
│              登記権利者A                              │
│       ②            ③                    ④            │
│           記録（登記）   登記識別情報       登記      │
│    ⑤     A所有        123456…の通知     権利者A      │
│   A                                                  │
│   か      ⑥            ⑦                             │
│   ら       登記申請     登記識別情報                  │
│   B         登記義務者A  123456…の提供                │
│   へ        登記権利者B                              │
│   の                                                 │
│   売      ⑧            ⑨                 ⑩          │
│   買       記録（登記）  登記識別情報      登記       │
│   に       B所有        876543…の通知    権利者B     │
│   よ                                                 │
│   る所有権移転                                        │
└─────────────────────────────────────────────────────┘
```

登記識別情報の通知　　登記識別情報は，申請された登記の完了時に，登記官から所定の者に通知される（法第21条）。

通知の対象者　　登記識別情報の通知を受ける者は（以下，被通知者という），その登記をすることによって自らが登記名義人となる申請人である（法第21条）。少しかみ砕くと，新たな登記によって記録の上に登記名義を取得する者で，主に権利の設定・移転・保存の各登記を申請する際の登記権利者（所有権保存については，単独申請なので申請人）である[35]。ところで，登記識別情報とその被通知者に関して誤解をまねきやすいのは，登記識別情報は，ある登記が完了した際に，それにより登記記録上に登記名義を取得した者に通知されるけれども，それはインターネット上の取引などの際に当事者特定（本人確認）に利用されるID・パスワード等のように，一人の人に一つではなく，個々の不動産について登記記録上で名義を取得した者に対してその都度通知され

---

[35] 新たな共有者が記録上に現れる所有権の更正（後述する）なども，これに含まれる。例えば，登記名義人をAの単独からAとBの共有に更正する登記が完了した場合には，Bに登記識別情報が通知される。また，AとBの共有でなされた登記をAの単独所有と更正した場合も，Aに登記識別情報が通知されるが，これは登記記録上の で，形式上新たに取得した共有持分についてのものという趣旨である。

るものである。したがって，XがYから土地と土地上の建物を買ってその登記を完了した際には，不要の申出をしなければXには土地と建物それぞれについての登記識別情報が通知される。この場合，同一人が複数の登記識別情報を持つことは，全く問題とはならない。

登記識別情報の通知に関して疑義を生じやすいものを，次にあげておく。
➢ある人が既に不動産を所有し，それについての登記識別情報を有していても，新たな不動産を所有してその登記が完了すれば，前とは別の登記識別情報が通知される。
➢ある不動産について，同じ人がその共有持分を数回にわたって取得した場合，登記識別情報は登記が完了する度に別のものが通知される。
➢ある不動産をAとBが共有で取得してその登記を完了した場合，登記識別情報は共有者のそれぞれに別のものが通知される。

受領者 登記識別情報の被通知者は上述の者であるが，実際の通知の"受領者"には被通知者の他に次の者が含まれる（規則第62条）。
➢法定代理人 登記の申請が法定代理人によって行われている場合
➢法人の代表者 被通知人が法人である場合
➢特別の委任を受けた代理人 登記識別情報の通知を受けるための特別の委任を受けた代理人がある場合

登記識別情報の通知の方式　登記識別情報は，次の方式によって被通知者もしくは前述した受領者に通知される。

電子申請 登記官から，コンピュータネットワークを経由して申請人又はその代理人の使用するコンピュータに送られる（規則第63条第1項第1号）。ところで，当分の間，添付情報が書面に記載されているときでも電子申請をすることができることになったが（令附則第5条第1項），これにともない電子申請に際しても，登記識別情報の通知書の交付を求めることができることとなった（規則第63条第1項）[36]。また被受領者が登記識別情報の通知書の送付を求める場合には，所定の事項を申請情報に加え，送付に要する郵便

---

[36] 平成20年1月11日民二第57号通達第2の3

切手を納付する等の所定の手続きをしなければならない（規則第63条第3項）。この場合登記識別情報通知書は，申請人や送付先に応じて本人限定受取郵便又は書留郵便等の方法で送付されるが（規則第63条第4項，第5項），申請情報の内容としてその旨を記載しなければならない。

書面申請　登記識別情報を記載した書面が，被通知人もしくは上述の受領権限を有する者に交付される（規則第63条第1項第2号）。登記識別情報の被受領者がその送付を求める場合は，前述の電子申請で登記識別情報の通知書を求める場合のそれと同様である（規則第63条第3項，第4項，第5項）。

登記識別情報が通知されない場合　登記識別情報は常に通知されるわけではなく，次の場合には通知がなされない（法第22条但書）。

➤通知不要の申出があった場合

登記識別情報の通知を受けるべき者から，あらかじめ通知を希望しない旨の申出がなされている場合である（規則第64条第1項第1号）。この申出は，申請情報を提供する際にその内容としなければならない（規則第64条第2項）。

➤一定期間が経過した場合

電子申請により申請がなされ，登記識別情報が登記官から被通知者への通知が可能な状態になったにもかかわらず，可能となったときから30日以内に被通知者が登記識別情報の受け取りをしない場合である（規則第64条第1項第2号）。

登記識別情報の失効の申出　登記識別情報の通知を受けた登記名義人又はその相続人・一般承継人は，その登記識別情報について失効の申し出をすることができる（規則第65条）。申し出は，法令に定められた事項を内容とする情報を登記所に提供して行うが，その際，失効させる登記識別情報の提供は要しない[37]。

当事者より登記識別情報の失効の申し出がなされ，登記官がその申し出を正当と認めた場合，登記識別情報は失効する（準則第39条）。

---

[37] 当事者が登記識別情報を失念した場合への配慮であろう。

| 登記識別情報の
有効証明 |

　登記識別情報は，登記官が当事者の本人性ないし登記申請意思を確認するために用いる道具である。したがって登記申請の仕組みの中では，登記名義人だけが知っていればよい記号・番号で，その者が（原則）登記義務者となって何がしかの登記を申請するときに限り，申請情報等と併せて登記官に提供されることで役割を果たす情報である。

　ところが，登記を利用する実際的な場面において，この登記識別情報が前述した本来の目的とは幾分異なったところで極めて重要な役割を果たすことがある。それは，わが国の不動産取引とりわけ売買においては，買主の売買代金の提供に対して売主は目的物に加えて登記名義の引き渡しを引換え的になすことが慣行化しているのであるが，登記が所定の手続（ある程度の日時）を経てなされることから，売買代金と登記名義引き渡しを同時的に引き換えることが事実上不可能であるために，売主が，登記義務者として買主（登記権利者）に登記名義を引き渡すための登記手続（主に所有権移転登記）に必要な要件を満たす（手続上の諸条件の充足）ことをもって，登記名義の引き渡しに替える取引慣行が定着している[38]。そうすると，売主は今回の登記申請において，自分が登記義務者として使用可能な登記識別情報を保持していることを買主に明らかにする必要がある。一方，登記義務者である売主の保持する記号・番号が有効な登記識別情報であるかについては，登記名義人である売主の他には，それが提供されて申請を受付た登記官以外分からない。そうすると，そのままでは登記申請に先立って行われる不動産取引の実際の場面で，登記義務者となるべき売主の保持する"記号・番号"が手続を進める上で果たして有効な登記識別情報であるかが客観的に判明しないことになり，結果として取引を進めることが困難となって，慣行の維持が難しくなって混乱が生じるおそれさえ考えられる。そこで取引の便宜のために，登記所が登記識別情報の有効性を証明する制度が設けられた（令第22条第1項）。

　有効証明の請求は，登記名義人又はその相続人もしくは一般承継人が，証

---

[38] 旧法の時代，登記識別情報にあたる役割は「登記済証」（一般社会では権利証あるいは権利書と呼ばれていた）が果たしていた。これは物理的なものであるために，登記義務者の手続に必要な要件として司法書士等の他人が確認することは容易であった。

明を受けるべき登記識別情報とともに，請求に関する一定の事項を内容とした情報（有効証明請求情報）を，登記所に対して，オンラインで送信し，あるいはそれを記載した書面を提出して行う（規則第68条）。請求は，代理人によってもすることができる（規則第68条第1項第3号参照）。なお，この有効証明を受ける場合には，申請に併せて手数料を納付しなければならない（令第22条第1項）。

> **寄り道** 参考・登記識別情報通知書の再作成
>
> 　登記識別情報は，一度通知されたら再度通知されることはない。しかし，登記識別情報を記載した書面（登記識別情報通知書）は，以下のような，極めて特殊な事情があった場合，再作成されたことがあったようである[39]。
> ➢ 登記情報システムにおける登記識別情報発行の処理において，「作成」と指示すべきところ，誤って「不作成」と指示して処理が完了した場合。
> ➢ 登記識別情報通知書を作成した後，交付前に通知書にはり付けられたシールがはがれた場合。
> ➢ 登記識別情報通知書のシールのはがれ方が不完全である場合。

登記識別情報の提供者　　登記識別情報は，共同申請に係る登記その他一定の登記の申請の際に，登記義務者もしくは申請人にその提供が求められる（法第22条）。

提供が求められる者　　提供が求められる対象者は，登記識別情報の趣旨の項で述べたように，登記をすることによって登記上不利益を受ける者で，共同申請における登記義務者が基本である。しかし，単独申請等の中にも申

---

[39] 平成17年2月25日民二第457号通達第2の3，平成22年3月19日民二第460号及び第461号通達　法務省HP http://houmukyoku.moj.go.jp/homu/static/shikibetsushiiru_index.html 参照　登記識別情報は，手続上の機能からすれば，記号と番号の組み合わせであり，それが記載された書面は登記官より当事者への搬送手段としての意味しかもたない。したがって，「交付前にシールがはがれた場合」には情報漏洩の観点から問題があろうが，「シールのはがれ方が不完全」であっても，当事者が内容を知りさえすれば通知書面は役割を終えるので，再度作成の必要性は考え難い。ところが，登記識別情報の「通知書」はその物理的な存在が実務において本人確認の手段として利用されている現実がある。言い換えると，現状の登記識別情報通知書は，登記名義人の権利の表象化（つまり権利書）しているのであり，それゆえ「通知書」の原本性が重要なのであろう。このことから，極めて特殊な場合ではあるが，通知書面の再作成を認めたものと思われる。なお，この通知の再作成手続の対象は，平成21年10月以前に作成された通知書ということであるので，今後なくなるものと思われる。

請人がこれと実質同様の立場に立つ者がいるので，共同申請の登記義務者以外の対象者について，法令は個別に列挙した。主なものは，次の登記の申請人である。ただし，申請が確定判決によってなされる場合は除かれる（令第8条）。

- 共有物分割禁止の定めに係る権利の変更の登記
- 所有権の移転の登記がない場合における所有権の登記の抹消（所有権保存登記の抹消を指している）
- 質権又は抵当権の順位の変更の登記
- 民法第398条の14第1項但書（同法第361条において準用する場合を含む。）の定め（いわゆる，根抵当権（準）共有者の優先の定め。）の登記
- 信託法第3条第3号に掲げる方法によってされた信託による権利の変更の登記
- 仮登記の登記名義人が単独で申請する仮登記の抹消

提供の方法　申請人が登記識別情報を登記所に提供する方法は，次のとおりである。

- 電子申請　登記識別情報を申請情報とともに送信する（規則第66条第1項第1号）。
- 書面申請　登記識別情報を書面に記載し，それを提供者の氏名・登記の目的・登記識別情報を記載した書面在中の旨等を記載した封筒に入れ，申請書に添付して提出する（規則第66条第1項第2号，第2項，第3項）[40]。

提供を要しない場合　同一の不動産について，権利に関する登記が二個以上，それぞれ登記の前後を明らかにして申請された場合で，前の登記によって登記名義人となる者が後の登記の登記義務者となるとき，その後の登記の申請に関して申請情報と併せて提供すべき登記識別情報は，後の登記の申請情報と併せて提供されたものとみなされる（規則第67条）。これも，登記識別情報の有効性の確認と同様に，不動産取引の実情に合わせたものなので，背景事情を交えながら説明を加える。

不動産登記の申請に関する手続は，特定の登記を単独で行うことを基本に

---

[40] この方式で登記所に提出された登記識別情報を記載した書面は，当該登記が完了した際に登記官によって破棄処分される（規則第69条）。

仕組みが考案されている。例えば、所有権移転登記の申請であれば、申請情報として何を提供し、何を添付情報として提供すべし、のように法令は定めている。これに対して取引の実際には、同一の者を当事者として数個の権利の変動が生じ、それにより同じ者が立場を替えて複数の登記を同時に申請しなければならない場合がある。

例えば、Aが、自分が所有する土地をBに売買する。このときBがAに支払う売買代金をX銀行から借りるが、その際BはAから買った土地にX銀行のために抵当権を設定する場合がその典型であり、ここでは、AからBへの所有権移転と、BがX銀行のためにする抵当権設定の二つの登記の申請が、取引の要請から同時になされる必要がある。このとき、後者の登記申請に際してBが登記義務者として必要な登記識別情報は、前者の登記の完了を待たなければBに通知されない。では、「BはAからの所有権移転登記の完了を待てば良い」と思えるが、取引の実際はそう簡単ではない。X銀行のBへの融資は抵当権設定（の登記の完了）が条件である場合が多く、実際のところX銀行は後者の登記が完了しないと[41]Bへの融資を行わないことになってしまう。それではBはAに売買代金の支払いができず、買った土地の所有権がBに移らないので、当然それによる所有権移転登記もできないので、このままでは取引は進まない。これを避けるために取引の実際は、わが国の権利に関する登記が登記官の形式的審査のもとでなされることを利用して[42]、工夫をした。要点は、登記の申請に必要な諸条件[43]の完備をもって、その登記の完了とみなすのであり、前例で説明すると次のようになる[44]。

---

[41] 抵当権設定の登記が完了した後の融資は、被担保債権が成立していないなかでの抵当権設定の合意であり、したがって形式的にみればそれは無効であると考えられる。しかし、金融実務の実際はこれが多く、裁判例も抵当権設定登記完了の後に債務者への金銭の貸し出しがなされているのであれば、その抵当権と登記を有効視している。

[42] 特定の登記は、法令に定められた申請情報・添付情報を提供すれば、同一内容の申請が他からなされる等の特別の事情がない限り、予定したとおりになされる。

[43] 当事者の登記申請の意思の他、主に申請情報や添付情報の準備である。なお、この作業は、一般的には権利の登記の申請を代理する専門家である司法書士に委任してなされる。

[44] 債権者が何時融資を行うかは、金銭消費貸借契約成立の問題として法的には無関心ではないが、抵当権設定とその時期は主に債権者の債務者に対する与信の問題であり、抵当権の目的物にどの不動産を充てるかについても個々の契約の問題である。したがって、債務者が融資を受けた金で不動産を購入し、同時にその不動産に抵当権を設定するような例は、法制度ではなく取引の実際から生じる問題である。しかし、わが国の住宅取得をめぐる取引の多くは、このような例である。

取引の牽連　例えばＸ銀行は，前例中の後者の抵当権設定登記の申請に必要な諸条件の完備を抵当権設定登記の完了と同一視することにして融資の実行を行う。このときの諸条件に含まれる，Ｂの目的不動産に関する登記識別情報は未だ通知されてはいないけれど，通知の前提であるＡからＢへの所有権移転登記の完了を待たず，ここでもその申請に必要な諸条件の完備と，それによる登記の申請を後者の登記の申請と同時に行うことを条件に，したがってＡからＢへの所有権移転登記手続に関する諸条件の完備をもって，Ｂへの登記識別情報の通知（つまり登記の完了）があったものとみなして取引とそれにともなう諸手続を進めることにするのである[45]。なお，このとき前者と後者の申請手続は，当然ながら登記の先後を明示して同時になされる。ちなみに，このような形式を実務では連件申請と呼ぶことが多い。

　次に，前者・後者の二つの申請を受けた登記官は，後者の登記申請は前者の完了を条件としたものとして手続を進める。その際に，後者の登記申請にＢの登記識別情報が必要となる。この場合，前者の登記を先に完了し，原則どおりＢに対する登記識別情報の通知をなし，受け取ったＢがそれを登記官に提供するまで後者の登記を一時保留する方式も考えられなくはない。しかし，前者の登記の完了を条件に，同時に後者の登記申請をなすことは旧法で普通に行われていたことから現行法もこの慣行を維持することにし，そのために，後者の登記識別情報は提供されたものとみなすことにしたのであろう。

登記識別情報を提供できない場合と正当な理由　登記の申請に際して登記義務者等が本来提供すべき登記識別情報を，正当な理由があって提供できない場合がある（法第22条但書）。このようなときに備え，登記識別情報の提供に替わる手続が幾つか設けられている。登記識別情報を提供できない正当な理由として認められるのは次の場合である。そしてこのような理由があるときに，申請人が登記識別情報の提供に替えて取り得る手段には，（登記官による）事前通知の手続，資格者代理人による本人確認及び公証人による認証がある。

---

[45]　これらの手続完了を実際担保しているのは，登記手続の委任を受けた司法書士である。

登記識別情報を提供できない正当な理由　登記識別情報を提供できない正当な理由として認められるのは，次の場合である（準則第42条）。なお，これにより提供できない場合，理由を申請情報の一部としなければならない（令第3条第12号）。

➢ 登記識別情報が通知されなかった場合。
➢ 登記識別情報について，失効の申し出をなして失効した場合。
➢ 登記識別情報を失念した場合。
➢ その他　　登記識別情報を提供することにより，その管理上支障が生ずる場合や，提供したとすればその申請に係る不動産の取引を円滑に行うことができないおそれがある場合。

登記識別情報に代わる事前通知の手続　登記義務者等の申請人が，正当な理由に基づいて登記識別情報を提供しないで登記の申請をした場合，登記官は，その登記義務者等に対して，当該登記の申請があった旨，及び当該申請に係る登記の内容が真実であると思料するときは，定められた方式に則って，一定期間内にその旨の申出をすべき旨を通知しなければならない（法第23条）。

定められた方式と期間　登記義務者等に対して申請の内容が真実であればその旨の回答を必要とすることなどを内容とした書面を，登記義務者等が自然人である場合にはその住所に，又はその者が法人であって代表者の住所に送る場合にはそこに宛てて，いずれも郵便事業会社の内国郵便約款に基づいて，名宛人本人に限り交付しもしくは配達する，本人限定受取郵便又はこれに準ずる方法で送付する。登記義務者が法人である場合には，その住所地に書留郵便又は信書便事業者において引受及び配達の記録を行うもので，送付することもできる（規則第70条，準則第43条）。登記義務者等が外国に住所を有する場合には，これらと同等かこれに準ずる方式で送付する（規則第70条第1項第3号）。

登記官より前述の通知を受けた登記義務者等は，その通知が発送された日より2週間以内[46]に，申請の形式に応じて次のそれぞれの方法をもって登記

---

[46] 登記義務者等が外国に住所を有する場合，この期間は4週間となる。

官に対し，通知に対する申出をしなければならない（規則第70条）。

電子申請　登記義務者等は，通知の書面にある通知番号等で内容を特定し，申請の内容が真実である旨の情報に電子署名を行ったうえで登記所に送信する。

書面申請　登記義務者等は，通知に係る書面に，申請の内容が真実である旨を記載して記名し，そこに申請書又は委任状に押印したものと同一の印を押印して登記所に提出する（これとは別に，一定の場合には定められた内容を記録した磁気ディスクを通知に係る書面とともに登記所に提出する方法もある）。

被通知者以外の申出　通知を受ける者が死亡してしまった場合，申し出の期間内であれば相続人全員が定められた方式に則って申し出をすることができる（準則第46条第1項）。また，登記義務者等が法人で，通知を受けた代表者ではない他の代表者も定められた方式に則って申し出をすることができる（準則第46条第2項）。この他，一定の場合には事前通知書の再発送もすることができる（準則第45条）。

登記の実行　登記官は，登記義務者等から以上による申し出が適法になされない限り，申請に係る登記をすることができない（法第23条第1項）。

前住所への通知　登記官は，登記義務者等への事前通知をする際に，申請された登記が所有権に関するものである場合で，登記義務者等が自然人であり（規則第71条第2項第3号参照）その者の住所の変更の登記がなされているときは，次の場合を除き，その登記義務者の登記記録上の前の住所にあてても，上記の通知をしなければならない（法第23条第2項，規則第71条第2項）。これは，登記義務者の登記上の住所を，本人の知らないまま他に移転等してそれによる名義人の住所変更の登記をし，その後に本人が関知しないなかで全くの別人が新住所の登記名義人に成りすまして登記義務者となって所有権を別の者に移す不正な登記を防止するためである。

前住所への事前通知の対象外　次に該当する場合には，前住所への事前通知はなされない（規則第71条第2項）。

> ➢ 名義人の住所に関する変更（更正）の登記が，行政区画もしくはその名称又は字もしくはその名称についての変更等を登記原因とする場合。

> 名義人の住所に関する変更（更正）の登記の受付の日に対して，登記識別情報の提供をしないでする登記の申請日が3月を経過している場合。
> 法第23条第4項第1号に定められた資格者代理人による本人確認情報の提供があり（次項で説明する），且つその内容から申請人が登記義務者等であることが確実であると認められる場合。

資格者代理人による本人確認 登記義務者等が，正当な理由により登記識別情報の提供をしないで登記の申請をした場合であっても，その申請が以下の要件を満たしたときには，登記官はそれによる登記を実行することができる（法第23条第4項第1号）。

> 当該登記が，登記申請の代理を業とすることができる代理人によってなされた場合。ここでの資格者代理人とは，司法書士，土地家屋調査士及び弁護士をいう。
> その代理人から登記官に宛てて，申請人が登記識別情報について正当な理由により提供できない者であることを確認するための必要な情報（本人確認情報）の提供がなされた場合。この本人確認情報の内容は，申請人が申請の権限を有する登記名義人であることを確認するための情報で，資格者代理人が申請人と面談した日時，場所等をはじめ，資格者代理人が申請人と面識がある場合とない場合について等々，法令が細かく定めている（規則第72条）。
> 登記官が，代理人の提供した情報の内容を相当と認めた場合。

公証人による認証 申請に係る申請情報，又はそれが委任による代理人の申請である場合にはその権限を証する情報を記録したものあるいは記載した書面について，公証人により，当該申請人が正当な理由により登記識別情報の提供をしないで登記の申請を行う登記義務者等であることを確認するために必要な認証がなされている場合，登記官はその内容が相当であると認めれば，登記を実行することができる（法第23条第4項第2号）。

(5) 登記原因証明情報

趣旨 権利に関する登記を申請する場合，申請人は一定の場合を除き，申

請情報・申請書と併せて登記原因を証する情報を提供しなければならない（法第61条）。この情報は登記原因証明情報と呼ばれ、文字どおり登記原因を証明する情報である。登記原因とは、登記の基となる法律行為や法律事実を指すもので、その存在を証するのであるから、法律行為による物権の変動についてはその原因行為と物権の変動を証明する情報であり、法律行為によらない物権変動についてはその要件事実がここでの登記原因証明情報である、と解されている[47]。具体的な登記原因証明情報については、次のことが論点に挙げられている。

登記原因の証明　上述の登記原因について、どの程度明らかにすれば証明したことになるのかについて、法令に定められてはいない。したがってこの点は、実務をとおして登記官が個々に判断する問題となるが、その際に次のことが考慮されるべきである。

登記原因の証明手段　登記原因について証明を求めるのは、登記の真実性を確保するためである、と考えられる。このことについては、単独でなされる場合を除き、申請の基本構造に、登記をすることにより登記上不利益を生じる者を登記義務者として関与させ、その上で彼らに登記識別情報や電子署名等を求めることで一定程度満たされている、と考えることができる。そうすると、ことさら登記原因について固有の証明を求めることの必要性は乏しい。登記原因を示すべき添付書類として登記原因を証する書面（いわゆる原因証書）を定め（旧法第35条第1項第2号）、それが存在しない場合には申請書の副本（申請書の控え）をもって代替できる旨の規定（旧法第40条）をおいていた旧法は、この考え方に立っていたものと思われる。そして旧法の実務では、登記義務者が申請された登記の内容を認めていることを原因証書の最低限度の内容として取り扱われてきた。したがって、現行法もこの考え方を踏襲すべきであること。

物権変動をめぐる法令　不動産をめぐる物権変動について、民法は意思主義を原則に置き、また法律行為以外でもそれは起こりうる。このために、物権変動が常に書面や電磁的記録など何がしか形をともなって証明できるとは

---

[47]　前掲清水響「新不動産登記法の概要について」第4の4の(2)

限らないこと。

登記官の形式的審査権　権利に関する不動産登記について，登記官は申請された登記の内容に関しての実質的な審査権限を有していない。したがって，ことさら登記原因に限って証明を求めても，踏み込んだ審査はできないこと。

登記原因証明情報の内容　以上のようなことを勘案すると，登記原因証明情報の内容に最低限度求められるものは，登記を申請する当事者が，物権変動の原因となる具体的な法律要件の事実について合意していることを認定することが可能な情報である，と解されている[48]。では，具体的にどのようなものを指すかについてであるが，登記官署（法務省）は国民に向けた登記申請の案内の中で，共同申請の登記原因証明情報について，次のように言い表している。

> 共同申請の場合には，（電子）契約書等のほか，登記原因について当該登記によって不利益を受ける者（登記義務者）が確認し，署名若しくは押印した書面又は電子署名を行った情報が含まれます。例えば，売買による所有権の移転の登記の場合には，契約の当事者，日時，対象物件のほか，売買契約の存在と当該売買契約に基づき所有権が移転したことを売主が確認した書面又は情報が登記原因証明情報に該当します。したがって，売買契約書（所有権の移転時期の特約があるときは，その条件成就の事実を証する情報も併せて必要）のほか，売買契約書の写しに売主が記名押印したもの，登記原因を記載した報告書に売主が記名押印したものが含まれます。なお，いわゆる売渡証書であっても，登記義務者が署名しているものは，それが売買契約とこれに基づく所有権の移転を内容としているものである限り，登記原因証明情報に該当します。（法務省HP　新不動産登記Q＆A　http://www.moj.go.jp/MINJI/minji76.html#a25）

ここでも，登記原因証明情報に該当するものには，契約の内容を記載した契約書類等（電磁記録も含む）と，それがない場合には契約の内容を記載した書面，の二種類があることを明示している。では，前者の典型である契約書等と後者の書面のそれぞれを，より具体的にみていくことにする。

登記原因証明情報の具体例　登記原因証明情報の具体的な例としては，法令で指定されたものもあるが，ここでは当事者が法律行為等を行う際に作成される契約書のような私文書と，

---

[48] 「電子情報処理組織を使用する方法による申請の導入等に伴う不動産登記法の改正に関する担当者骨子案」（平成15年7月1日法務省）の補足説明第6の63

登記申請に限って使用される形式のものをあげておく。

契約書等　当事者が一定の法律要件にあたる事実等（合意など）を表した文書（電磁記録）であり，契約書のように法律上の行為を書面によって行った，いわゆる処分証書と呼ばれるものが典型的なものであるが，登記官署の説明にあるようにそれは必ずしも単体とは限らない。この文書等の記載内容について法令に規定はないけれど，しかし最低限度必要とされる内容については，次にあげる登記官署の公開する実務用モデルが示している（法務省HP http://www.moj.go.jp/MINJI/MINJI79/minji79.html）。

売買契約書の例

　　　　　売　買　契　約　書

収　入
　　印
印　紙

　売主甲野花子（以下「甲」という。），買主法務太郎（以下「乙」という。）間において，次のとおり不動産の売買契約を締結した。
一，甲は，その所有に係る後記記載の不動産を代金何円をもって乙に売り渡した。
二，本売買による所有権移転の登記手続は，平成１７年３月１０日までに完了することとし，売買代金は，登記の完了後，直ちに支払うこと。
三，売渡不動産について，将来乙の迷惑となるべき事項が発生したときは，すべて甲の責任において処理し，乙には一切迷惑をおよぼさないこと。
　本契約を証するため，この証書２通を作成して当事者において署名捺印し，各自その一通を保存するものとする。
平成１７年３月７日
　　　　○○郡○○町○○３４番地
　　　　　　　　　　　　　　　　　　　　　売　主　　甲　野　花　子　印
　　　　○○市○○町二丁目１２番地
　　　　　　　　　　　　　　　　　　　　　買　主　　法　務　太　郎　印

注）不動産の表示は省略する。

報告書　当事者は，契約等に関する書面に替えて，契約等の内容を記載した書面（電磁的記録）をもって，登記原因証明情報とすることができる。この文書等の最低限度の記載内容についても，登記官署の公開する実務用モデルが示している。なお，この文書は登記原因の存在することを登記官署に報

告する形式をとることから「報告書」と呼ばれることがある(法務省HP http//www.moj.go.jp/MINJI/MINJI79/minji79.html)。

登記原因証明情報の例

1　当事者及び不動産
　(1)当事者　　　　権利者(甲)　法　務　太　郎
　　　　　　　　　　義務者(乙)　甲　野　花　子
　(2)不動産の表示
　所　　在　　○○市○○町一丁目
　地　　番　　２３番
　地　　目　　宅　地
　地　　積　　１２３.４５平方メートル

　所　　在　　○○市○○町一丁目２３番地
　家屋番号　　２３番
　種　　類　　居　宅
　構　　造　　木造かわらぶき２階建
　床　面　積　１階　４３.００平方メートル
　　　　　　　２階　２１.３４平方メートル

2　登記の原因となる事実又は法律行為
　(1)乙は，甲に対し，平成１７年３月７日，本件不動産を売りました。
　(2)よって，本件不動産の所有権は，同日，乙から甲に移転しました。

平成１７年３月７日　○○法務局○○出張所

　上記の登記原因のとおり相違ありません。

　　(買主)　　　　住所
　　　　　　　　　　　　　　甲　　　　　印
　　(売主)　　　　住所
　　　　　　　　　　　　　　乙　　　　　印

登記原因証明情報の最低限度の内容

　個別具体的な事例の中で，ある情報や文書が登記原因証明情報足りうるかを判断する基準を知るために，ここにあげた二つの例を照らし合わせて登記原因証明に求められる最低限度の情報(内容)を改めて検討すると，当事者・対象不動産・登記の原因となる事実あるいは法律行為だといえる。このうち登記の原因となる事実あるいは法律行為は，最低限度その要件となる事

実を示せば足りるものと考えられていて，例えば売買契約に関する売買代金の額については，契約書としては必要な事項であろうが登記原因証明情報として必要な事項とは考えていないのが実務の取り扱いのようである[49]。なお，登記原因証明情報の他の論点に関しては，本書使い方編でもう少し踏み込んで検討することにしたい。

登記原因証明情報の指定　申請する登記によっては，登記原因証明情報が法令により指定されているものがある。これには，概して登記原因となる法律行為に要式が求められている場合と，単独申請に関する場合の二つがある。前者の主なものは，借地借家法第23条第1項又は第2項に規定する借地権に該当する地上権・賃借権の設定登記を申請する場合の，同条第3項の公正証書の謄本（令別表三十八）であり，後者については，確定判決に基づいて登記の申請をする場合の，執行力のある確定判決の判決書の正本（執行力のある確定判決と同一の効力を有するものの正本を含む）（令第7条第1項第5号ロ(1)）や，登記名義人の住所等の変更登記を申請する場合の，当該登記名義人の住所等について変更等があったことを証する市町村長，登記官その他の公務員が職務上作成した情報（令別表二十三　法務省HP　http://www.moj.go.jp/MINJI/MINJI79/minji79.html）等がその代表である。

権利の変動によらない登記の登記原因証明情報　申請する登記には，錯誤によりなされた登記を正しいものにするための更正登記や，真正な登記名義を回復するための所有権移転登記のように，権利変動を前提としないものがある。このような登記を申請する場合の登記原因証明情報は，現在の登記が真実ではないことと，その登記をする原因となる具体的な事実が内容とされなければならない，と考えられる。

登記原因証明情報の添付を要しない場合　登記原因証明情報は，全ての登記の申請に提供が求められるわけではない。次の登記を申請する場合，登記原因証明情報の提供は要しない。

➤所有権保存登記（敷地権付き区分建物について法第74条第2項の規定によ

---

[49] 前掲担当者骨子案の補足説明　第6の64では，「具体的売買代金額が明らかにされていない場合であっても…（中略）登記申請を却下することはできない」としている。

➢ 一定の範囲の処分禁止の登記に遅れる登記の抹消（令第7条第3項第2号～第4号）
➢ 抵当権などが混同によって消滅したことが登記記録上明らかなときに，混同を原因としてする抵当権などの登記の抹消（登記研究第690号）
➢ 法律によって権利承継が発生した場合の権利の移転（平成13年3月8日民二第664号依命通知）

(6) 法人代表者の資格を証する情報

　会社等の法人が申請人となる場合，登記の手続行為は代表者が行うので（会社法第349条他），申請に係る代表者がその法人を代表する権限を有していることを明らかにするために，申請情報・申請書には，申請に係る代表者の資格を証する情報を添付しなければならない（令第7条第1項第1号）。具体的には，会社やその他の登記されている法人の代表者であれば，会社等の登記記録上の，代表権限に関する証明書であるが[50]，それが登記官その他の公務員が職務上作成した書面である場合には，作成後3月以内のものでなければならない（令第17条第1項）。

提供の省略　法人代表者の資格を証する情報は，提供を省略し又は他のものに代えることができる場合があり，主なものは次のとおりである。

➢ 申請する登記所が，その法人の登記を受けた登記所と同一であり，かつ法務大臣が指定した登記所以外のものである場合（規則第36条第1項第1号）。

　この場合，不動産登記が申請される登記所に，申請人である会社あるいはその他の法人の登記記録そのものがある。したがって，不動産登記の審査をする登記官は，申請人の会社等の代表者の代表権を，申請情報・申請書に添付された証明書を使うまでもなく，同じ登記所にあるその会社等の登記記録をもって直接審査をすることができるからである。

---

[50] 商業登記法第10条参照

➤ 支配人や法令の規定により登記の申請ができる法人の代理人が，その法人を代理して登記の申請をする場合（規則第36条第1項第3号）。
➤ 申請が電子申請でなされるときで，申請人が商業登記法第12条の2に定められた印鑑の提出者で，商業登記規則第33条の8第2項に定められた電子証明書を提供した場合（規則第44条第2項）。

(7) 代理人の代理権限を証する情報

　代理人によって登記の申請をするときは，一定の場合を除き申請情報・申請書には代理人の代理権限を証する情報を添付しなければならない（令第7条第1項第2号）。ここでの代理人には法定・任意の双方を含む。具体的には次のようなものがこれにあたる。

委任による代理人　委任者が，委任事項を明らかにして受任者に示した情報で，一般的には委任状と呼ばれているものであり（規則第49条第1項第1号参照），次の様式がその代表例の一つである（法務省HP　http://www.moj.go.jp/MINJI/MINJI79/minji79.html）。

委任状の例

　　　　　　　　　　委　任　状

　私は，○○郡○○町○○34番地　法務太郎　に，平成17年3月5日弁済による別紙目録記載の不動産の抵当権抹消の登記申請に関する一切の権限を委任します。
　平成17年3月7日

　　　　　　　　　　　　　　　　　　　　　○○市○○町二丁目12番地
　　　　　　　　　　　　　　　　　　　　　　　　株式会社○○銀行
　　　　　　　　　　　　　　　　　　　　　代表取締役　○○○○　㊞

＊別紙目録として，登記申請書の「不動産の表示」欄と同じ事項を記載した書面を添付します。

法定代理人　本人と法定代理人の関係を明らかにする情報で，親と未成年の子の関係についての市町村長の証明する戸籍に関する情報（戸籍の証明等）や，後見人と被後見人の関係についての家庭裁判所の証明がなされた後見人選任の審判に関する情報などが代表例である。なお，これらの証明が市町村長や登記官その他公務員が職務上作成したもの

である場合には，作成後3月以内のものでなければならない（令第17条第1項）。

提供の省略等 代理人の代理権限を証する情報は，その提供を省略し又は他のものに代えることができる場合があり，主なものは次のとおりである。

➢法令の規定により登記の申請をすることができる法人の代理人がその法人を代理して登記の申請をする場合，申請情報の提供を受ける登記所がその法人についての代理人の登記をした登記所と同一であり，かつその登記所が法務大臣が指定した登記所以外のものである場合（令第7条第1項第2号，規則第36条第2項）。

(8) 登記原因についての第三者の許可，同意，承諾を証する情報

　不動産登記の基となる法律行為等は，当事者だけでなし得るのが原則である。しかし，趣旨は様々であるが，一定の場合には契約ないし物権の変動が有効に成立するためには当事者以外の第三者の許可，同意，承諾（以下，第三者の許可等という）を必要とする場合が法令に定められている。そこで不動産登記の申請にあたっても，登記原因に対して法令が第三者の許可等を求めている場合には，それがなされて物権変動が有効に生じたことを明らかにするために，申請情報・申請書に登記原因についての第三者の許可等を証する情報を添付しなければならない（令第7条第1項第5号ハ）。登記原因に第三者の許可等を要する場合の主なものは次のとおりである。

➢農地をめぐる法律行為による権利変動に関する都道府県知事もしくは市町村の農業委員会の許可（農地法第3条，第5条）。
➢抵当権の順位変更についての利害関係人の承諾（民法第374条第1項）。
➢根抵当権の極度額の変更をめぐる後順位担保権者等利害関係人の承諾（民法第398条の5）。
➢株式会社とその取締役との間の自己取引・利益相反行為に対する取締役会の承認（会社法第356条等）。
➢破産管財人の任意売却についての裁判所の許可（破産法第78条）。
➢未成年者の法律行為をめぐる法定代理人の同意（民法第5条）[51]。

(9) 個別的な添付情報

　個別的な添付情報の趣旨等については既に述べたので，次に，権利の種類や，移転・設定等の登記の態様に関わらず求められる主要な添付情報をあげておく。添付の求められる範囲が狭いものは，使い方編で取り上げるものもあるが，それ以外は本書の性質から割愛することにした。

判決による登記　登記を求める者が共同申請をすべき相手に手続への協力を求めても相手が応じない場合がある。このようなとき，登記を求める者は相手に対して，登記手続を求める訴えを提起し，勝訴判決を得ればその確定後に単独で登記の申請をすることができる（法第63条第1項）。

　添付情報　執行力のある確定判決の判決書の正本（執行力のある確定判決と同一の効力を有するものの正本を含む）（令第7条第1項第5号ロ(1)）

　具体例　確定証明書付きの判決書正本であるが，執行力のある確定判決と同一の効力を有するものの正本もこれに含まれる。主なものに和解調書（民事訴訟法第267条），調停調書（民事調停法第16条）がある。

相続人等の一般承継人による登記　登記原因は既に生じたが，それによる登記をなすべき申請人が死亡しあるいは合併により消滅した場合，その者の相続人あるいは権利を承継した法人が，本来登記の申請をすべき者に代わって登記の申請をすることができる（法第62条）。

　添付情報　相続その他の一般承継があったことを証する市町村長，登記官その他公務員が職務上作成した情報（令第7条第1項第5号イ）。

　具体例　申請をする一般承継人が自然人の場合には，本来の申請人である被相続人と，その者に代わって申請する（一般承継人である）相続人の相続関係を明らかにする戸籍の写しであり，申請をする者が法人の場合には，本

---

[51] 未成年者の法律行為については，法定代理人の同意を得ない場合には無効ではなく取り消し得る行為であるために（民法第5条第2項），ここに含むかどうか異論はある（幾代通・不動産登記法　香川保一・不動産登記法第35条第1項第4号について（登記研究第184号））。しかし，取り消しの可能性を残す登記は制度上好ましくないことから，これを第三者の許可等に含むとするのが主な学説，判例の態度であり（船橋諄一・不動産登記法　大判昭和10・2・25民集14巻），実務もこの考え方で取り扱っている。

来の申請人である被承継法人と，その者に代わって申請する（一般承継人である）権利を承継した法人の，合併の関係を明らかにする商業あるいは法人等の登記事項に関する証明書である。

代位による登記　他人（被代位者）に対して登記請求権を有する者（代位者）は，自分の請求権を保全するために，その他人が有する登記申請権を代わって行使して登記の申請をすることが可能であり，これを代位登記とよぶ（民法第423条第1項）。

添付情報　代位原因を証する情報（令第7条第1項第3号）

具体例　代位者が被代位者に対して債権者代位権を有することを明らかにする情報で，例えば登記すべき不動産を自分（代位者）が被代位者から既に売買で買ったことを明らかにする売買契約書等がこれにあたる。

(10) 添付情報の提供

申請人は，添付情報・添付書面を申請の形式にしたがって，申請情報・申請書とともに次の方法で登記所に提供しなければならない。

電子申請の場合　登記が電子申請でなされる場合，申請人は申請情報とともに，作成者が電子署名した添付情報を電子証明書とともに登記所に送信しなければならない（令第10条，第14条）。添付情報が登記事項証明書である場合（令別表35の添付情報ハ，その他），そのまま送信することはできない。この場合には法務大臣の定めるところに従い，その証明書の提供に代えて，登記官が電気通信回線による登記情報の提供に関する法律第2条第1項に定める登記情報の送信を，同法第3条第2項に定める指定法人から受けるために必要な情報を送信しなければならない（令第11条）。

特例方式　電子申請を行う場合，添付情報は申請情報に合わせて送信することが必要であり，したがってそれは当然に電子的なものでなければならない。しかし，添付情報となるべき情報は電子的に作成されているものばかりではなく，書面上のものも多いのが現実である。そこで，添付情報が書面により作成された場合であっても，一定の場合には電子申請が出来るようにされた（令附則第5条）[52]。これによる申請方式を「特例方式」と呼んでいる。

特例方式による申請は，次のようになされる。

➢ 特例方式により添付書面を提出する旨と，各添付情報について添付書面を提出する方法によるか否かの別を，申請情報の内容に加える（令附則第5条第2項，規則附則第21条第1項）。
➢ 登記識別情報は，申請情報とともに送信する。
➢ 登記原因証明情報は，それが記載された書面のなかの，登記原因の内容を明らかにする部分について電磁的に記録し，それを申請情報とともに送信しなければならない。なおこの電磁的な記録は，登記原因証明情報たるべき書面の全部ではなく，登記原因を明らかにする部分[53]だけをスキャナーで読み取ったもので差し支えがなく，その情報へ作成者の電子署名は不要とされている。
➢ 登記識別情報及び登記原因証明情報以外の添付書面については，申請の受付の日から二日以内に登記所への持参もしくは送付の方法で提出しなければならない（規則附則第21条第2項）。提出の際には，持参，送付[54]のいずれの場合でも「登記所の表示」「申請の受付の年月日」「受付番号」「書面により提出した添付情報の表示」その他所定の事項を記載した書面をそれらに添付しなければならない（規則附則第21条第3項）。

書面申請の場合 　登記が書面申請でなされる場合，申請人は申請書とともに，添付書類を登記所に提供しなければならない（令第15条）。

⑾　添付情報の省略

同じ者が申請人となって，同一の登記所に同時に複数の登記を申請することがある。そのときに，複数の申請に共通する添付情報がある場合には，そ

---

[52] これは，申請書に添付すべき情報の多くが電磁的に作成されることが少ない実際をふまえて考案されたものである。規定では「当分の間」とされているが，実務現場において「実印を押した書類」が取引慣行に占める役割を見る限り，これが実務の主流になるように思われる。
[53] これについて，例えば売買契約の場合には，次の内容の記載がすべて含まれているものでなければならないものとされている。ｱ契約当事者の記載　ｲ対象不動産の記載　ｳ売買契約の年月日の記載　ｴ売買契約締結の事実が分かる記載（平成20年1月11日民二第57号通達第1の(6)）
[54] 書留郵便等によるものとされている（規則附則第21条第4項）。

れを一つの申請情報に添付すれば，他の申請情報への添付を省略することができる。ただし，省略する申請にはその旨を申請情報の内容として明示しなければならない（規則第37条）。

例えば，Aが土地を所有し，土地上の建物をBが所有していたところ，その土地と建物をCが売買で取得して，土地についてのAからCへの所有権移転登記と，建物についてのBからCへの所有権移転登記を同時に申請するときなどが典型例である。この場合，登記権利者のCは，（時間的な先後はあっても）同時に申請する登記が双方とも所有権の移転登記であるから，申請情報とともに所有権の登記名義人となるべき者として住所を証する情報をそれぞれ提供しなければならない（令別表三十添付情報ロ）。

しかし，同一のものを相前後する申請情報に各別に添付するのは合理的とはいえないし，申請人の負担軽減も考慮されるべきである。そこでこの場合，Cは住所を証する情報を申請するどちらか一方の申請情報に添付し，もう一方の申請情報には同時に申請する別の申請情報に同一のものが添付されている旨を明示することで[55]，その添付を省略できることにしたのである。

(12)　添付書面の原本還付

登記の申請が書面でなされる場合，申請書に添付される書面，例えば登記原因証明情報となるべき契約書などは，登記の申請に使用することだけを目的に作成されているとは限らない。そこで一定の場合を除き，添付される書面の原本を申請人に還付（返還）する手続きを設けた（規則第55条）。これを原本還付と呼ぶ。

原本還付の手続　原本還付の手順は，まず申請人は原本の還付を求める書面についてその写しを作成し，そこに，書面が「原本の写しに相違ない」旨を記載して申請書に添付した上で，登記所に申請書と添付書面を提出する際に原本をも合わせて提出する。申請書類を受け取った登記官は添付された写しと別に提出された書類の原本を照合し，内容が同一であることが確認できたら，申請に係る登記の申請情報や添付情報に

---

[55]　実務上は，先の申請情報に添付情報を添付し，後の申請情報に例えば「住所を証する情報（前件添付）」のように明示する方法でなされている。

関する調査を完了した後に原本となる書面を申請人に返還することで，原本還付の手続きは終了する。申請人は送付先の住所の申出をするとともに郵便切手等を納めれば，登記官から原本の送付を受けることができる。ただし，書面が偽造である場合や，不正な登記の申請に使用された疑いがある場合，登記官はその書面の還付をすることはできない。なお，添付書面であっても磁気ディスクを使用するものは，その性質から原本還付の対象とはならない。原本還付を求めることができない書面は，次のとおりである（規則第55条）[56]。

原本還付をすることが出来ない書面
- 登記令第16条第2項及び第18条第2項に定められたところの，申請人又はその代表者等が申請書又は委任による代理人への委任状に押した印鑑に関する証明書。
- 登記令第19条第2項に定められたところの，登記原因に第三者の許可等を要する場合その他についての，当該第三者の作成した許可書等に押印した第三者の印鑑に関する証明書。
- 規則第48条第1項第3号（規則第50条第2項において準用する場合を含む），又は同第49条第2項第3号に定められたところの，裁判所によって選任された者がその職務上行う申請の申請書や委任状に押印した印鑑に関する証明書で一定の要件を満たしたもの。
- 当該申請のためにのみ作成された委任状その他の書面。次のものが代表例である。
  - ◆登記の申請についての申請人から代理人である司法書士への委任状
  - ◆登記識別情報が提供できない場合の資格者代理人による本人確認情報
  - ◆登記申請のためにだけ作成された登記原因証明情報（いわゆる報告書）

---

[56] 印鑑証明書は，書面作成者の意思を担保するために必要な重要度の高い添付書面であり，申請人が同様のものを他の用途で必要としても，当該登記の申請がその影響を受けなければならない理由はない。また当該登記の申請のためにだけ申請人が作成した委任状は，同じものが必要であれば申請人が自分で自由に作成すればいいだけで，ことさら申請書に写しを添付してその原本を申請人に返還する必要性がない等が，原本還付を認めない理由に考えられよう。

7　仮登記

意義

　冒頭で述べたように，不動産登記は不動産取引の安全と円滑に資することを目的にして設けられた制度であり（法第1条），ある不動産に関して権利の変動が生じ，そのことを公示するためになされるのが本来的な姿である。そして，手続の基本的な仕組みはこれまで述べたとおりである。

　ところが，不動産をめぐる取引等には，権利の変動は有効に生じ，本来なら登記の申請をすべきところ，申請情報・申請書以外に登記所に提供が必要な情報が揃わないなど，登記を求める手続過程に不備がある場合も考えられる。またこれとは別に，不動産をめぐる取引には，登記をすべき権利の変動（法第3条）が未だ生じないけれども，将来それが発生する蓋然性の高いものがある。これらはいずれも，本来であれば登記をすることはできない。けれども，前者と後者ともに，ある不動産について，近い将来権利の変動にともなう登記がなされる蓋然性が高く，放置すれば同一の不動産をめぐる取引関係を予定する者への悪影響が懸念されるなど，登記制度にとって好ましいことではない。そこで登記のシステムは，本来の登記に至る要件を緩和した上で，登記固有の効力である対抗力を持たないが，将来一定の登記がなされる可能性の高い法律関係があることを公示し，合わせて権利を持つ者が将来の登記に備えて登記記録の上で順位を確保する[57]効力をも有する登記を用意した。これが仮登記の制度である。仮登記には，それを行う理由の違いから二種類があるので，それぞれについて簡単に説明する。なお仮登記は，登記本来の効力を持たないので，講学上「予備的登記」と呼ばれる。

(1)　条件不備の仮登記

　ある不動産をめぐり，権利の変動は確定的に生じたが，手続上の条件が整わない場合に，既に権利の変動が生じていることを広く社会に知らしめると

---

[57] 順位の確保とは，登記の記録上に，将来の登記に備えて順位番号を持った一定のスペースを確保することである。

ともに，当事者が将来の登記に備えて予め登記記録の上に一定の順位を確保するためになされる登記[58]であり，次の請求権仮登記と区別するために「条件不備の仮登記」あるいは法第105条の第1号を根拠にすることから「1号仮登記」と呼ばれる（法第105条第1号）。

不備な条件　この仮登記が認められる不備な条件とは，登記の申請に際して申請情報とともに提供（添付）を求められる，登記義務者等の登記識別情報又は登記原因についての第三者の許可・同意・承諾を証する情報の提供ができないときである（規則第178条）[59]。

(2) 請求権保全の仮登記

ある不動産をめぐり，一定の取引がなされたことにより[60]，権利の変動は未だ生じてはいないけれど，将来それが生じる蓋然性が高い場合に，そのことを公示し，当事者が将来の登記に備えて予め登記記録に順位を確保するためになされる登記であり，前述の条件不備の仮登記と区別するために「請求権保全の仮登記」あるいは法第105条の第2号を根拠にすることから「2号仮登記」と呼ばれる（法第105条第2号）。

(3) 仮登記の申請

手続の特徴　仮登記は，前述のように登記本来の効力を有しない予備的なものであるために，その申請と実行，また抹消について，本来の登記とは異なる手続が用意されている。

共同申請の手続　仮登記も手続の上では登記なので，(仮)登記権利者と(仮)登記義務者[61]が共同して申請するのが原則的な形態であり，申請情報と添付情報は次のとおりである。

申請情報　仮登記に関する申請情報は，登記の目的について，条件不備

---

[58] ここでの「登記」の意味は，対抗力を備えた記録という実体上のものではなく，一定の記録という手続上のそれである。

[59] 念のために確認するが，第三者の許可等は出されて権利の変動は有効に生じたが，それを証する情報・書面の作成が未だなされていない状況である。

[60] 売買予約などの予約契約が，これにあたるものである。

[61] 仮登記を共同申請で行う場合の当事者を，仮登記権利者・仮登記義務者と呼ぶ。これは，通常の共同申請における登記権利者と登記義務者と同様，手続上の地位を表すものである。

の仮登記であれば〈所有権移転仮登記〉のように，また請求権保全仮登記であれば〈所有権移転請求権仮登記〉のように表示される他は，申請情報の内容は通常の登記と比べて大きく異なるところはない。

　添付情報　　添付情報に関しては，条件不備と請求権保全のそれぞれの仮登記の区別をせずに，登記義務者等の登記識別情報の添付は要しない（法第107条第2項）[62]。また，登記原因についての第三者の許可・同意・承諾を証する情報の添付も要しないし[63]，所有権の登記に関して必要な登記権利者の住所を証する情報も，仮登記に関しては添付を要しない[64]。これらは，将来なされる本登記（仮登記に基づいてなされる登記という意味でこのように呼ぶ）[65]の際に添付されれば役割を果たし得るからである。その他の添付情報，例えば登記原因証明情報や代理人による申請に要する委任状，電子証明書や印鑑証明書は，その申請の手続を直接担保する性質が強いために，仮登記といえども通常の登記と同様に添付を必要とする。

　登録免許税　　仮登記の登録免許税は，予備的な登記の性質上，定率課税に関しては通常の登記と比べて低額なものが多い（登録免許税法別表第一の一の（十二））。

> **単独申請の手続**　　仮登記は対抗力を持たない予備的な登記である性質から，申請も共同申請とは異なる簡便な方式が用意されている。

　仮登記権利者による単独申請　　申請情報に，仮登記義務者の仮登記への承諾を証する情報を添付した場合，もしくは裁判所から仮登記を命ずる処分がなされた場合には，仮登記権利者が単独で仮登記の申請をすることができる（法第107条第1項）。

---

[62] 登記義務者の登記識別情報については，本文で述べたように，これが添付できないことが条件不備の仮登記をなし得る理由となるのであるが（規則第178条），添付情報に関しては請求権仮登記でも同様の取扱いをするのである。

[63] 変更（更正）登記の際に必要とする，登記上の利害関係を有する第三者がいる場合のその者の承諾を証する情報は，付記か主登記かの登記実行の形式を決める性質を有するので（法第66条），添付を省略することはできない。

[64] 昭和32年5月6日民事甲879号通達による。

[65] 「本登記」は，仮登記との関わりの中で通常の登記を指す用語として登場する。仮登記と関係のない文脈で，通常の登記をいちいち「本登記」と呼ぶことはない。

仮登記の実行手続　仮登記は，あくまで将来本登記がなされることを予定し，その際の順位を記録の上で確保しようとするものである。そこで登記記録の上でこのことを明らかにするために，仮登記には将来の本登記を記録するための余白が設けられる（規則第179条第1項）。

記録例　次は，仮登記の記録例である。

権　利　部（甲区）	（所有権に関する事項）		
順位番号	登記の目的	受付年月日・受付番号	権利者その他の事項
何	所有権移転仮登記	平成何年何月何日第何号	原因　平成何年何月何日売買 権利者　何市何町何番地 　　　　何某
	余　白	余　白	余　白

（将来の本登記の記録に備えた余白）

仮登記に基づく登記
―仮登記の本登記―　仮登記をした後に，仮登記をした理由の，不備であった手続上の条件が具備され，あるいは請求権が行使されて権利の変動が生じれば，当然のことながらそれによる登記を行うことになる。このような，仮登記に基づく登記の手続を一般に，「仮登記の本登記」と呼んでいる。

手続の方法と特徴　仮登記の本登記の手続は，基本的に通常の登記（つまり仮登記がなされていない登記）と同様である。登記原因については，条件不備の仮登記（1号仮登記）に関しては仮登記と本登記では同一であるが，請求権保全の仮登記（2号仮登記）の登記原因はその登記の性質上，仮登記原因とは異なり，実体関係によって決まってくる[66]。

申請人　申請人は，仮登記権利者が登記権利者であるが，登記義務者については仮登記をなした後に所有権登記名義人が替わるなど，当該不動産を

---

[66] 例えば，平成22年3月1日の売買に基づき，1号仮登記の所有権移転仮登記をなした場合の仮登記原因は，「平成22年3月1日売買」であり，その後手続上の条件が整って本登記を行うときの登記原因は実体関係が同一なのでこれと異なることはない。一方，例えば平成22年3月1日に売買予約が成立し，それによる2号仮登記の所有権移転請求権仮登記をする場合の仮登記原因は「平成22年3月1日売買予約」であり，その後仮登記権利者が平成22年6月1日に予約完結権を行使して売買が成立し，所有権が移転して登記をすることになれば，その登記原因は「平成22年6月1日売買」である。

めぐる権利関係に変動が生じた場合は，申請する仮登記に基づく本登記が所有権に関するものであるか否かで次のように異なってくる。

➤ 所有権に関する仮登記に基づく本登記　本登記の登記義務者は，仮登記をした際の登記義務者（仮登記義務者）である。

➤ 所有権以外の権利に関する仮登記に基づく本登記　本登記の登記義務者は，仮登記義務者（仮登記をした際の登記義務者）であるが，一定の仮登記の本登記については仮登記をした後に所有権の移転登記がされた場合，現在の所有権登記名義人を本登記義務者とすることができる[67]。

申請情報　申請情報は，基本的には仮登記がされていない場合と同様である。しかし申請する登記には既に仮登記がなされているので，これを前提とするものであることを明らかにすることが必要である[68]。これについて実務では，登記の目的に「何番仮登記の所有権移転本登記」のよう記載する方法で対応している。

添付情報　これも申請情報と同じく，基本的には通常の登記の申請と同様のものを必要とするが，仮登記に基づく本登記を行うことについて，登記上の利害関係を有する第三者もしくは本登記につき利害関係を有する抵当証券の所持人又は裏書人がいる場合には，申請情報・申請書にはその者の承諾を証する情報（及び抵当証券）の添付を必要とする（令別表六十九添付情報イ）。また，仮登記担保契約に関する法律の適用を受ける仮登記に基づく本登記を申請する場合には，申請情報・申請書には同法第18条本文の規定により当該承諾に代えることができる同条本文に規定する差押えをしたこと及び清算金を供託したことを証する情報を添付しなければならない（令別表六十九添付情報イ）。

登録免許税　申請する本登記にともなって納付すべき登録免許税が定率課税で算出される場合，仮登記をなした際に既に一定額が納付されていると考えられるので（登録免許税法別表第一の一の（十二）参照），仮登記に基づく本登記を申請する際には，一定の税額が控除されることがある（登録免許税法第

---

[67] 仮登記義務者と現在の所有権登記名義人のどちらでも良いとするのが，実務の扱いである（昭和37年10月11日民事甲第2810号局長通達）。

[68] この記載がないと，申請が仮登記に基づく（本）登記であることが明らかではないために，仮登記の際に設けられた余白ではなく，仮登記とは関係のない独立したスペースに記録がなされる。

17条)。

登記の実行　仮登記に基づく本登記は，仮登記の際に登記記録上に設けられた余白に実行される（規則第179条）。なお，登記上の利害関係を有する第三者が存在し，申請情報にその者の本登記申請に関する承諾を証する情報が添付されて申請がなされた所有権に関する仮登記に基づく本登記の実行に際し，その第三者の登記は登記官の職権により抹消される（法第109条）。

仮登記した権利の処分
―仮登記の仮登記―

仮登記によって保全された権利が当事者により処分されることがある。例えば，A所有の甲土地をBが売買により取得したけれど手続上の条件が不備なためにBは所有権移転仮登記をした場合で，その後Bが甲土地をCに売買し，あるいはBが甲土地に㈱X銀行のための抵当権を設定する場合などが考えられる[69]。Bの所有権は仮登記よって保全されているけれど，所有権であることに違いはないので，当事者が合意すればその不動産の処分は可能であり，当事者が特段の取り決めをしなければ物権の変動は生じる。またこの例とは別に，A所有の甲土地に対してBが売買予約契約による所有権移転請求権保全の仮登記をし，後日Bがその予約契約上の権利を更にCに売買の予約をする契約[70]を結ぶことも考えられる[71]。このような，仮登記によって保全された権利が処分された場合の登記を認めるか否かについて，登記実務は当初消極的であったが，その後取扱いを変更し，現在では広く認められている。そして登記が仮登記に対する仮登記の形式でなされることから，「仮登記の仮登記」と呼ばれることが多い[72]。

手続の方法　仮登記によって保全されている権利を目的とした仮登記の手続は，これまで述べた仮登記の申請方法に従ってなされる。

申請人　申請人は，共同申請をする場合には，登記記録上に新たに仮登

---

[69] 仮登記によって保全された所有権の処分は，現実の取引としては不安定なので，実例は少ないものと思われる。ちなみに筆者は実務経験の中で，見かけたことがなかった。

[70] これが予約契約ではない場合には，所有権移転請求権は新たな権利者に確定的に移転する。そして登記は，「所有権移転請求権の移転」としてなされ，これは仮登記ではないので，ここでは「仮登記の仮登記」に含まない。

[71] 現実に行う者がいるかどうかは別にして，契約は自由なのでこのような例も一応考えられる。

[72] 法第105条第2号で保全された権利が現在の登記名義人から別の者に確定的に処分された場合の登記は権利の移転登記であり，その手続が条件不備でなければ仮登記ではなく通常の（本）登記でなされる。

記上の権利を取得する者が（仮）登記権利者であり，処分された仮登記の名義人が（仮）登記義務者である。

申請情報　申請情報は，仮登記が処分されたことによる登記であることを明らかにすることが必要であり，実務上は登記の目的にそのことが記載される。例えば，条件不備の仮登記（法第105条第1号仮登記）で保全された所有権が売買された場合には，「何番仮登記所有権移転の仮登記」のよう記載し，条件不備の仮登記で保全されている所有権に抵当権設定予約がなされた場合には「何番仮登記所有権の抵当権設定請求権仮登記」のように記載する。この他は，通常の仮登記と同様である。

添付情報　通常の仮登記の申請と同様のものを必要とする。

登録免許税　通常の仮登記の申請と同様である。

登記の実行　条件不備の仮登記によって保全された所有権（法第105条第1号）が確定的に処分された場合，その仮登記は主登記で実行される。条件不備の仮登記でなされた所有権以外の権利が処分された場合の仮登記は，付記登記で実行される。仮登記した請求権保全の仮登記（法第105条第2号）に対してなされた請求権保全の仮登記（法第105条第2号）は付記登記で実行される。

8　権利に関する登記の形態

(1)　手続の分類

不動産の権利に関する登記は，既に述べたように，ある不動産について物権（その他の権利）の得喪変更があった際に（民法第177条），不動産登記法の規定にしたがって，保存，設定，移転，変更，処分の制限及び消滅の形態（態様）をとってなされる（法第3条）。このことは，権利に関する登記が，ある人の持つ所有権や抵当権などの権利それ自体を記録するのではなく，権利の変動を記録して開示するシステムであることを意味している。例えば，甲土地をAが所有している場合，そのことだけを「Aの所有である」のように公示するのではなく，「AはBから売買で所有権を得た」のように，権利の動きとその理由を明らかにしようとするものである。ここでの登記の形態を比喩的

にいうと，登記できる権利が観客の目に触れる登記記録と呼ぶ舞台へと登場し（保存・設定・移転），演技（変更・処分の制限[74]）して退場（消滅〜抹消〜）することを言い表すようなもので,それを指す保存ないし消滅が,「登記の目的」として登記事項の冒頭に現われるのである。なお，登記の態様には，権利に関する登記が誤って抹消された場合，所定の要件に従ってその回復を求めるために申請するものや（法第72条），登記記録の全部又は一部が滅失したときに，法務大臣の処分に従って行う回復の手続がある（法第13条）。回復登記と呼ばれるこれらは手続上のもので，しかも使用が極めて稀であり，もっぱら官公署の嘱託よってなされる処分の制限の登記とともに，私人が日常の中で接する手続とは言えない。本書は，権利に関する登記手続の大枠の理解を第一の目的にしているので，回復登記や処分の制限の手続の説明は省くことにする。

　ところで，ここまで登記手続の基本構造と作業に必要な道具の説明をしてきた。申請は，これを具体的事例に合わせてなすべき作業を組み立てていくのであるが，その作業は目的となる権利とは別に，移転や変更など手続の形態を基準に一定程度の類型化が可能である。そこで，使い方編に入る前に，登記の形態ごとの手続を概説することにした。なお，申請の中心である申請情報及び添付情報については，代表的な事例を挙げながらそれらの使い方を後の編で述べるので，ここで具体的内容に言及はしない。

(2)　保存及び設定の登記

登記の性質　保存及び設定という名の各登記は，いずれもある不動産をめぐり，新たに権利が生まれた（成立した）ときの登記の形態である。当事者が，新たな物権を創設する合意を設定行為と呼び，それにより成立した権利を登記する際の形態を設定というが，所有権と先取特権を除く権利がこれにあたる。物があれば当事者の意思に関わらず存在する権利であると考えられる所有権を，最初に登記記録に登載する形態に保存という呼び名を宛てて「所

---

[74] 処分の制限の登記は，不動産に対して裁判所が強制競売の開始決定と差押え宣言がなされた場合に，裁判所の書記官からの嘱託によりなされる差押えの登記に代表的されるように（民事執行法第48条），もっぱら公権力の行使にともなうもので，私人により申請されるものではない。

有権保存」という。

　所有権保存登記は，表題部だけが設けられた不動産に，初めてなす所有権の登記であり，権利に関する登記の起点になる特質を有している。このために申請は単独で行うなど他の登記と比べて特徴のある手続となっている。

　先取特権は，当事者の意思ではなく法律の規定で生まれる権利であり（民法第303条），一定の要件のもとでこれが発生した場合に登記記録に載せる形態を「保存」と呼ぶ。

　所有権保存登記と先取特権の保存登記は，保存登記の呼び名は共通しても登記の形態は大きく異なるので，手続の方法等については次にその概要を分説する。その際に，申請の手続に必要な申請情報等を概説するが，当事者の求める記録内容を知ることも重要なので，それぞれの登記事項をも簡単に示しておくことにする。

所有権保存の登記

登記の性質　所有権保存登記は，前述のように，登記記録に初めて所有権を記録する形態であり，全ての権利の登記の出発点に位置付けられる登記である。

手続の要点　所有権保存登記の手続は，法律に定められた要件に適合する者に対して申請人の地位が与えられ，その者の単独申請でなされるところが大きな特徴である。

登記事項　所有権保存登記は，所有権が初めて登記記録に登載される手続である。ところで，登記事項は登記される権利の内容を表す性質を有しているが，これに照らして所有権のそれを見ると，権利を有する者を特定できれば足りるので，所有権保存登記に限定して求められる登記事項はない。したがって所有権保存登記に関する登記事項は，全ての権利に関する登記に共通の登記事項であり（法第59条），権利者（所有者）の住所と氏名（名称），及び登記の目的，登記を受付けた年月日，受付の番号が主なもので，これに権利者が複数（共有）の場合には持分が加わり，権利消滅に関する定めや共有物分割に関する定めなど特別な合意がなされたときには，それも加えられる。一方，一般的には全ての登記に共通して求められる登記事項であるところの登記原因及びその日付については，敷地権付き区分建物について表題部所有者から所有権を取得した者が申請する場合を除いた所有権保存登記におい

て，登記事項とはならない（法第76条）。これ以外にあらゆる登記に共通する登記事項である順位番号が加えられることはいうまでもない（法第59条第8号，令第2条第8号，規則第147条）。

申請人　所有権保存登記は，手続の性質から登記記録上に対立当事者を考えることができない。したがって登記権利者の単独申請であり，しかも申請人の適格性が法律によって次のように定められている。これは，他の登記の申請には全く見られない大きな特徴である。

- 表題部所有者又はその相続人その他の一般承継人（法第74条第1項第1号）。
- 所有権を有することが確定判決によって確認された者（法第74条第1項第2号）。
- 収用によって所有権を取得した者（法第74条第1項第3号）
- 区分建物にあっては，表題部所有者から直接所有権を取得した者。但し，区分建物が敷地権付き区分建物である場合には，当該敷地権の登記名義人の承諾を得た者に限られる（法第74条第2項）。

申請情報　所有権保存登記の申請情報は，まず一般的な申請情報の内容を基本にするが，敷地権付き区分建物について表題部所有者から直接所有権を取得した者が申請する場合を除いた所有権保存登記においては，登記原因及びその日付を申請情報の内容として提供することを要しない（令第3条第6号）。次に，これら申請情報の内容に，申請人が法74条第1項各号のいずれであるかの表示を加えなければならない（令別表28の申請情報イ）。

添付情報　それぞれの要件にしたがって提供の要否が決められるけれども，所有権保存登記は単独申請であるために，登記義務者に求められる登記識別情報は当然のことながら要しない。また，敷地権付き区分建物について法第74条第2項により所有権保存登記を申請する場合を除き，所有権保存登記の申請情報に登記原因証明情報を添付することは要しない（令第7条第3項第1号）。この他，所有権の登記名義人を新たに登載する登記であるために，申請人の住所を証する情報の添付が求められる（令別表二十八添付情報ニ）。

登記識別情報の通知　所有権保存登記は，申請人が所有権の登記名義人として記録されるので，登記完了時には当事者から不要の申し出がない限り，

その者に対して登記官より登記識別情報が通知される（法第21条）。

例 次は，法第74条第1項第1号による所有権保存登記の記録例と，代理人によって申請する場合の申請書の例である。

権　利　部（甲区）		（所有権に関する事項）	
順位番号	登記の目的	受付年月日・受付番号	権利者その他の事項
1	所有権保存	平成○○年○月○日 第○○○号	所有者　○○○ 　　　　何某

＜吹き出し＞敷地権付き区分建物について法第七四条第二項により申請する場合を除き，所有権保存登記は，所有者の氏名，又は名称及び住所だけが記録される。

```
　　　　　　　　　登　記　申　請　書

登記の目的　　所有権保存
所　有　者　　甲市甲町○丁目○○番○○号
　　　　　　　何某
　　　　　　　登記識別情報希望の有無　　希望する[75]
添付情報
　　住所証明書　　代理権限証明書
その他事項　　登記所において登記識別情報の交付を希望する。
平成○○年○月○○日　法74条1項1号申請　○○地方法務局甲支局
代　理　人　　甲市○町○○丁目○○番○○号
　　　　　　　　X
　　　　　　　連絡先の電話番号　・・・・・・・・
課税価格　　　金・・・・・円
登録免許税　　金・・・円
不動産の表示
　　建物　甲市甲町○丁目○○―○○
　　　所　在　　甲市甲町○丁目○○番地
　　　家屋番号　　○○番
　　　種　類　　居宅
　　　構　造　　木造かわらぶき平家建
　　　床面積　　○○○・○○m²
```

（注）登記事項に対応する部分

申請人の適格を示す記載をする。

---

[75] 法文では，申請人が登記識別情報を希望しない場合に，その旨を申請情報の内容としなければならないと定められている（法第21条但書，規則第64条第2項）。しかし，実務上はこの様式のように，登記識別情報の「希望の有無」を問う形式のものがある。

先取特権保存の登記

登記の性質　先取特権保存登記は，所有権と同じ「保存」の呼び名を与えられているが，新たに発生した制限物権である先取特権が登記記録に登場するところは次の権利の設定と同質である。手続については，次で述べることが概ね当てはまるけれど，ここでも一応の要点だけを述べておく。

手続の要点　不動産工事の先取特権保存の登記は，権利の成立に関連して登記の時期が定められている（民法第338条）。その内の，建物を新築する場合の先取特権保存の登記については，申請情報の内容に特徴的な事項がある（令別表四十三の申請情報）。建物を新築する場合の先取特権を除く先取特権保存の登記の手続の要点を次に簡単に述べるが，本書は事例の多い登記を題材にすることから，先取特権について立ち入った説明はしないことにする。

登記事項　先取特権の種類に従い，その登記事項中（法第83条，第85条，第86条参照）の基本的なもの全てが現われる。

申請人　申請は原則的な共同申請であり（法第60条），事実上は先取特権を得た者が登記権利者で，目的物の所有者等が登記義務者である。なお，当事者の一方が判決を得て単独で申請することもできる（法第63条第1項）。

申請情報　一般的な申請情報の内容を基本に置き，そこに先取特権の基本的な申請情報の内容の全てが事例内容に応じて取捨選択されて加えられる（令別表四十二，四十三の申請情報）。

添付情報　それぞれの要件にしたがって，提供の要否が決められる（令別表四十二，四十三の添付情報）。なお建物を新築する場合における不動産工事の先取特権の保存の登記については，権利の性質により特有の添付情報が求められる（令別表四十三添付情報ロ）。

登記識別情報の通知　先取特権保存登記も，登記権利者が登記名義人として記録されるので，登記完了時には当事者から不要の申し出がない限り，その者に対して登記官より登記識別情報が通知される（法第21条）。

権利の設定の登記

登記の性質　権利の設定の登記は，前述のように，ある不動産に対して当事者が新たな物権（権利）を創設する行為である設定がなされた場合の登記の形態であり，登記できる権利の中で所有権と先取特権を除いたものが，登記の目的にこれを掲げ，例

えば「地上権設定」のようにして登記記録に登載される。

手続の要点　権利の設定登記の手続の要点は，次のとおりである。

　登記事項　設定登記は，ある不動産に新たに生じた権利（制限物権等）を登記記録に登載する形態であり，このため登記事項には，登記の目的や登記原因及びその日付，登記権利者その他登記の受付年月日及び受付番号等，全ての登記に共通するものの他に，対象となる権利に特有の登記事項の全てが，例えば抵当権であれば「債権額」「利息」「損害金」「債務者」等が，内容となって現われる（法第78～第82条，第83条，第88条，第95条等参照）。

　申請人　申請は原則的な共同申請であり（法第60条），事実上は抵当権者等，権利を得た者が登記権利者で，目的物の所有者等（設定者）が登記義務者である。なお，当事者の一方が判決を得て単独で申請することもできる（法第63条第1項）。

　申請情報　一般的な申請情報の内容を基本に置き，そこに抵当権など権利の設定登記の基本的な申請情報の内容の全てが事例内容に応じて取捨選択されて加えられる（例えば抵当権では，令別表五十五申請情報イ，ロ参照）。

　添付情報　それぞれの要件にしたがって，提供の要否が決められる。地上権又は賃借権が借地権である場合もしくは地役権の設定登記については，他の権利の設定登記とは異なる特有の情報の添付が求められることがある（令別表三十三，三十五及び三十八の添付情報）。

例　次は，抵当権設定登記の記録例と，それを代理人によって申請する場合の申請情報の例である。

権　利　部（乙区）		（所有権以外の権利に関する事項）	
順位番号	登記の目的	受付年月日・受付番号	権利者その他の事項
1	抵当権設定	平成○○年○月○日第○○○号	原　因　平成何年何月何日金銭消費貸借同日設定 債権額　金何万円 利　息　年何％ 損害金　年何％ 債務者　○○○　何某 抵当権者　○○○　株式会社何銀行

（※受付年月日・受付番号欄に「権利によって異なる登記事項である。」と注記）

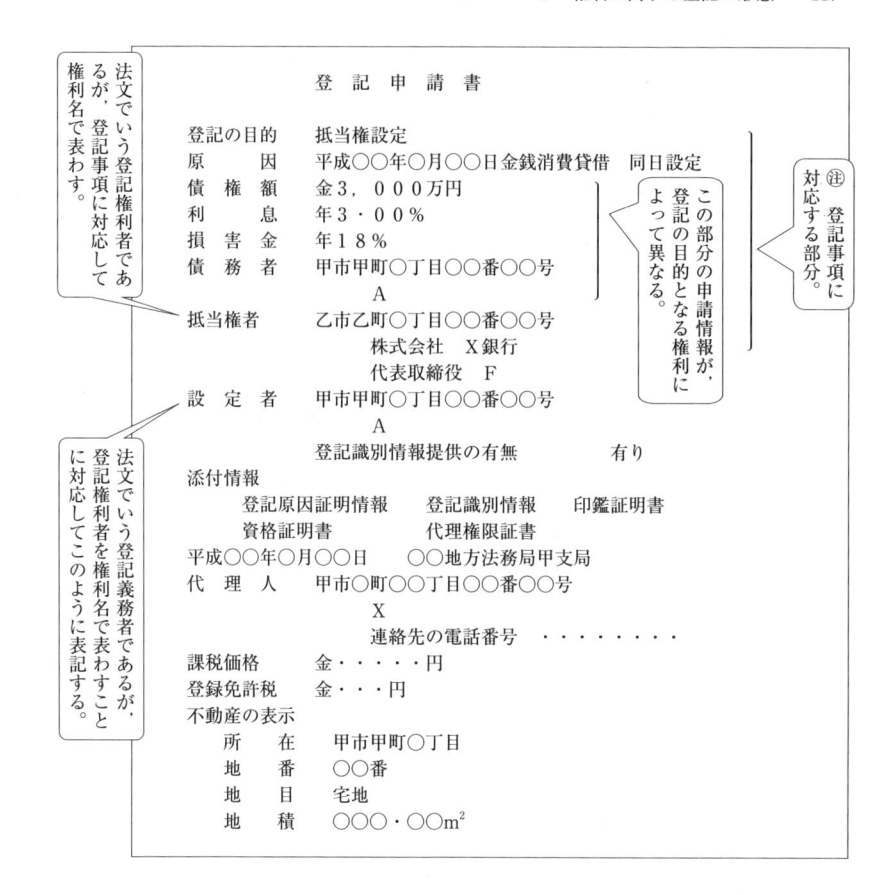

```
                        登 記 申 請 書

        登記の目的    抵当権設定
        原    因    平成○○年○月○○日金銭消費貸借  同日設定
        債 権 額    金3,000万円
        利    息    年3・00％
        損 害 金    年18％
        債 務 者    甲市甲町○丁目○○番○○号
                   A
        抵当権者    乙市乙町○丁目○○番○○号
                   株式会社 X銀行
                   代表取締役  F
        設 定 者    甲市甲町○丁目○○番○○号
                   A
        登記識別情報提供の有無        有り
        添付情報
            登記原因証明情報    登記識別情報    印鑑証明書
            資格証明書         代理権限証書
        平成○○年○月○○日   ○○地方法務局甲支局
        代 理 人    甲市○町○○丁目○○番○○号
                   X
                   連絡先の電話番号  ・・・・・・・・
        課税価格    金・・・・・円
        登録免許税   金・・・円
        不動産の表示
            所    在    甲市甲町○丁目
            地    番    ○○番
            地    目    宅地
            地    積    ○○○・○○m²
```

（法文でいう登記権利者であるが，登記事項に権利名で表わす。）

（※ 登記事項に対応する部分。）

（この部分の申請情報が，登記の目的となる権利によって異なる。）

（法文でいう登記義務者を権利名で表わすことに対応してこのように表記する。）

(3) 移転の登記

登記の性質　ある不動産に既に登記された権利が，現在の登記名義人から別の人の権利になった場合，権利の主体である人を中心に考えれば旧権利者については権利の喪失，新権利者については権利の取得の記録をする方式が考えられる[76]。しかし，同じことを権利から観れば，権利が動いたと考えることもできる[77]。不動産登記の手続は，権利を中心にして，それが旧権利者から新権利者に移ったと捉え，移転の登記でこれを表している[78]。なお，地役権は，要役地から分離して独立して処分することができないことや（民法第281

---

[76] 「不動産に関する物権の得喪変更…」（民法第177条参照）
[77] 「物権の設定及び移転…」（民法第176条参照）

条第2項），権利の承継がなされても，権利者が要役地の所有者等として別に公示されること，加えて地役権自体に登記権利者の記録がされていないことから（法第80条第2項），移転登記をすることができない。

手続の要点 権利の移転登記は，言葉の響きでは記録された登記上の権利全体が移動するような印象も受ける。しかし記録上は，既になされた権利の記録に手を加えることは一切しないで，登記名義人が別の者になったという意味の記録を別途新たに行う方式を採っている。権利の移転登記の手続の要点は，次のとおりである。

登記事項 基本的には全ての権利に共通の登記事項である登記権利者（新たに権利を取得した者であり登記名義人となる者）と登記原因及びその日付[79]，その他登記の目的や申請の受付年月日・受付番号等である。なお，債権の一部の譲渡等による抵当権等担保権の一部移転の登記に限り，譲渡等の目的である債権額が登記事項に加えられる（法第84条）。

申請人 申請は原則的な共同申請であり（法第60条），事実上は登記されている権利について新たに権利を得た者が登記権利者で，権利を失った者（登記名義人）が登記義務者である。なお，当事者の一方が判決を得て単独で申請することもできる（法第63条第1項）。また相続や法人の合併によって権利を取得した者（法人）は，単独で移転登記の申請をすることができる（法第63条第2項）。

申請情報 基本的には，一般的な申請情報の内容だけで構成されるが，債権の一部譲渡等による担保権の一部移転については，上述の登記事項と同様に譲渡等の目的である債権額が申請情報の内容に加えられる（令別表五十七申請情報）。

添付情報 それぞれの要件にしたがって，提供の要否が決められる。所有権移転については，所有権の登記名義人を新たに登載する登記であるため

---

[78] 所有権の移転については，実体関係からみたその原因には，売買を中心に相続などの承継取得が多いが，原始取得と考える時効取得も実務上その手続は移転登記で行うので，承継取得に限って移転登記がなされるわけではない。

[79] 移転登記は，既に記録されている権利が別の人に移ったと考えるので，権利の種類に関わらず，新たに権利を取得した人と，取得原因（登記原因）とその日付が記録されればそれだけで公示の用は足りるのであるが，それらの事項は共通の登記事項なので，法文上にはあえて移転登記としての登記事項を定めることはされていない。

に，所有権保存登記の申請と同様に，登記権利者の住所を証する情報の添付が求められる（令別表三十添付情報ロ）。

登記識別情報の通知　移転登記は登記権利者が登記名義人として記録されるので，登記完了時には当事者から不要の申し出がない限り，その者に対して登記官より登記識別情報が通知される（法第21条）。

例　次は，売買による所有権移転登記の記録例と，それを代理人によって申請する場合の申請書の例である。

権利部（甲区）		(所有権に関する事項)	
順位番号	登記の目的	受付年月日・受付番号	権利者その他の事項
1	所有権保存	平成○○年○月○日 第○○○号	所有者　○○○ 　　　　B
2	所有権移転	平成○○年○月○日 第○○○号	原因　平成○○年○○月○日売買 所有者　○○○ 　　　　A

（下記の申請後になされる記録（登記））

```
　　　　　　　　登　記　申　請　書

登記の目的　　所有権移転
原　　　因　　平成○○年○月○○日売買
権　利　者　　甲市甲町○丁目○○番○○号
　　　　　　　　　A
義　務　者　　甲市乙町○丁目○○番○○号
　　　　　　　　　B
添付書類
　　　登記原因証明情報　　登記識別情報　　印鑑証明書
　　　住所証明書　　　　　代理権限証書
平成○○年○月○○日　　　○○地方法務局甲支局
代　理　人　　甲市○町○○丁目○○番○○号
　　　　　　　　　X
　　　　　　　連絡先の電話番号　・・・・・・・・
課税価格　　　金・・・・・円
登録免許税　　金・・・円
不動産の表示
　　所　　在　　甲市甲町○丁目
　　家屋番号　　○○番
　　種　　類　　居宅
　　構　　造　　木造かわらぶき平家建
　　床面積　　　○○○・○○m²
```

（注）登記事項に対応する部分。

(4) 変更（更正）の登記

登記の性質　既になされた登記記録の中の，登記名義人を除く内容（記録されている事項）が，その基礎となる実体関係の変更にともない一致しなくなった場合に，登記を実体関係に符合させるためにするのが変更登記である（法第2条第15号）。これに対して，なされた登記記録に当初から誤り（遺漏）があった場合，それを訂正する手続が更正登記であり（法第2条第16号参照），これについては別に述べる。

ところで，登記名義人が別人に替わった場合，既に述べたようにそれは権利の移転登記によってなされるが，登記記録の上で登記名義人を表している事項である住所，氏名もしくは名称が，当事者の住所移転や婚姻等の都合で変わることもある。この場合も，形式的には登記事項の変更であるが，権利の実質が変わったことに起因しているわけではない。そこで，登記名義人の住所，氏名もしくは名称が変更された場合については，登記記録を現在のものに変更するための登記を，登記名義人だけで申請することができることになっている（法第64条第1項）。なお，これについても変更登記とは項を分けて述べる。

変更登記

登記の性質　変更登記は，既になされた登記記録の，登記名義人を除く一部分を書き換える作業である。一度なした記録の一部の変更であるから，対象となる文字列を変更後のものに差し替える方式も考えられるが[80]，登記法はそれをせず，既になされた登記とは別に，登記記録中の特定の記録事項（文字列）の一部が変更された旨の記録（登記）を，別に変更登記として行うことにしている。

手続の要点　権利の（内容の）変更登記の手続の要点は，次のとおりである。

登記事項　全ての登記に共通する登記原因及びその日付，登記の目的，その他の申請の受付年月日・受付番号など技術的な事項に，変更後の事項が加えられる。

申請人　申請は原則的な共同申請であり（法第60条），変更登記をすることにより登記記録上形式的に利益を受ける権利の登記名義人が登記権利者

---
[80]　PCの文書ファイル作成時にいう，上書きの方法である。

で[81]，登記記録上形式的に不利益を受ける登記名義人が登記義務者であるが[82]，当事者の一方が判決を得て単独で申請できることは，他の共同申請の場合と同様である。

申請情報　一般的な申請情報の内容を基本に置き，そこに変更後の登記事項が申請情報の内容に加えられる（令別表二十五申請情報）。

添付情報　それぞれの要件にしたがって，提供の要否が決められる。ところで，変更登記は前述のように，既になされた記録の一部が変更されたことによるものであり，したがって変更の記録は基となる登記と一体の関係で表わされる付記登記で実行されることが望ましい。しかし，例えばA所有の甲土地に㈱X銀行を登記名義人として債権額金3,000万円，利息年5％とする抵当権設定登記が順位番号1番でなされ，その後同一の不動産に㈱Y銀行を登記名義人とする抵当権設定登記が順位番号2番でなされた後に，㈱X銀行とAとの間で抵当権の利息を5％から6％に変更する合意が成立し，それによる変更登記をする場合，それが付記により実行されれば変更後の内容が当初の㈱X銀行の抵当権設定登記と一体となるので，順位番号2番の㈱Y銀行に対しても変更後の内容が主張できることになる。そうなると，㈱Y銀行のようないわゆる後順位の担保権者は先順位担保の内容の一方的な変更により不利益を強いられることになってしまう。そこで，この例のように，先順位の㈱X銀行の権利の変更登記を申請するにあたり，㈱Y銀行のように"登記上の利害関係を有する第三者（登記上の利害関係人）"がいる場合に関しては，申請情報に登記上の利害関係人が変更登記を申請することを承諾した旨の情報が添付されていれば変更登記は付記登記で実行され，申請情報に登記上の利害関係人の承諾を証する情報の添付がなければ変更登記は主登記で実行することにしている[83]（法第66条）。

登記識別情報の通知　変更登記により新たな登記名義人が記録されるこ

---

[81] 登記権利者は，通常の判定基準では，登記をすることにより登記上直接に利益を受ける者であるが（法第2条第12号），変更登記に関しては，それは登記名義人でなければならない。

[82] 変更登記に関する登記申請人の地位の判定については，その登記により登記記録から利益を受ける者，反対に不利益を受ける者の判断がつかない場合が多い。例えば，抵当権について債務者がAと登記されているところ，それをBに変更する場合などであるが，このことは，登記権利者と登記義務者の関係の項で述べたとおりである。

[83] この場合，変更後の事項は登記上の利害関係人に影響を与えない。

とはないので，登記完了時に登記官より登記識別情報が通知されることはない。

登記の実行　変更登記が実行されると，元の登記として記録されている事項中，変更の対象となった事項は，その事項が消されたことを示す記号である下線が引かれる（規則第150条）。

例　次は，前述の㈱X銀行の抵当権の利息の変更を，登記上の利害関係人である㈱Y銀行の承諾を得ておこなった抵当権変更登記の記録例と，それを代理人によって申請する場合の申請書の例である。

権　利　部（乙区）	（所有権以外の権利に関する事項）		
順位番号	登記の目的	受付年月日・受付番号	権利者その他の事項
1 （付記登記）	抵当権設定	平成○○年○月○日 第○○○号	原　因　平成何年何月何日金銭消費貸借 　　　　同日設定 債権額　金何万円 利　息　年5％（登記事項が抹消されたことを示す下線が引かれる。） 損害金　年何％ 債務者　○○○　何某 抵当権者　○○○　株式会社X銀行
付記1号	1番抵当権変更	平成○○年○月○日 第○○○号	原因　平成○○年○月○日変更 変更後の事項　利息　年6％
2	抵当権設定	平成○○年○月○日 第○○○号	原　因　平成何年何月何日金銭消費貸借 　　　　同日設定 債権額　金何万円 利　息　年何％ 損害金　年何％ 債務者　○○○　何某 抵当権者　○○○　株式会社Y銀行

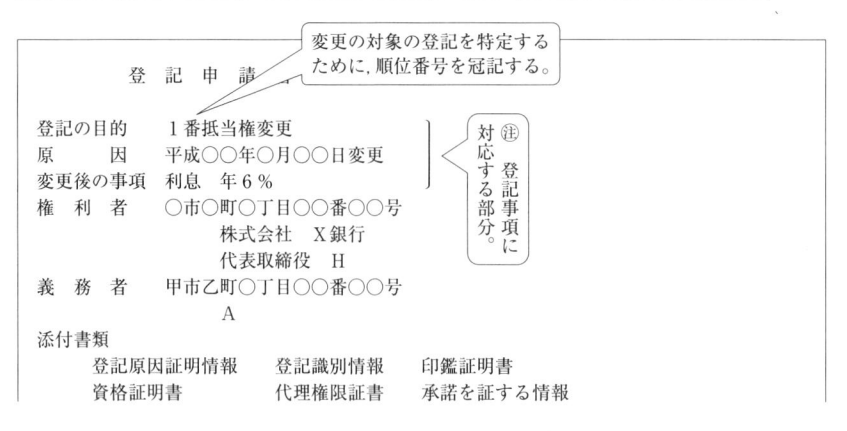

```
　　　　　　　登　記　申　請

登記の目的　　1番抵当権変更　　　　　　　〔変更の対象の登記を特定する
原　　　因　　平成○○年○月○○日変更　　　ために，順位番号を冠記する。〕
変更後の事項　利息　年6％
権　利　者　　○市○町○丁目○○番○○号
　　　　　　　　株式会社　X銀行
　　　　　　　　代表取締役　H
義　務　者　　甲市乙町○丁目○○番○○号
　　　　　　　　A
添付書類
　　　登記原因証明情報　　登記識別情報　　印鑑証明書
　　　資格証明書　　　　　代理権限証書　　承諾を証する情報
```

（注）登記事項に対応する部分。

```
　　　平成○○年○月○○日　　○○地方法務局甲支局
　　　代　理　人　　　甲市○町○○丁目○○番○○号
　　　　　　　　　　　　　X
　　　　　　　　　　　連絡先の電話番号　・・・・・・・・
　　　登録免許税　　金・・・円
　　　不動産の表示
　　　　　（省略する）
```

更正登記

登記の性質　既になされた登記の記録事項中に，錯誤や遺漏があって実体関係に符合しない部分がある場合，それを訂正するためになされる登記である（法第2条第16号）。更正の対象は登記の内容と考えてよいから，対象である不動産を誤った登記や，本来抵当権の設定をすべきところ誤って根抵当権の設定登記をしてしまったように，権利それ自体を誤った登記は，いずれも除かれる。また，権利者を誤った場合も原則としては更正の対象外であるが，本来A及びBの持分各2分の1の共有とすべきところをAの単独所有としてしまったような，権利者の一部を誤った場合は，更正の前後を通して登記の同一性が害されないと考えられるので，それを更正する登記をすることが認められている[84]。これら以外の，登記原因をはじめとする登記記録中の各事項に錯誤や遺漏があった場合は，基本的には更正をすることができる。

手続の要点　申請人をはじめ[85]，その他の申請方法は，登記原因が「錯誤」[86]もしくは「遺漏」等となり，申請情報の「変更後の事項」を「更正後の事項」とするなど形式的な違いはあるが，様式としては変更登記に準じてなされる。

---

[84]　昭和34年10月14日民事甲第2604号民事局長回答。

[85]　AとBが，Cより持分各2分の1の共有で不動産を取得したところ，誤ってAの単独所有とした登記の更正については，申請人は登記権利者はBであるが，登記義務者は登記記録上持分が減ることにより不利益を受けるAだけではなく，所有権移転登記の申請過程に誤りがあったので，前登記名義人のCを加えるのが実務の取り扱いである。なおこの登記に関しては，登記上の利害関係人がいる場合には申請情報にその者の承諾を証する情報の添付がなければすることができない。また，更正登記ではあるがこれにより新たに所有権の登記名義人が記録されるので，追加される者，前例でのBの住所を証する情報の添付が必要である。同様の理由により，登記記録に新たに追加される者には登記識別情報が通知される。

[86]　この場合，錯誤の日は当初の登記（誤った登記）の日（申請の日）であり，それは登記記録上明白なので，申請情報の登記原因に通常であれば求められる「日付」（令第3条第6号参照）の記載を要しないのが実務の扱いである。

124　第2章　手続の内容

登記名義人の住所等の変更（更正）の登記

登記の性質　既に登記された権利の登記名義人の氏名もしくは名称又は住所が，住所移転や商号変更などにより変更された場合に，それを現在のものに符合させるためになす登記である。登記名義人の住所，氏名（法人は名称）が，錯誤などにより当初から符合しなかった場合もこれに準じた手続がなされる。

手続の要点　申請は，登記名義人の単独でなされる（法第64条第1項）。その他は，上述の変更登記とほぼ同様である。

登記事項　変更登記と同様であり，全ての登記に共通する登記原因及びその日付，登記の目的，その他の申請の受付年月日・受付番号など技術的な事項に，変更（更正）後の住所，氏名（名称）が加えられる。

申請人　申請は，前述のように単独申請であるから，登記名義人のみである。

申請情報　登記事項と同様，全ての登記に共通する事項を基本にして，そこに変更（更正）後の（現在のものに符合する）登記名義人の住所，氏名（名称）が加えられる（令別表二十三申請情報）。

添付情報　それぞれの要件にしたがって，提供の要否が決められるが，登記名義人の単独申請なので，登記義務者に求められる登記識別情報が申請情報に添付されることはない[87]。登記原因証明情報は，登記名義人の住所，氏名（名称）について変更又は錯誤又は遺漏があったことを証する市町村長，登記官その他公務員が職務上作成した情報である（令別表二十三添付情報）。具体的には，自然人については，転居した場合にはその事実の記載された，市（区）町村長の交付する住民基本台帳上の証明書（住民票）が，また婚姻により氏名が変わった場合には市（区）町村長が交付する戸籍の証明が代表的なも

---

[87] 登記名義人の住所等の変更登記の申請にあたり，登記識別情報の添付が皆無というわけではない。実務上，登記名義人の住所等の変更の登記を申請する際に，登記記録と現在の住所の関連性が市（区）町村長の発行する住民票や戸籍の証明等では明白でないとき，例えば，登記記録の住所はA地で，その後B地に転居後，さらにC地に転居して現在に至るとき，B地からC地への転居の経緯は現在の住民基本台帳上の証明書で明らかになるが，A地からB地への転居の事実が行政機関の住民基本台帳の保存期間経過等で証明書の発行ができず，形式上明らかにならない場合があり，このようなとき，申請人が登記名義人本人であることの確認のために，申請情報・申請書に登記識別情報（登記済証）が添付されることがある。

のである。会社が本店移転や商号の変更をした場合には，登記官の作成した商業登記の証明書がこれにあたる。登記名義人の住所，氏名（名称）に錯誤があった場合，基本的には記載が正しくないことと，正しい記載の双方を明らかにするものを提供する。具体的には，例えば氏名を「〇夫」とすべきところ「〇男」と登記してしまった場合には，市（区）町村長の交付する"何処どこの住所（登記記録上の住所）には〇男はいない"旨の証明書（不在住証明書）と，〇夫の正しい住所や氏名等を証明する住民基本台帳の証明書（住民票）が登記原因証明情報となる[88]。

登記識別情報の通知　変更登記により新たな登記名義人が記録されるわけではないので，登記完了時に登記官より登記識別情報が通知されることはない。

登記の実行　登記名義人の住所等の変更登記は，付記登記により実行される（規則第3条第1号）。またこの登記が実行されると，変更登記と同様に元の登記記録の中の，変更（更正）の対象となった住所，氏名（名称）には，その事項が（変更により）消されたことを示す記号である下線が引かれる（規則第150条）。

例　次は，住所移転による登記名義人住所変更登記の記録例と，それを代理人によって申請する場合の申請書の例である。

権　利　部　（甲区）　　（所有権に関する事項）			
順位番号	登記の目的	受付年月日・受付番号	権利者その他の事項
1	所有権保存	平成〇〇年〇月〇日 第〇〇〇号	所有者　〇〇〇 　　　　A
付記1号	1番登記名義人住所変更	平成〇〇年〇月〇日 第〇〇〇号	原因　平成〇〇年〇月〇〇日住所移転 住所　〇〇〇・・・・・・

（付記1号は付記登記。所有者Aから引かれた下線は，登記事項が抹消されたことを示す下線。）

---

[88] 登記名義人が，誤って前住所で登記される例がある。この場合には，前の住所と，そこから現在の住所に転居した事実の記載のある住民基本台帳の証明書（住民票）が登記原因証明情報となる。

```
                          登  記  請  書

         登記の目的    １番所有権登記名義人住所変更
         原   因     平成○○年○月○日住所移転
         変更後の事項   住所  ○○○・・・・・
         申 請 人     ○市○町○丁目○○番○○号
                            A

         添付書類
                 登記原因証明情報    代理権限証書
         平成○○年○月○○日      ○○地方法務局甲支局
         代 理 人     甲市○町○○丁目○○番○号
                            X
                         連絡先の電話番号　・・・・・・
         登録免許税    金・・・円
         不動産の表示
              （省略する）
```

「変更の対象の登記を特定するために、順位番号を冠記する。」

（注）登記事項に対応する部分。

寄り道　転居と登記

登記名義を有する者が転居等をした場合、それによる登記をしなければならないと考えがちである。しかし、「申請情報の内容である登記義務者（一部省略）の氏名もしくは名称又は住所が登記記録と合致しないとき」には、登記官はその申請を却下しなければならない（法第25条柱書き及び第7号）けれど、法令に登記名義人の住所等の変更登記を強制する規定はない。ただし現実は転居等の証明の保存期間の問題があるので、住所等の変更登記はしておくほうが賢明である。

(5) 抹消（消滅）の登記

登記の性質　実体関係をともなわなくなった登記を、登記記録から消し去るためにする登記である[89]。法文では、権利の消滅についてする登記と読めるので（法第3条柱書き括弧）、一度成立した権利が事後的に消滅した際になされる登記であるかのような印象を受けるが、錯誤による登記を登記記録から消し去る場合も含まれる。

手続の要点　登記の抹消の申請も原則としては共同申請であるが、単独で申請できる場合があり、これについては以下の申請人のところで述べる。ところで、既になされた登記を記録から消し去る方法は、変更登記でも述べたように、文字列を物理的に消去することが考えられる。しかしここでもその方法は採らず、特定の登記が消滅したことを表す別の登記（これが抹消登記である）を行い、その上で、対象の登記の全ての文字列に下線を引くことで、そ

---

[89] 法文は、作業について「登記の抹消」と言い表しているが（法第68条等）、実務では「抹消登記」と呼ぶのが一般的である。

れが消去されたことを表すことにしている（規則第152条第1項）。

申請人　申請は原則的な共同申請であり（法第60条），抹消の登記をすることにより登記記録上形式的に利益を受ける者が登記権利者で[90]，それにより登記記録上形式的に不利益を受ける登記名義人が登記義務者であるが，当事者の一方が判決を得て単独で申請できることは，他の共同申請の場合と同様である。

単独申請　上記の他，登記の抹消については，次のような一定の要件を満たす者が単独で申請することができる。

➤ ある人の死亡又は法人が解散したことによって権利が消滅する旨の登記がなされているときに，それにしたがって権利が消滅した場合の登記の抹消。

　既になされた権利の登記に，ある人が死亡又は法人が解散した場合には権利が消滅する旨の記録がなされている場合がある（権利消滅の定め。法第59条第5号参照）。このようなとき，記録のとおりに権利が消滅した場合には，登記権利者が申請情報に，ある人の死亡又は法人の消滅を証する一定の情報を添付すれば，単独で登記の抹消を申請することができる（法第69条，令別表二十六添付情報イ）。

➤ 登記義務者の所在が知れない場合の登記の抹消　登記の基礎となる権利が消滅し，登記権利者がその抹消を求めても登記義務者の所在が不明のときがある。このような場合，登記権利者は次の方法により単独でその登記の抹消を申請することができる。

　★ 裁判所で公示催告の手続を行い，除権決定を得てそれを申請情報に添付して登記の抹消を申請することができる（法第70条第2項，令別表二十六添付情報ロ）。

　★ 抹消されるべき登記が先取特権，質権もしくは抵当権である場合，被担保債権が消滅したことを証する一定の情報[91]を申請情報に添付して

---

[90]　実務で代表的な抵当権の抹消についていえば，一般的な登記権利者は，担保を負担している不動産の所有権登記名義人（抵当権設定者）であり，登記義務者は抵当権の登記名義人である。なお，抹消の対象である抵当権の後順位の抵当権者は，先順位の抵当権の抹消については，それにより自分の担保権の順位が昇進することで利益が認められるので（法第2条第12号），登記権利者となることができる（昭和31年12月24日民事甲第2916号回答）。

登記の抹消を申請することができる（法第70条3項前段，令別表二十六添付情報ハ）。
- ★抹消されるべき登記が先取特権，質権もしくは抵当権である場合，それらが被担保債権の弁済期から20年が経過し，かつその期間を経過した後に当該被担保債権，その利息及び債務不履行により生じた損害の全額に相当する金銭が供託されたとき，一定の情報[92]を申請情報に添付して登記の抹消を申請することができる（法第70条第3項後段，令別表二十六添付情報ニ）。

➢ 所有権保存登記の抹消　　所有権移転の登記のされていない所有権保存登記の抹消は，申請情報に登記原因証明情報等の一般的な情報を添付すれば，所有権登記名義人が単独で申請することができる（法第77条）。

➢ 仮登記は，次の方法で単独で抹消することができる。
- ★仮登記名義人は，登記原因証明情報など一定の情報を申請情報に添付して仮登記の抹消を申請することができる（法第110条前段）[93]。
- ★登記上の利害関係人は，仮登記名義人の承諾を得て，一定の情報[94]を申請情報に添付すれば，仮登記の抹消を申請することができる（法第110条後段，令別表七十添付情報イ，ロ，ハ）。

➢ 所有権等の権利に処分禁止の仮処分の登記がなされた後に，仮処分債権者がその仮処分債務者を登記義務者とする権利の登記（仮登記を除く）を申請する場合，その債権者は処分禁止の仮処分に後れる登記の抹消を単独で申請することができる（法第111条）。

---

[91] 債権証書並びに被担保債権及び最後の二年分の利息その他の定期金（債務不履行により生じた損害を含む）の完全な弁済があったことを証する情報と，登記義務者の所在が知れないことを証する情報である（令別表二十六添付情報ハ）。

[92] 被担保債権の弁済を証する情報，被担保債権の弁済期から20年を経過した後に当該被担保債権，その利息及び債務不履行により生じた損害の全額に相当する金銭が供託されたことを証する情報と，登記義務者の所在が知れないことを証する情報である（令別表二十六添付情報ニ）。

[93] 仮登記は予備的な性質の登記であり，それをなす際にも単独申請が認められているので（法第107条第1項），抹消についても，仮登記名義人だけで申請する簡便な方式を認めたものである。

[94] 基本的には，登記原因を証する情報，仮登記の登記名義人の承諾を証する当該登記名義人が作成した情報，又は当該登記名義人に対抗することができる裁判があったことを証する情報であり，この他，登記上の利害関係を有する第三者があるときは，当該第三者が承諾を証するその者が作成した情報又は当該第三者に対抗することができる裁判があったことを証する情報である（令別表七十添付情報イ，ロ，ハ）。

申請情報 申請情報は，一般的な申請情報の内容だけで構成される。

添付情報 基本的には，それぞれの要件にしたがって，提供の要否が決められる。

ところで，ある登記を抹消するさいに，その登記を前提として別の権利の登記がなされていることがある。例えば，A所有の甲土地に設定登記されたBの地上権を抹消しようとするときに，Bの地上権を目的に㈱X銀行の抵当権が設定登記されていたような場合であり，㈱X銀行の有する権利の基盤である地上権を，抵当権者の意思を無視してAとBだけで勝手に抹消させるわけにはいかない。そこで，このような登記の抹消については，㈱X銀行のような関係にある者の承諾を得て，それを証する情報[95]を申請情報に添付しなければ，することができないことにした（法第68条）。この例のなかの㈱X銀行のように，Bの地上権に対して特別の関係を持つ者を，"登記上の利害関係を有する第三者"と呼ぶ。なお，登記の抹消に承諾を与えた登記上の利害関係を有する第三者の権利に関する登記は，申請された登記が抹消されたさいに，登記官の職権で抹消される（規則第152条第2項）[96]。

登記の実行 登記の抹消は，主登記で実行される。また，登記の抹消を実行したさいには，対象となった登記の全ての登記事項に，それらが消されたことを示す記号である下線が引かれる（規則第152条第1項）。

例 次は，前例で設定登記された㈱X銀行の抵当権が，被担保債権の弁済により消滅したことによる抹消の記録例と，それを代理人によって申請する場合の申請書の例である。

---

[95] この他，抹消について利害関係を有する抵当証券の所持人又は裏書人がいる場合も同様である。
[96] 本文の例でいえば，Aを登記権利者，Bを登記義務者として申請されたBの地上権登記の抹消の申請に，㈱X銀行の承諾を証する情報が添付されていれば，Bの地上権登記が抹消された後に登記官が職権で㈱X銀行の抵当権の登記の抹消を実行する。

権　利　部（乙区）	（所有権以外の権利に関する事項）		
順位番号	登記の目的	受付年月日・受付番号	権利者その他の事項
1	抵当権設定	平成○○年○月○日 第○○○号	原因　平成何年何月何日金銭消費貸借 　　　　同日設定 債権額　金何万円 利　息　年5％ 損害金　年何％ 債務者　○○○　　何某 抵当権者　○○○　株式会社X銀行
2	1番抵当権抹消	平成○○年○月○日 第○○○号	原因　平成○○年○○月○○日弁済

＊登記事項には，抹消されたことを示す下線が引かれる。

　　　　　登　記　申　請　書

登記の目的　　1番抵当権抹消
原　　　因　　平成○○年○月○○日弁済
権　利　者　　甲市乙町○丁目○○番○○号
　　　　　　　　　A
義　務　者　　○市○町○丁目○○番○○号
　　　　　　　　　株式会社　X銀行
　　　　　　　　　代表取締役　H

添付書類
　　　登記原因証明情報　　登記識別情報　　資格証明書
　　　代理権限証書
平成○○年○月○○日　　○○地方法務局甲支局
代　理　人　　甲市○町○○丁目○○番○○号
　　　　　　　　　X
　　　　　　　連絡先の電話番号　・・・・・・・・
登録免許税　　金・・・円
不動産の表示
　　　（省略する）

＊抹消の対象の登記を特定するために，順位番号を冠記する。

（注）登記事項に対応する部分。

第 2 編
使い方

本編の目的　ここでは，権利に関する不動産登記の法令の使い方を学ぶ。と言っても，仕組み編と違う全く新しい知識を仕入れるのではなく，与えられた事例に対して前編で学んだ様々な知識を用いながら，必要とする登記を考え，手続の完了に至るまでの作業の基本を習得することが目的である。

進め方　題材には，登記の可能な権利ないしその態様の全てではなく，不動産の売買を中心とした所有権の移転登記と建物（マンション）の新築に伴う所有権の保存登記，金銭消費貸借と併せて使われる抵当権と根抵当権についての設定から変更や抹消までの各登記，相続による所有権の移転登記，その他所有権に関する仮登記など，日常的に使用頻度の高い手続を選んだ。ところで，登記名義人住所変更も使用頻度の高い登記であるが，実務的に見てこれは単独でなされることは少なく，所有権移転や抵当権の設定など他の登記の前提になされる現実があり，このことをふまえて独立した項目ではなく所有権移転登記の説明の中で取り扱うことにした。また判決による登記もあえて独立させずに，所有権移転登記の中で取り上げた。これは，単独申請のような特徴のある手続を，一般的な手続に交えることで，作業上の相違点への理解が深まることを期待したものである。なお，本書で題材に除いた用益権の登記に関しては，権利の性質等はともかく制限物権であることから，登記についても共同申請・申請情報の基本や添付情報等の手続の主要部分の考え方は担保物権の手続と大きく変わるところはないので，抵当権の登記で得た知識が相当程度活用できるはずである。

> **寄り道　作業時の注意事項**
>
> 具体的な登記の申請に際し，手続の当事者を始め登記所に提供を求められる情報，その他納付すべき登録免許税額までの全てが申請情報の（申請書）の上に，文字となって現われる。このため，申請と呼ぶ作業の中心は申請情報の作成といっても過言ではない。ところで，実務現場では大量の登記事務を迅速に処理する必要があることから，申請情報の形状が様式化・画一化されている。このために，不動産登記の学習はいきおい形式（申請方式）を追求する傾向が強く，ともすると中身（権利関係）を疎かにしがちである。そこで本題に入る前に，前篇で学んだ登記に至る作業手順を再点検しておくことにする。

**権利義務関係
〜実体関係〜
の整理**

不動産登記は，土地・建物をめぐる権利（主に物権）関係に変動が生じた場合になされる。つまり，ある不動産について，権利関係が動いたことが，作業（手続）の前提である。このことは仕組み編でも述べたが，手続の学習が進んでいくと忘れがちになる。物権の変動が起こっていないのに申請情報の様式だけを追い求めることのないように，仕組み編で述べた作業手順の要点を，再びここで確認しておくことにする。

　例えば，「平成23年3月1日に，Aは自分の所有する土地をBに売買する契約を結んだ」。このような事実関係は，不動産登記の学習で頻繁に登場する。慣れてくると，すぐに申請情報の作成にとりかかり，「登記の目的　所有権移転」「原因　平成23年3月1日売買」と書き進め，添付情報の選択へと作業を続ける。しかし，ある事実関係から不動産の権利変動を観念するためには，当事者・目的物・契約内容から法律行為等の有効性を総合的に判断すべきであり，そこでは裁判例や登記手続の進め方に関する登記実務の取扱い（登記先例）の知識が求められる場合もある。前例についていえば，物権は当事者の合意で変動するという「意思主義」が民法では原則であるが，不動産に関する物権の変動については意思だけでなく一定以上の対価の給付が必要だと考える「裁判例」の扱いとそれに従う登記実務，さらに"物権変動の時期をめぐる混乱"を嫌って所有権移転時期に関する特約を設ける取引慣行等も知っておく必要がある。そうすると，前例の登記原因が「平成23年3月1日売買」であるのかは，もう一歩踏み込んで考えないと判断が難しい。つまり，不動産をめぐる権利は，取引の実際では，例えば当事者の売買契約があればその時に動くと観念できるわけではない。他にも，農地法の適用される田畑の売買や利害関係人のいる根抵当権の極度額の増額など，同様の例は多い。したがって，権利に関する不動産の登記は，先に実体関係の整理をし，そこで権利の変動は有効になされたと判断出来たなら，申請手続の作業に移るのが本来の手順である。

**手続作業
の整理**

手続の関係は，求める登記を決め，手続当事者を決定してから必要な道具を集めて全体を組み立てて行く。前例の，AからBへの売買で見ると，次のような手順が考えられる。

　登記の要求　まず，目的不動産の所有権は動いたと判断した上で，Bは，自分が取得した不動産上の権利に法的な保護を受けたいと考えたところから始めよう。民法は，対抗力が欲しければ「不動産登記法その他の登記に関する法律の定めるところに従い」登記せよと定めている（民法第177条）。そこで民法に従って不動産登記法を開いた。ここから先は仕組み編で学んだことであるが，それに照らすと，①BがAから取得した権利が所有権であれば，それは登記することができる。ただし，不動産登記法は"所有権"をそのまま登記するのではなく，権利について"変動の形態"，具体的には，保存・設定・移転等の形をとって登記をする，と定めている（法第3条）。では，Bの所有権はどのように登記（記録）されるのかであるが，Aの所有権が既に登記されているのであれば，BはAから所有権を取得したのであるから，登記記録上の所有権の名義人をAからBへとするための，所有権移転の登記を行うのである。

　何をすればいいのか　次に何をすべきかである。ここからが本題の具体的な手続作業であり，それを定めた不動産登記法によると，②登記は不動産所在地の登記所

が扱う（管轄登記所〜法第6条）。③登記は，登記官が登記簿に登記事項を記録することで行う（法第11条）。④登記は原則として，当事者（必要とする者）の申請がなければ行わない（申請主義〜法第16条）。その方式は，⑤権利に関する登記は，原則として登記権利者と登記義務者が共同して行わなければならない（共同申請の原則〜法第60条）。登記権利者及び登記義務者は誰か，については，登記をすることにより登記上で利益を受ける者が前者で，登記により登記上で不利益を受ける登記名義人が後者だと定めている（法第2条第12号，第13号）。

そうすると前例では，Bが前者でAが後者に該当するようである。さらに申請とは具体的に何をいうのか，については，⑥オンラインと書面を使用する二種類の方式があり，いずれの場合も申請情報と添付情報を登記所に提供しなければならないと定めている（法第18条）。

登記申請の作業　つまり，Bは登記を必要とするが，その作業は自分一人ではなくAとともに，定められた方式にしたがって，申請情報と添付情報を揃えて登記所に提供しなければならないのであり，このプロセスを申請と呼ぶのである。

申請情報は，全ての申請に求められる基本的な事項と，それ以外のものに大別されるが，この例は，登記の法令，特に不動産登記令（別表）を見ても基本的事項以外に提供を求められる事項がない。次に添付情報については，原則として全ての申請に求められる登記原因証明情報と，この例が共同申請であることから登記義務者の登記識別情報が必要になる他，オンラインで申請するか書面で申請するかによって，前者なら申請人の電子証明書が，後者であれば登記義務者の印鑑証明書が必要である。また，所有権の移転登記に特有の，登記名義人となるべき登記権利者の住所を証する情報の提供が求められる。これ以降は細かくなるので止めるが，手続を形式的に追いかけるとこのように考えるのであろう。

申請情報・申請書　平成16年の不動産登記法改正は旧法と比べ，申請作業がオンラインを基本に据えて作り替えられた。これにともない，実務現場で使用する申請情報（申請書）の見直しが求められたが，改正法が手続の基本構造を維持したために，物理的な意味での申請情報（申請書）の様式についても，従来使用されたものの一部に多少の変更を加える程度でも対応が可能となった。ところが，これが必ずしも統一的になされてはいないので，申請情報の内容，特に添付情報の名称などに表現の違いがみられる。例えば，代理権限を証する情報については，「代理権限証明書」「代理権限証明情報」の表現がある。前者を書面申請，後者が電子申請との使い分けであることは分かる。しかし，これを「代理権限証書」と書き表わすところもある[1]。また，法令に「AのときにはBを」と規定されている申請情報の内容について，Aに該当するか否かに関わらず申請情報には表示しておき，該当するときにはチェックマークを入れる方式のものがある[2]。したがって，申請情報（申請書）の例はあくまで参考例であり，表現は作成者によって異なることがあり得ることを知っておく必要もあろう。

---

[1] ここにあげた代理権限を証する情報の表現の違いは，実務現場のそれではなく，登記関係を専門に扱う出版社の出版物について見られるものである。

ケーススタディの進め方　本編は、これ以降、まず基本事例を示してそれによる登記の申請を、申請情報と添付情報を中心に組み立てていく。次に、基本事例の事実関係の一部を差し替えた応用事例を示す。その事実関係から手続を組み立てていく過程で、基本事例と比べて申請情報や添付情報のどこが変わるのか、それはなぜなのか、例えば権利関係の動き（物権の変動）の問題であるのか、手続において適用される法令の違いなのかを注視し、違う理由を覚えるのではなく理解することが大切である。なお、初学者は、始めは基本事例だけを拾いながら先に進み、ひととおり理解できたら応用事例にあたることを薦める。

関連知識の整理　ところで、権利に関する登記手続の骨格は、概ね本書で述べる範囲で足りるけれど、例えば最初に登場する所有権移転登記についての登記原因は、ここで頻繁に登場する〈売買〉に限られるわけではない。ましてや、登記原因と併せて提供すべき情報である〈その日付〉も、≪寄り道≫で述べたように、全てをここでの事例のように「当事者の合意の日」で済ませるわけにはいかない。翻って、申請情報の内容である〈登記原因及びその日付〉を、抽象的知識にとどめる程度であれば極めて簡単であるが、その具体化は、申請の手続をとおして登記を求める権利の変動についての正しい理解から得られるもので、したがってそれは権利義務の関係〜実体関係〜に関する知識とその活用に係る問題である。加えて、不動産をめぐる取引ないし法律あるいは事実関係は、多種多様である。このようなことから、手続の現場では申請作業の細部について様々な問題・疑義が生ずるが、それは主に次のような理由による。

法令補充の必要性　例えば日本国籍を有しない者が、所有した不動産を売買して所有権移転登記を申請したい場合、その者が手続に際して求められる電子証明書あるいは印鑑証明書を持っていないことも考えられる。このよ

2　例えば、登記識別情報が提供できないときは、その理由を申請情報に記録（申請書に記載）せよとあるが（令第3条第12号）、法務省の公開する登記申請書の見本や、前述の登記関係を専門に扱う出版社の示す申請情報（申請書）の様式では、これを理由とともに始めから記載しておき、必要な部分にチェックマークを入れる様式としている（法務省HPhttp://www.moj.go.jp/MINJI/MINJI79/minji79.html。）。登記識別情報の通知を希望しない旨の記録（記載）も同様である（規則第64条第2項）。

うな場合，法令（令第14条，第16条他）を形式的に当てはめると申請が却下されることも考えられるけれど（法第25条第9号），ある不動産をめぐり新たに物権を取得した者が自分の権利に保護を必要しているのであれば，手続法令を盾にそれを拒むことはできない。そこで，一定の場合には印鑑証明書に替わる別のものを使用した手続の運用を認めることを示すのである。

法令解釈の統一　　例えば農地について，農地法の許可を条件に売買契約を結んだ後に農業委員会より許可が出されてそれによる所有権移転登記を申請する際に，登記原因の日付は具体的に何時なのか判断を求められることもある。つまり，条件成就の具体的な日を確定する問題であり，これが手続現場で異なることは好ましいことではない。そこで，登記機関が手続の関係法令の統一的な解釈を示すことがある。

手続統一の方法　　手続現場で発生する上記のような問題は，申請人と登記機関に共通するものである。そこで疑義のある手続の進め方については，手続の現場で同様の例への対応策が異なることのないように，登記事務を所管する法務省の担当部局より，登記官への指示（通達）や質問への回答の形式で取扱い方針が示され，あるいは登記手続を専門的に扱う出版物の中で，質疑への応答で示されることもあり[3]，実務現場ではこれらを「先例」と総称して，同種の手続の際にはそれに倣うことが慣行化している。そこで本書の使い方編は，まずは一般的な事例から手続の勉強を始め，その応用へと事例を変化させた後に，手続に関連する知識をまとめて整理するコーナーを設け，登記の先例等も紹介することにした。ただし，登記先例そのものは数が極めて多く，一方取り上げるものは初学者でも知っておいたほうが良いと思うものに限られることと，実務現場の状況に応じて取扱い方針が変更される場合があることは，裁判例と同様である。

---

[3]　一般に多いのは，登記の研究に関する雑誌の質疑応答である。代表的なものに，株式会社テイハン発行の「登記研究」によるものがあり，本書の「登記研究」もこれを指している。なお質疑応答には，時おり内容が反すると思われるものも見受けられるが，実務現場の処理の方針の理解には欠かせない。

第1章

土地の売買

　不動産が売買されたことによりなされる登記は，登記申請の中で最も身近なものであろう。ここでは，土地の売買を例にして，まず一般的な所有権移転登記の申請手続を述べる。次に，権利関係が共有の場合と，土地上の建物が同時に売買された例，登記義務者の住所が登記記録と現在で異なる場合にはどのような手続が必要であるか，と進んでいく。ここまではごく日常的なものであるが，ここではさらに，登記義務者が申請に協力しない場合や，申請人が手続未了の間に死亡した時になされる手続へと事例を進めていくことにする。

1　基本事例―所有権移転登記―

　事例　平成22年3月1日，BとAは，A所有の甲土地を金3,000万円でBに売買する契約を締結した。この契約には，甲土地の所有権はBがAに対して売買代金全額の支払いをした時にAからBに移転する旨の特約が付いていた。平成22年3月31日，BはAに売買代金の全額を支払い，同日甲土地の引き渡しを受け，合わせてBの所有名義とするための登記の手続を行うことになった。

　注）AやBなど本編に登場する当事者は，特に断らない限り成人であるものとする。当事者が未成年者や成年被後見人等である場合，行為能力の制限を考える必要があり[4]，手続の学習を進める際の題材としては興味深い。しかし，本書は手続の全体像の理解を目的とするので，ここには立ち入らないことにする。

(1) 実体関係の整理

　売買は，当事者の一方（売主）がある財産権を移転することを約し，相手方（買主）がこれに対してその代金を支払うことによって成立する契約である（民法第555条）。契約が成立すると，買主は売主に対する目的物引き渡し請求権を得るとともに売買代金支払い義務を負う。同時に，売主は買主に対して売買代金支払い請求権を得るとともに，目的物の引き渡し義務を負い，目的物が不動産の場合には登記手続に協力すべき（登記名義を引き渡す）義務が生じる（諾成・双務・有償の契約）。売買の目的が不動産（の所有権）である場合，当事者の売買に関する合意だけで所有権が直ちに売主から買主へと移転するかどうかについては様々な考え方があるが，実務は後述（関連知識の整理(1)所有権移転の登記原因と日付参照）の取扱いをしている。

実体関係と登記原因　この例では，当事者に，売買の目的不動産の所有権移転の時期に関する特約が合意されているが，その他の事実関係に権利の変動に影響を及ぼす要因はみられない。そこで，A所有の甲土地の所有権は，当事者の特約にしたがって平成22年3月31日にBに移転したと判断することができる。このように，権利が動いたと観念できる法律関係が，登記原因だといえる。

(2) 手続関係の整理

　甲土地の所有権が移転した場合，当事者はそれによる所有権移転登記を申請することができる（法第3条）。ところで，実例は多くは無いであろうが，実体関係に問題はなくても，手続を進める際に支障が生ずることがある。代表は，例えば登記記録上500 m²の土地[5]の一部の300 m²を，当事者が売買した場合である。実体関係では，一筆の土地の一部は，それが特定される限り売買することは可能であり，買主はその部分の所有権を取得することがで

---

[4] 当事者が未成年者など行為能力を制限された者である場合，法律行為を有効ならしめるためには親権者の同意あるいは法定代理権等が問題となり，それが登記原因についての第三者の許可等や代理権限証明書等，添付情報に現われてくる。その他，当事者が未成年者や，株式会社とである場合には，前者であれば親権者，後者は取締役との利益相反行為の問題が生ずる場合があり（前者について民法第826条，後者について会社法第356条），いずれも添付情報の問題となって現われる。

[5] 土地の登記記録の，表題部の「地積」の記録である。

きる，とするのが裁判所の判断である。一方，わが国の不動産登記制度は登記簿に物的編成主義を採用しているので，記録は一つ一つの不動産ごとに設けられる。したがって手続の関係では，一筆の土地の一部分は登記記録が独立してはいないことを理由に，そのままでは登記はできない[6]。この場合，まず先に当事者が売買した 300 m^2 の土地について，新たな登記記録を設けるための手続である分筆登記を行い，それにより地積を 300 m^2 とした土地の登記記録を設け，その上で，買主の名義とするための所有権移転登記をすることになるのである。

現在の登記記録　権利の登記の申請作業は，現在の登記記録が前提である。甲土地の登記記録は次の例のとおりであるとして，記録がその基礎となる法律関係等と符合しているか，とりわけ登記義務者のように，申請人となる者が登記名義人であるときには[7]，その住所と氏名が現在のそれと記録内容が同一であるかの確認をしなければならない。仮に登記義務者等の住所もしくは氏名等が登記の記録と申請情報の内容において符合しない場合，そのままでは申請した登記が却下されることは言うまでもない（法第 25 条第 7 号）。このことは，本事例に限らず，他の申請手続でも同様である。次が，甲土地の登記記録の例であるものとする。

権利部（甲区）	（所有権に関する事項）		
順位番号	登記の目的	受付年月日・受付番号	権利者その他の事項
5	所有権移転	平成○○年○月○日 第○○○号	原因　平成○年○月○日売買 所有者　○○○ 　　　　A

本編の記録例も不動産登記記録例（2009 年（平成 21 年）2 月 20 日民二第 500 号通達）による（以下の登記記録例について同じ）。

求める登記【所有権移転】　目的土地に関する A の所有権が登記されていれば，所有権の移転登記である[8]。

---

[6] 昭和 30 年 6 月 24 日最高裁判決・民集第 9 巻 7 号。これに対して例えば，登記記録上の地積を 500 m^2 のままにして，そのうちの 200 m^2 が A で残り 300 m^2 を B のそれぞれ単独所有とするような登記は，わが国のシステムではすることができない

[7] 権利の変更登記を申請する際には，登記義務者のみならず登記権利者も登記名義人であるので，ここでの確認作業をしなければならない。

寄り道 不動産の売買と登記手続

　不動産が売買されたことによりなされる登記は，一般に売主と買主による所有権移転の登記が考えられる。確かに殆どがそうであるが，直ちにそうはならない場合があり，理由はともかく次のような例が考えられる。

《目的不動産の登記記録が，売主を所有者とする表題登記だけである場合》

　売買の目的不動産の登記記録が，売主を所有者とする表題登記だけで，権利部の記録が存在しない場合である[9]。権利部甲区の所有権の登記がなされていない登記記録には，所有権移転の登記をすることはできない（規則第4条第4号参照）。登記記録の権利部を開設するための登記は所有権保存であるが，この登記の申請人は表題部所有者を中心に法令で定められた者であり（法第74条），この例でそれは売主であるために買主が自分を所有者とするための所有権保存登記を申請することはできない。そこで，このようなときには，売主がまず自分を所有者とするための所有権保存登記をし，その後に買主への所有権移転登記を行うことになるのである[10]。但しこれには大きな例外があり，目的不動産が区分建物である場合には，買主が自分を所有者とするための所有権保存登記をすることができる（法第74条第2項）。

《目的不動産の登記記録が全く存在しない場合》

　土地や建物が物理的に存在すれば，不動産登記制度の上からは，少なくても表題登記はなされているはずである[11]。しかし，何らかの理由でその登記がなされていないこともあり得る[12]。このようなときは，目的不動産の登記記録それ自体を開設することから始めなければならないので，まず売主が自分を所有者とするための表題登記をなし，その後に所有権保存の登記（後述する）と，二つの手続をしなければならない。これにより登記記録に売主を所有権登記名義人とした登記がなされ，買主への所有権移転の登記が可能となるのである[13]。

《目的不動産について，所有者以外の者が所有権登記名義人である場合。》

　このような例も考えられなくはない。まず，現在の所有権登記名義人から真の所有者である不動産の売主への所有権移転登記を行い，その後に売買が成立して売主から買主に所有権が移転したならば，それによる登記を行うことになろう[14]。

---

[8] 現実は殆どがこのケースであり，売買によって所有権移転登記ではない手続がなされるのは，新築の区分建物を表題部所有者から売買で買った場合の所有権保存が主なものである。

[9] わが国の不動産登記制度のなかで，権利に関する登記の申請は当事者に強制されてはいない（民法第177条，法第16条，第60条参照）。他方で表示に関する登記では，土地や建物に関する表題登記の申請など強制されるものがある（法第36条，第47条）。

[10] この二つの例は，土地には少ないが建物には稀に見られる。

[11] 表題登記のない土地および建物を所有した者には，所有権を取得した日から1月以内に表題登記を申請すべき義務が課せられている（法第36条，第47条第1項）。また，そもそも表示に関する登記は当事者の申請がなくても登記官が職権ですることができる（法第28条）。

[12] 表題登記のなされていない不動産は，土地は少ないが建物，特に経済的価値の少ない小規模建物に見うけられるようである。

[13] この方法以外に，買主が自分を所有者とするための表題登記を申請し，続いて自分のための所有権保存登記を行うことも考えられる。

申請人 手続が原則的な共同申請でなされる場合は，次のとおりである。

登記権利者 この登記を行うことにより新たに所有権登記名義人となり，登記記録上で利益を受けることになるBである（法第2条第12号）。

登記義務者 この登記を行うことで登記名義を失って不利益を被る現在の登記名義人のAである（法第2条第13号）。なお，繰り返しになるが，登記義務者の住所・氏名等は，登記記録上のそれと一致していなければならない。このことは目的不動産の登記記録で予め確認しなければならない。もしも登記義務者の現在の住所・氏名等が，転居等で変わっている場合には，所有権移転登記の申請に先立って[15]登記上の住所・氏名等を現在のそれに変更する登記（名義人住所変更等）をしなければならない。

(3) **申請の作業**

所有権移転登記の申請作業の要点は，次のとおりである。

申請情報 所有権移転登記の申請情報は，一般的な申請情報の内容で構成されるが，事例の事実関係に法令の規定をあてはめて必要な申請情報の内容を集約すると以下のようになる。

登記の目的 〈所有権移転〉である。

登記原因及びその日付 登記原因及びその日付は，この場合は所有権が動いた原因とその日付であり，〈平成22年3月31日売買〉のように記載する。なお，実務上はこれを単に〈原因〉と記載するので，本書においてもこれ以降は同様の表記をする。

申請人 登記権利者と登記義務者について，それぞれ〈住所と氏名〉等を記載する。申請人が法人である場合には，〈代表者の氏名〉をも申請情報の

---

[14] 登記の手続は，一般に取引行為の後になされるものである。そして現実の不動産取引は，売主を確認・特定するために登記記録の調査を行うことが一般的であることから，所有権に登記名義を有しない者が売主になる例は，通常考えにくい。しかし，例えばAが父Xから贈与された目的不動産について，自分を所有者とする登記をしない間にBに売買するような場合，形式的にはこのようなことが起こり得る。

[15] 先立ってといっても，名義人住所変更登記の申請を所有権移転登記の申請より先にするという意味で，実際のところ前者の登記の完了を待って後者の登記の申請を行う必要まではない。

内容に記載する。他に，連絡先の電話番号もここに記載するが，代理人によって申請を行う場合には要しない。これらについても，実務上の申請情報には〈権利者〉〈義務者〉と記載するので，本書においてもこれ以降は同様の表記をする[16]。なお，登記権利者が自然人の場合，添付情報の住所を証する情報は，住民票コード（住民基本台帳法第7条第13号）を記録した場合には省略することができるので（令第9条，規則第36条第4項），登記権利者がそれを求めるときはその旨を申請情報の内容に記載する。

添付情報　この申請に提供を求められる添付情報を表示する。具体的なものは，次の〔添付情報〕に示すとおりである。

登記所　この登記を申請する登記所，つまり目的不動産（甲土地）を管轄する登記所である。

申請年月日　申請情報を送信する日，もしくは申請書を登記所に提出する日である。

代理人　この登記が代理人によって申請される場合には，〈代理人の住所・氏名〉を記載しなければならない。

登録免許税額　登記の申請には，〈登録免許税〉を納付する必要があり，これを金額とともに申請情報の内容に記載しなければならない。また，納付税額が定率課税で決められる場合には，〈課税価格〉をも記載しなければならない。算出方法等については，後述する。

不動産の表示　登記を求める不動産を，土地については〈所在・地番・地目・地積〉で，建物は〈所在・家屋番号・種類・構造・床面積〉をもって記載する。なお建物については，附属建物がある場合及び区分建物については記載の内容が若干異なってくる。

その他　上記の他に，事例に応じて次のような情報を記載しなければならない。

登記識別情報の通知を不要とする旨　所有権移転登記は，実行されると登記権利者（所有者）が登記名義人となり，登記識別情報の通知を受けるべき

---

[16] 登記簿上，制限物権の登記名義人は，権利名を冠記して〈抵当権者〉のように記録される。そこで実務ではこれに合わせ，制限物権の設定登記については申請情報の権利者を，例えば〈抵当権者〉と表記する。この場合の義務者は，〈設定者〉と表記する。

者となるが，所有者がこれを不要とする場合には，その旨を申請情報の内容に記載しなければならない（法第21条但し書，規則第64条第2項）。

登記識別情報を提供できない理由　登記義務者が正当な理由により登記識別情報の提供が出来ない場合には，その旨を申請情報の内容に記載しなければならない（令第3条第12号）。

添付情報　所有権移転登記の添付情報は，登記原因証明情報等一般的なそれを基本にして，他に所有権の移転登記に必要な住所を証する情報等個別に求められるものが加えられるが，概ね次のとおりである。

登記原因証明情報　売買を原因とする所有権移転登記の登記原因証明情報の典型は〈売買契約書〉であるが，それは，目的不動産・売主・買主・売買契約の成立とその年月日・契約が代理人による場合にはその代理人・代金支払の定め・売買契約の所有権移転時期についての特約がある場合には，特約の内容と当該特約に基づく所有権移転の事実，を内容としていることが必要である[17]。ただし，実務上は，売買代金の具体的な金額が明らかでない場合であっても，登記原因証明情報としての適格性に影響を及ぼすことはない，と解されている[18]。

登記原因証明情報には，実務では契約書の他に，当事者・目的不動産・登記原因その他登記の内容等に関する必要な情報を記載した〈売渡証書〉や〈登記原因証明情報〉[19]が使われることも多い。この具体例については，後述の関連知識の整理に参考を掲載した。

登記識別情報　共同申請の登記義務者について求められる情報であり，この例ではAが，甲土地の登記名義を取得した際に登記所から通知を受けたものである。登記義務者のAが正当な理由により登記識別情報の提供が

---

[17] 登記研究第730号98頁　実務の視点
[18] 登記研究第739号55頁　実務の視点
[19] 売買による所有権移転についての報告的な登記原因証明情報については，不動産の表示の他，最低限，売主は買主に対して何年何月何日不動産を売ったことと，不動産の所有権が何時々売主から買主に移転した旨の事実の記載が求められる。所有権移転時期についての特約がある場合については，売買契約に基づいて所有権が移転したことを確認するために，前記の事実の他に，例えば「売買契約の際に，本件不動産の所有権移転時期を代金完済時とする旨の特約をした。買主は売主に対し，平成何年何月何日本件売買代金全額を支払った」旨の事実の記載をも要するもの，と考えられている（登記研究第730号99頁　実務の視点）。

できない場合には，Aに対して登記官による事前通知の手続か，もしくは資格者代理人による本人確認情報の提供，公証人による登記義務者の認証があり，且つ登記官が内容を相当と認めたときはいずれかの方法で登記識別情報に代えて登記をすることができる（法第23条）。

住所を証する情報　所有権の移転登記を申請する場合，登記名義を取得する者の住所を証する情報が必要であり（令別表三十添付情報ロ），この例ではBの住民票の写し[20]が代表的なものである。なお，電子申請の場合や，書面申請でも申請人が法人で一定の場合には，これを省略できるときがある。また，前述のように，登記権利者が自然人で住民票コード（住民基本台帳法第7条第13号）を提供したときには，住所を証する情報を省略することができるが（令第9条，規則第36条第4項），この場合，添付情報には例えば〈住所証明書（省略）〉のように記載する必要はない[21]。

電子証明書・印鑑証明書　申請が電子申請でなされる場合については，申請人全員（この例ではAとB）の電子署名についての〈電子証明書〉を提供することが必要であり，書面申請については，登記義務者（この例ではA）の，市町村長が作成した作成後3月以内の〈印鑑証明書〉が必要である。登記義務者が会社等法人の場合には，登記を申請する代表者の印鑑について，登記官の作成した作成後3月以内の印鑑証明書を添付しなければならない。

その他　申請の内容に従って，次のものの提供が求められる。

代理権限を証する情報　登記の申請を代理人が行う場合には，代理人の代理権限を証する情報を添付しなければならない。

➤任意代理の場合…例えば，AとBがこの登記の申請を司法書士Xに委任したときは，代理人の代理権限を証する情報として，AとBがXに登記申請を委任した旨の委任状を作成してそれを申請情報に添付しなければならない。

---

[20] 市（区）町村長は，個人を単位として氏名や住所等を記載した住民票を世帯ごとに編成した住民基本台帳を作成しなければならない。住民票は，そこに記録された者等一定の者からの請求があれば，その証明が交付される（これを一般に住民票と呼ぶ。住民基本台帳法第6条，第7条，第12条他）。

[21] 登記小六法付録不動産登記申請書様式（桂林書院平成23年版），「4　売買による所有権の移転の登記」（注9）による。

➢法定代理の場合…Bが未成年者で，法定代理人（親権者）のYとZが登記の申請を行う場合には，BとY・Zの身分（親子）関係を明らかにする市（区）町村長の作成した戸籍の証明がこれにあたるので，申請情報に添付しなければならない。

資格を証明する情報　申請人が会社等の法人である場合には，例えば株式会社であれば商業登記の〈現在事項証明書〉など，代表者の代表権を明らかにする情報（これを資格証明書と呼ぶことが多い）を添付しなければならない。なお，一定の場合，この情報は省略することができる。

登記原因について第三者の許可等を証する情報　登記原因について第三者の許可等を必要とする場合には，それを証する情報を提供しなければならない（令第7条第1項第5号ハ）。その情報が電子的に作成されたものである場合には作成者がこれに電子署名をして電子証明書を添付し（令第12条第2項，第14条），書面により作成された場合には，作成者の印鑑証明書をも添付しなければならない（令第19条）。

登録免許税　登録免許税の税額については，登録免許税法に従って決定される[22]。所有権移転登記の登録免許税額は登記原因によって異なり，売買については，登録免許税法別表上〈その他の原因による（所有権の）移転の登記〉の区分にあたるので（登録免許税法別表第一の一の㈡のハ），課税標準金額（手続の上では課税価格という）に対する1,000分の20を乗じて算出する。課税標準金額は，不動産の売買については〈不動産の価格〉であるが，これは当事者の合意した売買金額等ではなく，「当該登記…の時における不動産等の価格による」「…不動産の価格は，当分の間当該登記の申請の日の属する年の前年12月31日現在又は当該申請の日の属する年の1月1日現在において地方税法…に掲げる固定資産課税台帳に登録された当該不動産の価格を基礎として政令で定める価格によることができる」（登録免許税法第10条，附則第7条）であり，したがって実際には不動産の所在する市町村の固定資産課税台帳に登録された金額を用いる。算出方法は，課税標準価格に1,000円に満たない端数がある場合，その端数は切り捨てら

---

[22] 税率や税額は，登録免許税法の別表に規定されている。

れ（国税通則法第118条第1項），課税標準金額が1,000円に満たないときは1,000円とし（登録免許税法第15条），これに定められた税率を乗じ，そこに100円未満の金額がある時は切り捨て（国税通則法第119条第1項），計算後の金額が1,000円に満たない場合，その登録免許税額は1,000円とする方法による（登録免許税法第19条）。例えば，甲土地については，土地のある甲市のその年の固定資産課税台帳に登録された価格が金18,519,580円だとすると，課税標準金額は金18,519,000円となり，これに1,000分の20を乗じた370,380円の100円未満を切り捨て370,300円が納付すべき登録免許税額となる。ところで，不動産の売買は，後述の建物の新築と同様に国の経済に一定の影響を与える効果が期待できるので，国民がそれを積極的に行うことの支援策として，主に住宅用家屋の所有権保存登記や売買による所有権移転登記の登録免許税について減税措置がされることがあり，この場合には別に定められた税率が適用される（租税特別措置法第72条，第73条参照）[23]。なお，登録免許税額が法令により軽減されている場合には，その旨を申請情報の内容としなければならない（規則第189条第3項）。

(4) 申請情報の例

書面申請の例　次は，上記の事実関係に従った登記の申請を書面で行う場合の例である。

```
          登 記 申 請 書
登記の目的    所有権移転
原    因    平成22年3月31日売買
権 利 者    ○○○（Bの住所を記載する）
            （住民票コード・・・・・・・・・）[24]
            B
義 務 者    ○○○（Aの住所を記載する）
            A
```

---

[23] 租税特別措置法は，年度を限って適用されるいわゆる時限立法なので，申請する日の規定によって税率が決まることに注意を要する。

[24] 住民票コード（住民基本台帳法第7条13号）を記載した場合には，住所を証する情報の添付を省略することができる。なおこの場合，添付情報を記載する該当箇所には「住所証明情報」の記載は要しない。

148   第1章 土地の売買

```
添付情報
    登記原因証明情報    登記識別情報    印鑑証明書
    代理権限証明書    住所証明情報[24]
    登記識別情報を提供することができない理由[25]
        □不通知  □失効  □失念  □管理支障  □取引円滑障害
        □その他（              ）
        □ 登記識別情報の通知を希望しません[26]
    平成○○年○月○○日申請    ○○地方法務局○○支局
    代 理 人    ○○○（Xの住所を記載する）
                      X
                連絡先の電話番号 ・・・・・
課税価格      金18,519,000円
登録免許税    金370,300 円
不動産の表示
    不動産番号    ・・・・・・・・・・・・[27]
    所   在    ○○市○○町○○
    地   番    ○番○
    地   目    宅地
    地   積    ○○・○○m²
```

電子申請の例　次は，上記の例を電子申請をする場合の申請情報の例である。

```
            登 記 申 請 書
登記の目的    所有権移転
原    因    平成22年3月31日売買
権 利 者    ○○○（Bの住所を記載する）
                    B
                登記識別情報通知希望の有無：　希望する。
義 務 者    ○○○（Aの住所を記載する）
                    A

添付情報
    登記原因証明情報    登記識別情報    住所証明情報
    代理権限証明情報    電子証明
```

[25] 共同申請において，登記義務者が正当な理由により登記識別情報の提供ができない場合には，理由を申請情報に記載しなければならないが（令第3条第12号），申請書に提供できない理由を予め記載しておき，該当する場合に□欄にチェックマークを入れる実務の取り扱いがある（法務省HP　http://www.moj.go.jp/MINJI/MINJI79/minji79.html　参照）。

[26] 登記名義人となるべき申請人が，登記完了後に登記識別情報の通知を希望しない場合には，その旨を申請情報として提供しなければならないが，予めこの例のような記載をし，登記識別情報の通知を希望しない者は，冒頭の□欄にチェックマークをいれる実務の扱いがある（法務省HP　http://www.moj.go.jp/MINJI/MINJI79/minji79.html　参照）。

[27] 不動産番号を記載した場合には，不動産所在事項（規則第1条第9号），地目，地積，建物の種類，床面積等の記載を省略することができる（令第6条）。

```
登記識別情報を提供することができない理由[28]
  □不通知 □失効 □失念 □管理支障 □取引円滑障害
  □その他(        )
  □ 登記識別情報の通知を希望しません[29]
平成○○年○月○○日申請  ○○地方法務局○○支局
代 理 人    ○○○ (Xの住所を記載する)
             X
          連絡先の電話番号 ・・・・・
課税価格    金 18,519,000 円
登録免許税  金 370,300 円
不動産の表示
  所  在   ○○市○○町○○
  地  番   ○番○
  地  目   宅地
  地  積   ○○・○○m²
```

登記記録の例 上記の申請に基づき、登記記録には所有権移転登記が次のように実行される。

権利部(甲区)	(所有権に関する事項)		
順位番号	登記の目的	受付年月日・受付番号	権利者その他の事項
5	所有権移転	平成○○年○月○日 第○○○号	原因 平成○年○月○日売買 所有者 ○○○ A
6	所有権移転	平成○○年○月○日 第○○○号	原因 平成22年3月31日売買 所有者 ○○○ B

2 応用事例Ⅰ―登記権利者が複数の場合―

事例 平成22年3月1日、B及びCとAは、A所有の甲土地を金3,000万円でB及びCが持分各2分の1で取得する売買契約を締結した。この契約には、甲土地の所有権は、BとCがAに対して売買代金全額の支払いをした時にAからBとCに移転する旨の特約が付いていた。平成22年3月31日に、BとCはAに売買代金の全額を支払い、同日甲土地の引き渡しを受け、

---

[28] 共同申請において、登記義務者が正当な理由により登記識別情報の提供ができない場合には、理由を申請情報に記載しなければならないが(令第3条第12号)、申請書に提供できない理由を予め記載しておき、該当する場合に□欄にチェックマークを入れる実務の取り扱いがある(法務省HP http://www.moj.go.jp/MINJI/MINJI79/minji79.html 参照)。

[29] 脚注26と同様である。

合わせてAとともに，BとCの所有名義とするための登記の手続を行うことになった。

(1) 実体関係の整理

物に対する所有権などの権利が複数の主体に帰属している状態を，一般に共有[30]と呼び，その複数の者を共有者と呼ぶ。共有者は権利を割合的に持つと考えられ，この割合を共有持分（あるいは持分権）と呼び，それは当事者の意思や法律の規定によって決められるが，当事者間にこれがないときは，法律上は等しいものと推定される（民法第250条）。共有者中の一人がその共有持分を放棄したり，相続人なくして死亡した場合には，その持分は他の者に帰属する（民法第255条）。但し，共有者中の一人が相続人なくして死亡した場合でも，その者への特別縁故者がいて財産分与の請求がなされればその対象となる[31]。

(2) 手続関係の整理

この例も，基本事例と同様に所有権移転登記をすることができる（法第3条）。基本事例と異なるところは，不動産を取得した者が1人ではなく複数であるところで，これにより申請の作業は，申請人（登記権利者）が増える他，共有の権利を記録するための事項が加わる。なお現在の登記記録は，基本事例と同様であるものとする。

| 求める登記【所有権移転】 | 基本事例と同様である。 |

| 申請人 | 手続が原則的な共同申請でなされる場合には，次のとおりである。 |

　登記権利者　この登記を行うことにより所有権登記名義人となり，登記

---

[30] 所有権以外の権利を複数の者が持つ場合は，法律上は準共有と呼ぶが，社会ではこれをも共有と呼ぶことが多い。
[31] 平成元年11月24日最高裁判例・最版第43巻10号1220頁

記録上で利益を受けることになるB及びCである。
　登記義務者　基本事例と同様である。

(3)　**申請の作業**
　ここでの登記の申請作業の要点は、次のとおりである。

　申請情報　　申請情報の内容については概ね基本事例と同様であるが、異なるところは次のとおりである。

　申請人　権利者と義務者について、それぞれ〈住所と氏名〉等を記載する。

　この登記の申請に特有の申請情報の内容
　権利者はこの例ではBとCであり、共有で権利を取得しているので、それぞれの〈共有持分〉を申請情報の内容として記載しなければならない（令第3条第9号）。

　≪上記以外の申請情報の内容≫　全て基本事例と同様である。

　添付情報　　基本事例と同様であるが、〈住所を証する情報〉はB及びCのそれぞれについて必要になる。

　登録免許税　基本事例と同様である。

(4)　**申請情報の例**
　書面申請の例　次は、上記の事実関係に従った登記の申請を代理人Xが書面で行う場合の例である。網掛け文字の部分が、基本事例と異なるところである。

```
　　　　　登 記 申 請 書
　登記の目的　　所有権移転
　原　　　因　　平成22年3月31日売買
　権　利　者　　○○○（Bの住所を記載する）
　　持分2分の1　B
　　　　　　　　○○○（Cの住所を記載する）
　　持分2分の1　C
　義　務　者　　○○○（Aの住所を記載する）
　　　　　　　　A
　＊以下，基本事例と同様であり，省略する。
```

登記記録の例　上記の申請に基づき，登記記録には所有権移転登記が次のように実行される。

権利部（甲区）	（所有権に関する事項）		
順位番号	登記の目的	受付年月日・受付番号	権利者その他の事項
6	所有権移転	平成○○年○月○日 第○○○号	原因　平成22年3月31日売買 共有者　○○○ 　　　　持分2分の1　B 　　　　○○○ 　　　　2分の1　C

3　応用事例Ⅱ―登記権利者が共有持分を取得した場合―

事例　平成22年3月1日，BとAは，A所有の甲土地の持分2分の1を金1,500万円でBに売買する契約を締結した。この契約には，甲土地の所有権の2分の1はBがAに対して売買代金全額の支払いをした時にAからBに移転する旨の特約が付いていた。平成22年3月31日に，BはAに売買代金の全額を支払い，同日甲土地の引き渡しを受け，合わせてAとBの共有名義とするための登記の手続を行うことになった。

(1)　**実体関係の整理**

　この例も共有関係であるが，前例と異なるのは，所有者が自分の所有権の一部を処分したところである。

(2) 手続関係の整理

　この例は，所有権移転登記を行うことについては基本事例と同様であり，不動産が共有となるところは前例と同じであるが，上述のように，従前の所有者が自分の所有権の一部を移転したことによるところが前例とは異なる。申請の作業は，申請情報の内容に，共有の権利を記録するための事項が加わるが，現在の登記名義人の権利の一部分が移転するので，そのことを登記の目的に記載する（令第 3 条第 11 号ホ）。ここが前例と異なるところである。なお，現在の登記記録は基本事例と同様であるものとする。

求める登記
【所有権一部移転】
　　　　　　　　　　　　　　不動産登記法上の，登記できる権利及び事項（法第 3 条）では所有権の移転に該当するが，この場合権利の一部を移転するのであるから，そのことを明確にするために，申請情報の登記の目的は下記のように〈所有権一部移転〉との記載をする。

　申請人　　手続が原則的な共同申請でなされる場合には，【登記権利者】及び【登記義務者】ともに，基本事例と同様である。

(3) 申請の作業

　ここでの登記の申請作業の要点は，次のとおりである。

申請情報　　申請情報の内容については概ね基本事例と同様であるが，異なるところは次のとおりである。

　登記の目的　　この登記は，単に所有権の移転ではなく所有権の一部が移転するものであるために，次のように特有の記載がなされる。

◆この登記の申請に特有の申請情報の内容

　権利の一部移転の登記を申請する場合には，その旨を申請情報の内容としなければならないので（令第 3 条第 11 号ホ），登記の目的を〈所有権一部移転〉[32]と記載しなければならない。

　申請人　　応用事例 1 と同様に，権利者には B が取得した〈共有持分〉を記載しなければならない。

　≪その他の申請情報≫　　全て前例と同様である。

154　第1章　土地の売買

添付情報　　基本事例と同様である。

(4) 申請情報の例

〈書面申請の例〉　次は，上記の事実関係に従った登記の申請を代理人Xが書面で行う場合の例である。網掛け文字の部分が基本事例と異なるところである。

```
　　　　　　登　記　申　請　書
登記の目的　　所有権一部移転
原　　　因　　平成 22 年 3 月 31 日売買
権　利　者　　○○○（Bの住所を記載する）
　　　　　　持分 2 分の 1　　B
義　務　者　　○○○（Aの住所を記載する）
　　　　　　　　　A
＊以下，基本事例と同様であり，省略する。
```

登記記録の例　　上記の申請に基づき，登記記録には所有権移転登記が次のように実行される。

権利部（甲区）(所有権に関する事項)			
順位番号	登記の目的	受付年月日・受付番号	権利者その他の事項
6	所有権一部移転	平成○○年○月○日 第○○○号	原因　平成 22 年 3 月 31 日売買 共有者　○○○ 　　　持分 2 分の 1　　B

---

[32] 本例のように，Aが自分の所有権の一部をBに売買したことにより，前所有者に新たに共有者が加わって共有関係となった場合には，このような表記をする。これに対して，共有者が持分の一部を他人に移転する場合がある。例えば，AとBが持分各 2 分の 1 の共有のところ，Aが自分の持分の半分，これを不動産に対する持分でいえば 4 分の 1，をCに売買した場合，登記の目的はこの例と異なり「A持分一部移転」と表記する（不動産登記記録例 206）。また共有者が自分の持分の全部を他人に移転する場合には，「何某持分全部移転」と表記する（不動産登記記録例 205）。そして，共有者の全員が目的物を売買等してその不動産が単独所有となったことにより所有権を移転する場合，登記の目的は本来は所有権移転であろうが，実務上は「共有者全員持分全部移転」と表記する（不動産登記記録例 209）。

4　応用事例Ⅲ──一括申請──

事例　平成22年3月1日，BとAは，Aが所有する甲土地及び土地上の乙建物を金5,000万円でBに売買する契約を締結した。この契約には，甲土地・乙建物の所有権はBがAに対して売買代金全額の支払いをした時にAからBに移転する旨の特約が付いていた。平成22年3月31日に，BはAに売買代金の全額を支払い，同日甲土地及び建物の引き渡しを受け，合わせてBの所有名義とするための登記の手続を行うことになった。なお実体関係は，売買の目的物が加わった以外は基本事例と同様である。

(1)　手続関係の整理

　この例は，甲土地に加え，その土地上に建つ乙建物が同時に売買されたところが，基本事例と異なっている。売買により所有権が移転したのであれば，所有権移転登記を申請することができる（法第3条）。

　登記の申請は，土地については基本事例のものを使用し，建物については別に申請情報等を作成し，合わせて2件で行うこともできる（一不動産一申請～これが原則である（令第4条））。しかし，作成した申請情報は，不動産の表示と登録免許税を除けば基本的には同じである。そこでこの例のように，同一の登記所の管轄区域[33]にある複数の不動産に関する登記について，登記の目的，登記原因及びその日付が同一である場合には，1つの申請情報で申請することができるものとされている（令第4条但し書）。なお，現在の登記記録は基本事例と同様であるものとする。

求める登記【所有権移転】　基本事例と同様である。

　申請人　手続が原則的な共同申請でなされる場合には，【登記権利者】及び【登記義務者】ともに，基本事例と同様である。

---

[33] 土地とその土地上の建物に関する管轄登記所は，通常は同一である。

(2) **申請の作業**

ここでの登記の申請作業の要点は，次のとおりである。

申請情報　申請情報の内容については概ね基本事例と同様であるが，異なるところは次のとおりである。

登録免許税　登録免許税額は，土地と建物を合わせて算出するので（登録免許税法第18条），それを申請情報の内容に記載する。課税価格も同様である。

不動産の表示　土地と建物の両方を記載しなければならない。

≪上記以外の申請情報の内容≫　全て基本事例と同様である。

添付情報　基本事例と同様であるが，〈登記識別情報〉については，土地と建物のそれぞれのものを提供しなければならない。その際に，どちらか一方だけ提供できないことがあり，例えば土地については〈登記識別情報〉が提供され，建物については資格者代理人による〈本人確認情報〉が提供されるような場合も考えられる。

5　応用事例Ⅳ―登記名義人住所移転―

事例　平成22年3月1日，BとAは，A所有の甲土地を金3,000万円でBに売買する契約を締結した。この契約には，甲土地の所有権はBがAに対して売買代金全額の支払いをした時にAからBに移転する旨の特約が付いていた。平成22年3月31日に，BはAに売買代金の全額を支払い，同日甲土地の引き渡しを受け，合わせてBの所有名義とするための登記の手続をAとともに行うことになった。ところが，この売買契約に基づき，Bが登記の手続を行うために甲土地の登記記録を見たところ，Aの住所は契約書上にある乙市乙町三丁目2番1号と異なっていた。これは，Aが甲土地の所有名義を取得した後の平成21年9月10日に，現在の住所に転居したことによるものである。Bからその旨を聞いたAは，売買による登記に先立ち，登記記録の住所を現在のものとする登記をすることになった。なお，この例については，実体上の権利義務の関係に動きは無い。

(1) 手続関係の整理

　登記の申請に際し，申請情報の内容である登記義務者の氏名，名称又は住所が登記記録上のそれと（法第59条第4号）一致しない場合には，その申請は却下される（法第25条第7号）。このような場合，登記記録上の登記名義人の住所，氏名もしくは名称を現在のそれと一致させるためには登記名義人住所移転等の登記をするのであるが，この申請は登記名義人が単独ですることができる（法第64条）。

　したがって，この例では，AからBへの売買による所有権移転登記をする前に[34]，Aの登記名義人住所変更の登記を申請しなければならないのである。

現在の登記記録　現在の登記記録は，次のとおりであるものとする。

権利部（甲区）（所有権に関する事項）			
順位番号	登記の目的	受付年月日・受付番号	権利者その他の事項
5	所有権移転	平成○○年○月○日 第○○○号	原因　平成○年○月○日売買 所有者　甲市甲町一丁目2番3号 　　　　A

求める登記【所有権登記名義人住所変更】　Aの住所を現在のものにするための登記である。

　申請人　登記名義人の住所等の変更登記は，共同申請ではなく登記名義人が単独で申請することができる（単独申請〜法第64条第1項）。したがってこの例ではAのみである。

(2) 申請の作業

　ここでの登記の申請作業の要点は，次のとおりである。

---

[34] 前といっても，Aが登記義務者となる登記の申請より形式的に（受付番号上で）前であれば差し支えはないので，このような場合の実務は，Aの登記名義人住所変更登記とAからBへの所有権移転登記の二つの申請を，先の申請情報の欄外に「1/2」，後の申請情報の欄外に「2/2」のように，先後を明記して接続して行うのが一般的である（これを連件と呼ぶことが多い）。

申請情報 申請情報の内容は，変更登記に求められるものが加わるほかは（令別表二十三の申請情報），一般的なそれで構成されるが，主なものは次のとおりである。

登記の目的　　5番所有権登記名義人住所変更
原因　　平成21年9月10日住所移転

変更登記の申請に特有の申請情報の内容

変更後の事項　　変更登記には，変更後の事項の記載が必要なので，〈変更後の事項〉として住所・・・（現在の住所）を表示する

＊ここから一般的な申請情報の内容に戻る。

申請人　　A

≪上記以外の申請情報の内容≫　登記の目的は異なっていても上記以外の申請情報の内容は一般的なそれであり，したがって基本事例と同様である。

添付情報 ここでも添付情報は，以下のような一般的なものを基本にして，それに申請する登記に応じて個別に求められるものが加えられる。

登記原因証明情報　　この例の場合には，Aの住所が登記記録上の甲市から現在の乙市に変わったことを明らかにする乙市市長発行の〈住民票〉[35]が代表的なものであるが，Aの本籍地の市町村長の発行する〈戸籍の附票〉[36]でも差し支えない。本例と異なり登記名義人が会社等の法人の場合には，登記官の発行した本店移転や商号（名称）変更等の記録がある商業登記上の全部事項証明書等がこれにあたる（商業登記法第10条）。

電子証明書　　電子申請については，申請人であるAの，電子署名についての〈電子証明書〉が必要である。なお，これを書面申請する場合に，申請人の印鑑証明書の添付は要しない。

その他　　基本事例で述べたように，登記の申請を代理人が行う場合には〈代理権限を証する情報〉を必要とし，本例と異なり申請人が会社等の法人のときは〈資格を証明する情報〉が必要である。

---

[35] 住民票には，現在の住所の他に従前の住所が記載される（住民基本台帳法第7条第8号）。
[36] 戸籍の附票は，住民基本台帳法に基づき作成されるもので，戸籍に記載された者の住所（その履歴）が記載される（住民基本台帳法第17条参照）。

登録免許税 登記名義人住所等の変更の登記は定額課税であり，1不動産に付き金1,000円課税される（登録免許税法別表第一の一の（十四））。

(3) 申請情報の例

書面申請の例 次は，上記の事実関係に従った登記の申請を代理人Xが書面で行う場合の例である。

```
            登 記 申 請 書
　登記の目的　　5番所有権登記名義人住所移転
　原　　因　　平成21年9月10日住所移転
　変更後の事項　住所　乙市乙町三丁目2番1号
　申 請 人　　乙市乙町三丁目2番1号　A
　添付情報　登記原因証明情報　　代理権限証明書
　（以下　この例では登録免許税が定額課税であるために＜課税価格＞の記載
　を要しない他は，基本事例と同様である）
```

登記記録の例 上記の申請に基づき，登記記録には登記名義人住所移転登記が次のように実行される。

権利部（甲区）	（所有権に関する事項）		
順位番号	登記の目的	受付年月日・受付番号	権利者その他の事項
5	所有権移転	平成○○年○月○日 第○○○号	原因　平成○年○月○日売買 所有者　甲市甲町一丁目2番3号 　　　　　A
付記1号	5番登記名義人住所変更	平成○○年○月○日 第○○○号	原因　平成21年9月10日住所移転 住所　乙市乙町三丁目2番1号

6　応用事例Ⅴ─判決による所有権移転登記─

事例 平成22年3月1日，BとAは，A所有の甲土地を金3,000万円でBに売買する契約を締結した。この契約には，甲土地の所有権はBがAに対して売買代金全額の支払いをした時にAからBに移転する旨の特約が付いていた。平成22年3月31日に，BはAに売買代金の全額を支払った。ところが，Aは甲土地をBの所有名義とするための登記申請に協力しない。そこ

でBはAに対し登記の申請手続をすることを求める訴えを裁判所に提起し，AはBに対する甲土地の所有権移転登記の申請手続をせよとの判決を得てそれが確定したので，これによる登記の申請をすることになった。実体関係については，基本事例と同様である。

(1) 手続関係の整理

ここでも目的不動産に関する所有権が移転したのであれば，所有権移転登記を申請することが出来る（法第3条）。それを判決に基づいてする場合，判決を得た者が手続を単独で行うことができる（法第63条第1項）。ここでいう判決は，登記の申請手続をすることを命ずる確定した給付判決でなければならないが，判決と同一の効力のある和解調書，調停調書等も含まれる。なお，現在の登記記録は基本事例と同様であるものとする。

求める登記【所有権移転】　基本事例と同様である。

申請人　判決による登記は，判決を得た者が単独で申請することができる。したがってこの例では，登記権利者のBのみである。

(2) 申請の作業

ここでの登記の申請作業の要点は，次のとおりである。

申請情報　申請情報の内容は概ね基本事例と同様であるが[37]，単独申請であることを明らかにするために，登記権利者であるBの表示に〈申請人〉との冠記を加えるのが実務の取り扱いである。なお〈登記原因及びその日付〉については，判決の主文もしくは理由中に記載があればそれに従うが，例えばこの例のような売買について，日付の記載がない場合には〈年月日不詳売買〉[38]と記載し，売買も明らかではない場合には判決確定の日をその日付として〈年月日判決〉[39]として申請することが

---

[37] 申請の行為は，この例では登記権利者のBが単独で行うけれど，申請情報に記載を求められる申請人には，登記権利者だけでなく登記義務者が含まれる。
[38] 昭和34年12月18日民事甲第2842号民事局長回答
[39] 昭和29年5月8日民事甲第983号回答

できる。

添付情報　判決による登記の申請情報は，次のとおりである。

登記原因証明情報　登記原因証明情報として，判決（正本）もしくはこれと同一の効力のある和解調書等の提供が求められるが（令第7条第1項第5号ロの(1)），判決については併せて確定証明書が必要である。

その他　この他の添付情報は基本事例と同様であるが，この申請が登記権利者の単独で行われることから，共同申請の登記義務者に提供を求められるものについては，法令の規定が適用されない。それゆえに，登記義務者[40]についての〈登記識別情報〉や〈電子証明書〉，もしくは〈印鑑証明書〉の添付は要しない。

登録免許税　基本事例と同様である。

(3) 申請情報の例

書面申請の例　次は，上記の事実関係に従った登記の申請を代理人Xが書面で行う場合の例である。網掛文字の部分が基本事例と異なるところである。

```
　　　　　登　記　申　請　書
登記の目的　　所有権移転
原　　　因　　平成22年3月31日売買
権　利　者　　○○○（Bの住所を記載する）
（申請人）　　　　B
義　務　者　　○○○（Aの住所を記載する）
　　　　　　　　　A

添付情報
　登記原因証明情報（判決正本・確定証明書）　住所証明書　代理権限証明書
以下は基本事例と同様である。
```

---

[40] この申請は登記権利者の単独申請であり登記義務者はいないので，正しくは，申請情報に登記義務者として記載された者というべきであろう。

7　応用事例Ⅵ─権利承継者による所有権移転登記─

事例　平成22年3月1日，BとAは，A所有の甲土地を金3,000万円でBに売買する契約を締結した。この契約には，甲土地の所有権はBがAに対して売買代金全額の支払いをした時にAからBに移転する旨の特約が付いていた。平成22年3月31日に，買主のBはAに売買代金の全額を支払ったが，不幸にもその直後に交通事故にあってしまい，平成22年4月3日に甲土地を自分の所有名義とする登記の申請をしないまま死亡した。Bには配偶者Cと成人の子のD及びEがいて，甲土地をBの所有名義とする登記の申請をすることとなった。

(1)　実体関係の整理

　登記の対象となる甲土地について，まずAからBへ所有権が移転した。その後Bが死亡して相続が開始したので，甲土地は被相続人Bの相続財産であり，例えばBの相続人であるC，D及びEが遺産分割協議を行ってCが甲土地を相続することについての合意が成立すれば，甲土地はCが平成22年4月3日に所有権を取得したことになる（民法第896条，第909条参照）。そうすると，甲土地については，実体上の所有者であるCが，自分に所有権を移転するための登記の申請をAと共同して行えば良い，との考え方も出てくる。しかし，甲土地の権利の変動はA⇒B⇒Cであり，CがAから直接所有権を取得したわけではないのだから，そのような登記はできず，まずBの所有名義とする登記をしなければならない。

(2)　手続関係の整理

　目的不動産の所有権が移転したのであるから，所有権移転の登記を申請することができる（法第3条）。しかしこの例のように，ある不動産をめぐり，物権の変動は生じたが，それによる登記の手続をする前に当事者が死亡し，もしくは法人の合併により消滅することがある。このような場合の登記の申請は，本来であれば申請人となるべき者に代わって，その者の相続人又は合

併により権利を承継した会社等の法人（相続や合併により権利・義務を包括的に承継した者を，一般承継人という）が行うことができる（一般承継人による登記の申請（法第62条））。現在の登記記録は基本事例と同様である。

求める登記【所有権移転】　基本事例と同様である。

申請人　権利承継者が，本来の申請人に代わって申請を行うことができる。手続が原則的な共同申請でなされる場合の申請人は，この例では次のとおりである。

【登記権利者】　死亡したBに代わり手続を行う，その法定相続人のC，D及びEである。
【登記義務者】　Aである。

(3) **申請の作業**

ここでの登記の申請作業の要点は，次のとおりである。

申請情報　申請情報の内容は概ね基本事例と同様であるが，他に，権利承継者による申請であるので，申請人が〈権利承継者である旨〉を申請情報の内容として記載しなければならない（令第3条第11号ロ）。なお，登記権利者の死亡による登記でも，この例のように死亡した申請人（B）が登記名義人となる地位にある場合には，申請情報にその者を記載しなければならない（令第3条第11号ロ）。

添付情報　基本事例と同様のものの他に，次のものが必要となる。

相続その他の一般承継があったことを証する市町村長，登記官等が職務上作成した情報（令第7条第1項第5号イ）。この例では，Bが死亡したことと，C及びDとEがそれぞれBの相続人であることを明らかにする，市（区）町村長の作成した戸籍の証明等である。

住所を証する情報　所有権の移転登記の申請においては，登記権利者の住所を証する情報の添付が求められる（令別表三十の添付情報ロ）。この申請

では登記権利者であるBが所有権の登記名義人として登記記録に記録されるので、住所を証する情報は既に死亡してはいるがBのもの[41]（市（区）町村長の作成した住民票の除票がこれにあたる）を添付しなければならない。

登録免許税　基本事例と同様である。

(4) 申請情報の例

書面申請の例　次は、上記の事実関係に従った登記の申請を代理人Xが書面で行う場合の例である。網掛文字の部分が基本事例と異なるところである。

```
            登 記 申 請 書
  登記の目的    所有権移転
  原   因    平成22年3月31日売買
  権 利 者    ○○○（Bの住所を記載する）
              亡 B
              ○○○（Cの住所）　上記相続人　C
              ○○○（Dの住所）　上記相続人　D
              ○○○（Eの住所）　上記相続人　E
  義 務 者    ○○○（Aの住所を記載する）
              A

  添付情報
    登記原因証明情報    住所証明書      代理権限証明書
    一般承継証明情報    登記識別情報    印鑑証明書
  以下は基本事例と同様である。
```

登記記録の例　この登記が申請された後の登記記録は、基本事例のそれと同様である

8　関連知識の整理

ここからは、所有権移転登記を中心にして所有権に関係する登記名義人住

---

[41] Bの生前最後の住所地のものであり、その地の市町村長の作成した住民票の除票が代表的なものである（登記研究第114号46頁　質疑応答）。

所等の移転や所有権更正の登記の申請について，基本及び応用事例では取り上げてはいないが，少し踏み込んで知っておく必要があると思われる手続に関係する知識を述べておく。ところで，添付情報に関しては，登記原因証明情報や登記識別情報のように所有権移転登記に限定されず，他の権利に関する様々な登記に共通して求められるものと，個々の登記について必要とされるものがある。このうち，登記原因証明情報については，内容に個性があるので本項以外でも取り上げるが，その他の添付情報等で共通性のあるものは，便宜ここで述べておくことにする。なお，ここに上げた登記先例等については，本文で述べるものが含まれることがある。このことは，次章以下でも同様である。

(1) 所有権の移転

所有権移転登記は，登記の需要が多いこともあり，申請自体から原本還付等手続の細部に至るまで実務における取扱い方法を示した先例が数多く出されている。ここでは，その代表的なものを順次紹介していく。

申請及び申請人 所有権移転の登記は，登記原因を相続や合併とするものを除けば申請は原則である共同申請の形式でなされる。ところが，登記を必要とする法律関係は多種多様であり，中には共同申請で行うことについて，あるいは，そもそも所有権移転登記によってなすべきであるのか，などについて疑義を生ずるものがある。このような場合，手続の仕方について実務上示されたものに，次のような例がある。

共同申請
- 遺贈による所有権移転登記は，登記原因に関する包括遺贈・特定遺贈の区別をしないで，登記権利者と登記義務者の共同申請により行う[42]。
- 共同相続による登記がなされた不動産について，共同相続人間で遺産分割の協議がなされて相続人中の一人（一部の者）がその不動産を単独（あるいは共有）で取得することとなった場合は，遺産分割を登記原因として他の共同相続人の持分の移転登記を行うが，この登記は権利を取得し

---

[42] 昭和33年4月28日民事甲第779号通達　相続の［応用事例3］参照

た相続人と他の共有者の共同申請である[43]。

一括申請
- ➤ Aが，Bから甲不動産を，Cから乙不動産を同時に買った場合，甲・乙二つの不動産の管轄登記所が同一であってもその所有権移転登記を一つの申請情報ですることはできない[44]。
- ➤ Aが，自分の所有する甲土地と同一登記所の管轄区域内にある乙建物を一括してBに売買したことによる登記を，甲土地については登記識別情報の提供をするが，乙建物については登記識別情報を提供しないで（事前通知等の手続）申請する場合でも，一つの申請情報ですることができる[45]。
- ➤ A・B共有の不動産をCに一括して売買したことにより共有者が有する持分をCに移転する登記の申請は，一つの申請情報ですることができる。ただし，共有者の一部の者，例えばBに対する第三者の権利に関する登記（処分の制限も含む）がなされている場合，その者の持分に関する移転登記は，別の申請情報ですべきである[46]。

時効取得と所有権移転登記
- ➤ 既に所有権の登記のある不動産について第三者が時効取得した場合，時効取得は原始取得と考えられているが，登記上は所有権移転登記をすべきである[47]。

契約の解除と所有権移転登記
- ➤ 不動産の売買契約が解除（取消）された場合，本来は売買による所有権移転登記の抹消をすべきであるが，登記実務では「解除」を登記原因として所有権移転登記を申請することもできる。

共有物保存行為

---

[43] 昭和28年8月10日民事甲第1392号回答
[44] 甲土地と土地上の建物の売買などによく見られる例であるが，契約の当事者が異なり，したがって二つの不動産の登記原因が異なるので一括申請をすることはできない（令第4条参照）。明治33年8月21日民刑第1176号　ただし，担保に関する登記の申請に関しては，登記義務者が異なる同様の例であっても，一括して申請することができる場合があるので注意を要する（令第4条，規則第35条第10号，[本編抵当権応用事例1]参照）
[45] 昭和37年4月19日民事甲第1173号民事局長通達
[46] 昭和37年1月23日民事甲第112号通達
[47] 明治44年6月22日民事甲第414号回答

➢ AがB・Cへ不動産を売り渡した場合，Aを登記義務者，Bを登記権利者として，AとBの申請によりAからBとCへの売買による所有権移転登記の申請をすることはできない[48]。

代理人　登記は，代理人によって申請することができる（法第17条参照）。
➢ 登記の申請は債務の履行に準ずべきであるから，民法第108条本文の適用がないので，当事者が互いに相手方の代理人となり，又は同一人が登記権利者，登記義務者双方の代理人となることができる[49]。

登記原因　所有権は様々な法律関係で移転するので，所有権移転に関する登記原因も多様である。ここでは，一般的なものと，法律行為等と直接関係のないものを整理しておくことにする。

■一般的な登記原因について　所有権移転の登記原因は，土地や建物をめぐる法律関係から所有権が移転した法律行為その他の法律事実であり，本例であげた売買の他にも，次のような例が考えられる。

買戻し（民法第579条）　贈与（民法第549条，第553条，第554条）[50]　交換（民法第586条第1項）　代物弁済（民法第482条）　時効取得（民法第162条）　持分放棄（民法第255条）　共有物分割（民法第256条第1項本文，第258条）　解除（民法第541条他）[51]　和解（民法第695条）　財産分与（民法第768条他）　相続（民法第896条）[52]　遺産分割（民法第909条）　遺贈（民法第964条）　遺留

---

[48] 共有により取得した不動産の所有権移転登記の申請は，共有者の共有物保存行為（民法第252条但書）とは認められない，とするものである（登記研究第543号150頁）。なお，共有者が贈与により取得した場合も同様である（登記研究第521号173頁）。しかし，その後同様の例で，不動産を複数人で購入した場合に，そのうちの一人が民法第252条但し書の規定による保存行為として所有権移転登記をしたときは，登記識別情報はその者（申請人）のみに通知される，とする質疑応答が出された（登記研究第727号169頁質疑応答　同第757号129頁　実務の視点）。これは売買による所有権移転登記の申請について，登記権利者の共有物保存行為を認めることを前提にしたもののようであり，取扱いが変更されたものとも考えられるので実務の取扱いに注目してみたい。

[49] 登記研究第77号34頁　質疑応答

[50] 遺贈や死因贈与でも，登記原因は一般の贈与と区別しないで「贈与」として差し支えない（不動産登記記録例198参照）。

[51] 所有権移転の登記の後に，原因行為が解除された場合には所有権が元の所有者に復帰するが，この場合に，所有権移転の登記をすることが認められる。

[52] 相続は項を改めて述べるが，一応あげておく。

分減殺（民法第1031条）　民法第958条の3の審判[53]（民法第958条の3）　譲渡担保　譲渡担保契約解除[54]　（会社）合併（会社法第2条第27号，第28号，第750条，第754条他）　会社分割（会社法第757条他）　現物出資（会社法第34条1項）　剰余金の配当[55]　収用（土地収用法第2条他）　信託（信託法第3条他）

特殊な登記原因について　上記の登記原因は，法律関係から判断できるが，実務ではこれ以外に次のようなものが認められている。

　委任の終了　いわゆる権利能力なき社団が不動産を取得し，それを代表者個人の名義とする所有権の登記をした後に，代表者が交代した場合，実務上は「委任の終了」を登記原因として所有権移転登記を行うことが出来るものとしている[56]。そして，同様の趣旨から，権利能力なき社団の有する不動産について，代表者の変更により「委任の終了」を登記原因とする所有権移転登記がなされている場合，「相続」を原因とする所有権移転登記の申請は受理すべきではないものとされている[57]。

　真正な登記名義の回復　例えばA所有の不動産について，何らかの事情により無権限のBを登記名義人とする所有権移転登記がなされたときに，AはBに対して所有権移転登記の抹消を請求することができるが，BがXのために抵当権設定の登記をしているような場合，所有権移転登記を抹消するためにはその申請に抵当権登記名義人であるXの承諾が必要であり，承諾がない場合には登記の抹消の申請をすることができない（法68条）。そこでこのような場合，AはBに対し，抹消登記に代えて，「真正な登記名義の回復」を登記原因とするBからAへの所有権移転登記をすることができる，とするのが判例の考え方である[58]。

---

[53] 不動産の所有者が死亡したが相続人がいないため，申立てにより家庭裁判所が相続財産である不動産を特別縁故者に対して与えた場合である（不動産登記記録例228）。

[54] 不動産登記記録例230

[55] 株式会社が，剰余金の配当として株主に不動産を配当した場合における所有権移転の登記原因である（登記研究第756号139頁）。

[56] 権利能力なき社団の有する不動産について，登記名義人が代表者A・B・C3名の共有であるところ，そのうちの1人であるAの単独名義とするためのB，C持分全部移転の登記の登記原因は「委任の終了」とすべきである（昭和41年4月18日民甲第1126号回答，不動産登記記録例225参照）。権利能力なき社団の代表者が死亡し，後任者が選任された場合の「委任の終了」による所有権移転の登記原因の日付は，後任者が選任された日である（登記研究第573号124頁）。

[57] 登記研究第459号98頁　但し，異なる考え方も見られる（登記研究第572号）

[58] 最高裁昭和34年2月12日判決・民集13巻2号91頁

また，A所有の不動産がBに売買されて登記を完了し，その後更にBからCへと売買されてCへの登記名義の移転が完了したが，AとBの間の売買契約が無効等の場合などに，Aは所有権に基づき，現在の所有権登記名義人であるCに対して所有権移転登記の抹消登記請求をすることができるけれど[59]，それだけではBの所有名義に戻るだけであり，改めてBへの所有権移転登記の抹消をしなければAの所有名義を回復することはできない。そこで判例は，このような場合，AはCに対して「真正な登記名義の回復」を登記原因として，直接自分に対して所有権移転登記を行うように請求することができる，としている[60]。この他実務では，例えばAが所有する不動産をBに売買したがその登記をする前にAがCに対して所有権移転の登記をしてしまったような場合，CからBに対して「真正な登記名義の回復」を原因とする所有権移転登記をすることができるとしている[61]。

　なお，真正な登記名義の回復を登記原因とする場合，その趣旨により日付の記載は要しないものとされている[62]。

　判決　判決による登記は，所有権移転登記も含めて単独申請であり，申請の形式を基準にすれば別の項で扱うべきものである。しかし登記原因についての問題であるので，便宜ここで説明しておくことにする。

　判決を得てする登記には様々なものがあり，例えば「被告は原告に対して，別紙目録記載の不動産について，平成22年1月20日売買による所有権移転登記手続をせよ。」のように，判決中に登記原因の記載があれば登記はそれに従う。しかし，判決主文又はその理由中に登記原因及びその日付の記載がなされていない場合，登記原因を「判決」とするのが登記実務の取扱いである[63]。なおこの場合の日付は，判決確定の日である。これに類似して，登記原因及びその日付が記載されていない和解調書により登記を行う場合の登記原因及びその日付は，「年月日和解」とするのが実務の取扱いである[64]。

---

[59]　大審院明治41年3月17日連合部判決民録14輯303頁

[60]　最高裁昭和30年7月5日・民集9巻9号1002頁，最高裁昭和32年5月30日判決・民集11巻5号843頁，最高裁昭和34年2月12日判決・民集13巻2号91頁

[61]　昭和39年2月17日民三発第125号民三課長回答

[62]　昭和36年10月27日民事甲第2722号回答　昭和39年4月9日民事甲第1505号回答

[63]　昭和29年5月8日民事甲第938号回答

[64]　登記研究第451号125頁

170　第1章　土地の売買

第三者のためにする契約・買主の地位の譲渡　第三者のためにする売買契約の売主から当該第三者への直接の所有権の移転の登記の申請，又は買主の地位を譲渡した場合における売主から買主の地位の譲受人への直接の所有権の移転の登記の申請をすることができる[65]。

登記原因とは認められない例について　上述のように，所有権は当事者の法律行為等と直接結びつかないことを理由に移転の登記がなされることがあるが，法律（事実）関係の全てが登記原因と認められるわけではない。次は，実務の上で登記原因と認められていない例である。

寄託[66]　譲渡[67]　錯誤[68]　財産分割[69]　相続分の譲渡による遺産分割[70]

登記原因と日付　登記申請情報には，登記原因とあわせてその日付の提供が求められている。この日付は，ほとんどが登記原因となった法律行為等によって決まる性質であるけれど，実際にその判断をする際に疑義が生ずる場合がある。解釈の統一が示された代表的なものを簡単に整理しておくことにする。

売買　売買の日付は，基本事例の冒頭でも述べたように，原則は当事者の合意の日である。しかし，当事者間に，例えば「売買代金完済の日に所有権が移転する」旨の特約がある場合にはそれに従うので，実務上，登記原因の日付はその日となる[71]。契約に停止条件が付されている場合には，条件成就の日であり（民法第127条第1項），具体的には，例えば農地について農地法の許可を条件に売買したときは，農地法の許可が当事者に到達した日である[72]。なお，いわゆる他人物売買がなされた場合には，売主が他人から所有権を取得した日をもって登記原因の日としている[73]。

時効取得　登記原因が時効取得の場合，日付は時効の起算日である[74]。

---

[65] 平成19年1月12日法務省民二第52号通知
[66] 登記研究第326号71頁
[67] 登記研究第491号107頁
[68] 登記研究第541号137頁
[69] 昭和34年10月16日民事甲第2336号電報回答
[70] 登記研究第744号125頁
[71] 登記研究第446号121頁
[72] 昭和35年10月6日民事甲第2498号回答
[73] 最判1965年11月19日民集19巻7号2003頁参照

遺産分割 登記原因を遺産分割として持分移転登記を行う場合，日付は遺産分割協議の成立した日である[75]。

登記原因に日付の記載を要しないものについて 登記原因のなかには，上述の「真正な登記名義の回復」のように，性質上その日付の提供（記載）を要しないものがある。また，売買による所有権移転の登記を判決により申請する場合，判決の主文又は理由中に売買の日付の記載がなされていないときは，〈年月日不詳売買〉とすることが認められている[76]。

登記原因証明情報 所有権移転登記の申請において提供すべき登記原因証明情報（法第61条，令第7条第1項第5号ロ）には，登記原因にしたがって様々なものが考えられる。このうち，登記原因が法律行為によるものであれば，売買や贈与，交換などの契約書がその代表例であろう。ところで，登記実務では，登記原因が法律行為によるものである場合でも，当事者間で作成される契約書とは異なり，登記手続の添付情報への使用を限定した「登記原因証明情報」と名付けられた書類が作成されることが多い。この書類は，申請される登記の申請情報を基に，登記原因証明情報の適格性を満たしたものであり，内容が登記官に対する報告の形式をとるので，「報告書形式」と呼ばれることが多い。また，登記原因が法律行為ではなく，時効取得や真正な登記名義の回復による場合などでも，報告書形式の登記原因証明情報が利用されている。この他，売買による所有権移転登記の申請に際しては，売買契約書とは別に「売渡証書」と呼ばれる書類が作成されることが実務では古くから慣行化され，これが登記原因証明情報として使用されることも多いようである。

登記原因証明情報を書面で提供する場合，必要な事項が全て同一の書面に記載されていない場合でも，内容の一部が記載された契約書，及びそこに記載されていない部分（例えば所有権移転の時期について特約がある場合の当該特

---

[74] 登記研究第574号1頁
[75] 遺産分割がなされると，その効果は相続開始に遡る（民法第909条）。しかし，この場合は既に相続を登記原因とする登記がなされているので，共有者が合意した日に共有持分権が移転すると解されている。
[76] 昭和34年12月18日民事甲第2842号民事局長回答

約に基づく所有権移転の事実）について，それを補充する売主作成の報告書，又はその事実を証する例えば領収書が加えられていれば，それらを合わせて登記原因証明情報とすることができる[77]。

次に，売買による所有権移転について，報告書形式の登記原因証明情報の例と，売渡証書の例を，また時効取得による所有権移転について，報告書形式の登記原因証明情報の例を，それぞれあげておくことにする。

〈売買による所有権移転についての報告書形式の登記原因証明情報の例〉

登記原因証明情報

○○（地方）法務局○○出張所御中

登記申請特定情報

1．登記の目的　　所有権移転
2．原　　因　　　平成23年5月20日売買
3．当　事　者　　権利者　何市何町一丁目2番3号　乙野次郎
　　　　　　　　　義務者　何市何町三丁目5番6号　甲野一郎
4．不動産の表示
　　　　　　　所在　何市何町一丁目
　　　　　　　地番　何番何
　　　　　　　地目　宅地
　　　　　　　地積　246.78 m²

登記原因となる事実又は法律行為
1．平成23年5月1日，甲野一郎は乙野次郎に対して，上記の不動産を売り渡した。
2．上記の契約には，所有権移転の時期は売買代金完済時とする旨の特約がある。
3．乙野次郎は平成23年5月20日売買代金全額の支払いを完了し，甲野一郎はこれを受領した。
4．よって，上記不動産の所有権は，平成23年5月20日，甲野一郎から乙野次郎に移転した。

　　　　平成23年5月20日
　　　　　　上記のとおり相違ありません。
　　　　　　　　　買主　何市何町一丁目2番3号　乙野次郎　印
　　　　　　　　　売主　何市何町三丁目5番6号　甲野一郎　印

---

[77] 登記研究第730号98頁　実務の視点

〈売買による所有権移転についての売渡証書の例〉

```
                 売 渡 証 書

  私所有の後記不動産を本日，貴殿に売り渡し，その代金を確かに受領しました。
 よって，本日，後記不動産の所有権は，私から貴殿に移転しました。
 ついては，後記不動産について万一他から故障等を申し出る者があった場合には，
 私においていっさいを引き受け，貴殿には決して御迷惑をお掛けいたしません。
 後日のため，この売渡証書を作成し，お渡しいたします。

   平成23年5月20日

                 何市何町三丁目5番6号
                     売主    甲野一郎    実印
   何市何町一丁目2番3号
        買主    乙野次郎    殿

        不動産の表示
                 所在   何市何町何丁目
                 地番   何番何
                 地目   宅地
                 地積   246.78 m²
```

売渡証書が書面申請あるいは特例方式による申請において提供される場合には，合わせて原本還付の手続（規則第55条）がなされることが多いようである。

〈時効取得による所有権移転についての報告書形式の登記原因証明情報の例〉

```
  登記原因証明情報

 1  登記申請情報の要項
   (1) 登記の目的      所有権移転
   (2) 登記の原因      平成3年5月1日時効取得
   (3) 当 事 者       権利者（甲）  何県何市何町何丁目何番何号
                                  甲 野 太 郎
                    義務者（乙）  何県何市何町何丁目何番何号
                                  乙 野 次 郎
   (4) 不動産の表示
     所    在    ○○市○○町一丁目
     地    番    123番5
     地    目    宅地
     地    積    56.78 m²
```

2　登記の原因となる事実又は法律行為
　(1) 甲は，平成3年5月1日，本件土地を所有の意思をもって占有し，平成23年5月1日まで継続して20年間本件土地を占有した。
　(2) 乙は，本件土地の名義人である。
　(3) 甲は，乙に対し，平成23年7月1日，本件土地について時効を援用した。
　(4) よって，本件土地の所有権は，平成3年5月1日時効取得により乙から甲に移転した。

　　平成23年8月1日　　○○法務局○○出張所　御中
　　上記の登記原因のとおり相違ありません。
　　　　権利者（甲）　何県何市何町何丁目何番何号
　　　　　　　　　　　　　　　甲　野　太　郎　㊞
　　　　義務者（乙）　何県何市何町何丁目何番何号
　　　　　　　　　　　　　　　乙　野　次　郎　㊞

登記識別情報　　共同申請によって所有権移転登記の申請を行う場合，登記義務者は登記識別情報の提供をしなければならない（法第22条）。登記義務者が正当な理由により登記識別情報の提供が出来ない場合には（法第22条但し書），登記官の事前通知や代理人の本人確認情報の提供等により登記の申請をすることもできる（法第23条）。提供が出来ない理由については，仕組み編で述べたとおりである。ところで，提供を求められる登記識別情報は，登記義務者が登記名義人となった手続の終了時に登記官より通知されたものであるが，この手続自体が現行不動産登記法により採用されたものであり，旧不動産登記法（以下，旧法と呼ぶ）時代に登記識別情報は存在していなかった。そうすると，旧法時代に登記名義を取得した者が，これから登記を共同申請で行う際に，登記識別情報の提供をすることは当然できない。そこで現行法は，登記義務者が旧法の手続において登記所から還付を受けた「登記済証」を提出すれば，登記識別情報書が提供されたものとみなすことにした（法附則第7条，第6条）。次に，登記済証を簡単に紹介しておくことにする。

登記済証とその役割について　　旧不動産登記法による手続の下では，登記を完了した際に登記権利者（単独申請では申請人）に，登記が完了した証として登記所より登記済証が渡された。これは，旧法下で申請書に添付された登記原因証書もしくは申請書副本に登記官が登記済の旨の印判を押印したものであるが（旧法第60条），このうち所有権移転など登記名義の取得に関する登記については，印判の他に，登記簿上の，その登記に関する受付年月日及び受

付番号が記載され，また再交付されることはなかった。それゆえ，登記官はこの書類（社会では，所有権に関するそれを特に「権利証」あるいは「権利書」と呼んでいた）が提出された場合には，そこに記録された受付年月日及び番号等を登記簿のそれと照合することで，申請人（登記義務者）が登記名義人本人であることの推認が可能であることから，旧法による手続において，共同申請の登記義務者に対しては申請書にその添付を義務付けていたのである（旧法第35条第1項第3号）。このように，旧法下において登記済証を申請書に添付させる趣旨が登記義務者の本人確認手段であったことから，新法において同趣旨で使用される登記識別情報に替えて，これを使用することが出来るのである。

登記識別情報の提供を要しない申請について　共同申請の登記義務者は，申請情報と併せて登記識別情報を提供しなければならないが（法第22条），次のように，申請形式によってはその提供を要しない場合がある。

> 破産管財人が破産財団に属する不動産を任意売却したことによる所有権移転登記を申請するときは，申請情報と併せて登記義務者の登記識別情報を提供することを要しない[78]。

> 相続財産管理人が家庭裁判所の許可を得て相続財産に関する不動産を売却し，家庭裁判所の許可を証する情報を提供して所有権移転の登記を申請する場合，申請情報と併せて登記義務者の登記識別情報を提供することを要しない[79]。

登記識別情報の通知及びその相手　登記の申請人が登記名義人となった場合，その者に対しては一定の場合を除いて登記官より登記識別情報が通知される（法第21条）。この通知について疑義が生じやすいものは以下のとおりである。

> 債権者代位により登記がなされた場合には，申請人が登記名義人とはならないので，登記識別情報の通知はなされない。

---

[78]　破産の下では，破産管財人が破産者から登記識別情報の提供を受けることが困難であろうことが考慮されたものであろう（昭和34年5月12日民事甲第929号通達）。

[79]　登記研究第606号199頁　質疑応答

➢共同相続人中の一人が，共同相続人全員のために共有物保存行為として相続を登記原因とする所有権移転登記をした場合，その申請をした共同相続人中の一人の者に対してだけ登記識別情報が通知される。
➢Aを登記義務者，Bを登記権利者として所有権移転登記を申請する前に登記権利者のBが死亡したために，Bの相続人であるCがBに代わってAからBへの所有権移転登記の申請をした場合（法第62条），登記が完了した際に，登記官は登記を申請した相続人のCに対して登記識別情報の通知をする[80]。

登記原因についての第三者の許可，同意，承諾を証する情報　申請する登記の登記原因について第三者の許可，同意，承諾を要する場合には，それを証する情報を提供しなければならない（令第7条第1項第5号ハ）。所有権移転登記に関連して提供を要する代表的なものは，次のとおりである。なお，登記原因に対する第三者の許可等を証する書面が私人によって作成された場合には，それが真正であることを担保するために，作成者の印鑑証明書をも添付しなければならないが（令第7条第1項第5号ハ，令第19条），この印鑑証明書に有効期限の定めはないので，作成後3月を経過したものでも差し支えはない。

農地又は採草放牧地についての所有権移転等の登記の申請について　農地又は採草放牧地について所有権を移転し，又は地上権，永小作権，質権，使用貸借による権利，賃借権もしくはその他の使用及び収益を目的とする権利を設定し，もしくは移転する場合には，原則として農業委員会もしくは都道府県知事の許可を受けなければならない（農地法第3条）。また，農地や採草放牧地をそれら以外の用途にする[81]ために前述の所有権移転等を行う場合にも，都道府県知事の許可を受けなければならない（農地法第5条）。売買や贈与など，主に契約によるものについては許可が必要であり，したがってそれによる登記の申請情報と併せて許可を証する情報の提供が必要である。

《農地法の許可を要しない場合》　農地の権利変動に際して農地法の許可を

---

[80] 平成18年2月28日民二第523号通知
[81] このような行為を一般に「農地転用」と呼んでいる。

要しないものがあり，その代表例は次のとおりである。
・相続　・包括遺贈[82]　・遺留分減殺　・遺産分割　・持分放棄　・時効取得　・委任の終了　・会社分割[83]　・相続分の贈与[84]

なお登記実務では，農地について真正な登記名義の回復を登記原因とする登記の申請について，従前の登記名義人に対して所有権移転登記をする場合には許可を必要としないが，従前の登記名義人以外の者に対して所有権を移転する登記を申請する場合には，許可を必要とする。

株式会社をめぐる取引関係と登記手続について　株式会社が権利を有する不動産をめぐる取引そして登記の申請に際しては，取締役の利益相反行為等に該当するか否かが問題となる。代表的なものは次のとおりである。

➢ A株式会社とB株式会社の代表取締役が同一人である場合，A株式会社の所有する不動産をB株式会社に売買する所有権移転登記の申請をするときには，申請情報とともに双方の株式会社の株主総会（会社が取締役会設置会社であるときには取締役会）においてその売買が承認されたことを証する情報として，株主総会議事録（取締役会議事録）を添付しなければならない[85]。

書面申請における印鑑証明書　既に述べたように，所有権移転に限らず書面によって登記の申請をするときには，一定の場合，申請書に登記義務者の印鑑証明書を添付しなければならない（令第16条，第18条）。

➢ 株式会社が清算結了の登記を行う前に売却したことにより所有権が移転した不動産を，清算結了の登記の後に，元清算人が，登記義務者である清算会社を代表して清算結了の登記前の日付を登記原因日付として所有権移転の登記を申請することができるが，この登記（書面申請で行う場合）の申請書に添付すべき印鑑証明書は，市町村長の作成した元清算人個人のもので足りる[86]。

---

[82] 特定遺贈については，受遺者が相続人の一人であっても農地法所定の許可を要する（昭和43年3月2日民事三発第170号回答）。
[83] 登記研究第648号197頁　質疑応答
[84] 最高裁判例　平成13年7月10日第三小法廷判決　平成11年（行ヒ）第24号
[85] 昭和37年6月27日民事甲第1657号回答

- 外国に居住する日本人が登記義務者として登記の申請をする場合には，居住地の領事館で証明された署名証明等をもって，印鑑証明書に代えることができる。また同様の場合に，当該国もしくは当該国の各州において制定された法律に基づく公証人による「その署名が本人のものに相違ない」旨の証明書をもって，前述の領事館等の署名証明等に代えて差し支えないものとされている[87]。
- 外国に居住する日本人が登記義務者として登記の申請をする場合，現地の日本の総領事の署名・証明のされた委任状，あるいは外国公証人の署名証明書が添付され，登記義務者本人の同一性が確認される限り，登記の申請をすることができる[88]。
- 所有権移転登記の登記義務者が外国人である場合，印鑑証明書に代えて委任状の署名が本人のものである旨の日本にある外国大使館等の証明書を提出して登記の申請をすることができる[89]。なお，この場合在日外国人が，住所地の市区町村長発行の印鑑証明書を提出しても登記の申請はすることができる[90]。
- 外国に居住する日本人が一時帰国中に自己の不動産を売却する場合，印鑑証明書の添付に代えて，「本人の自書に相違ないこと」の日本の公証人の認証のある証明書を添付して所有権移転登記の申請をすることができる[91]。

住所証明書 所有権の移転登記を申請する場合，登記名義人となる者の住所を証する情報を提供しなければならない（令別表三十添付情報ロ）。この情報の代表的なものは，既に述べたように自然人については市町村長の作成した住民票であり，会社等の法人については，登記所の作成した登記事項に関する証明である。

---

[86] 登記研究第480号132頁　質疑応答
[87] 登記研究第742号119頁，120頁　実務の視点
[88] 昭和33年8月27日民事甲第1738号心得回答
[89] 昭和59年8月6日民事三第3992号通知
[90] 昭和35年4月2日民事甲第787号
[91] 登記研究第669号209頁　質疑応答

> 戸籍の附票を，住所を証する書面（情報）として取り扱って差し支えがない[92]。
> 住所地の市町村長が作成した印鑑証明書を，登記権利者の住所を証する情報とすることができる[93]。
> 登記権利者の住所を証する書面は，作成後3月を経過したものであっても差し支えない[94]。
> 在留外国人の住所を証する情報には，住所地の市区町村長の作成した外国人登録証明書が最適である[95]。
> 在外邦人が所有権取得の登記を申請する場合に提供すべき住所を証する情報は，在外公館の証明を得た書面（居住証明書）である[96]。

添付情報の省略　添付情報については，例えば登記の申請人が会社等法人の場合で，申請をする不動産登記の管轄登記所と，当該会社等の本店所在地を管轄する登記所が同一でかつ一定の場合には，申請する登記の種類内容を問わず，申請人の代表者の資格を証する情報の添付が省略できるが（令第7条第1項第1号，規則第36条第1項），これ以外にも，次の場合には省略することができる。

連件申請　添付情報（添付書面）は，一つの申請情報（申請書）に対して一つ提供（添付）されるものである。しかし，登記の手続では，相互に関連する数個の登記が連続する形で同一の登記所に申請される場合がある（これを実務では「連件」と呼ぶことが多い）。例えば，Aが隣接する甲土地をBから，乙土地をCからそれぞれ売買で取得し，それによる所有権移転登記の手続を同時に行うような場合である。このとき，登記権利者であるAには，既に述べたように申請情報とともに住所を証する情報の提供が必要であるが，例えば

---

[92] 登記研究第190号73頁　質疑応答　戸籍の附票とは，住民基本台帳法に基づき，戸籍に付随して作成されるもので，戸籍に記載されている者の住所（その履歴）が記載されている（住民基本台帳法第17条）。したがって，この写しを，住所を証する書面とすることができる趣旨である。
[93] 昭和32年6月27日民事甲第1220号回答　同趣旨　登記研究第530号76頁　質疑応答
[94] 住所を証する書面には有効期限の規定がないので（令別表三十添付情報ロ，所有権保存登記について，令別表二十八添付情報ニ），そのことを確認する趣旨であろう（登記研究第156号50頁他，質疑応答）。
[95] 登記研究第748号57頁　実務の視点
[96] 昭和33年1月22日民事甲第205号民事局長心得回答

甲土地についてするBからAへの所有権移転登記の申請書にAの住所を証する書面を添付すれば，同時（物理的には，甲土地に関する所有権移転の申請書と乙土地に関するそれに，登記の順序を指定した上で[97]，接続して登記所の申請窓口に提出される）に申請する乙土地に関する所有権移転登記の申請書に添付を求められるAの住所を証する情報は省略[98]することができる（規則第37条第1項）。なおこの場合，省略する側の申請書にはその旨を記載しなければならない（規則第37条第2項）[99]。

添付書面の原本還付　原本還付の手続については既に述べたとおりであるが，方式や対象について若干補足をしておくことにする。

原本還付可能なものについて　原本還付の手続が可能なものは次のとおりである。

- 住所を証する情報として提供した住民票の証明，及び会社代表者の資格を証する登記事項証明書は，いずれも原本還付の請求をすることができる。
- 売買契約書は，登記申請のためにのみ作成された書類ではないので，それを所有権移転登記の登記原因証明情報とする場合には，原本還付の請求をすることができる。

登記申請の取下げ　申請の取下げについては，次のような取扱い例がある。

- 登記申請の取下げは，（任意）代理人からでもすることができる。この場合，取下げの理由が申請情報の欠缺補正であれば取下げについての授権は要しないが，それ以外であれば，取下げについての委任状の提出を要する[100]。

---

[97] 実務上は，例えば甲土地に関する申請書の上部余白に「1/2」，乙土地に関する申請書には「2/2」とそれぞれ記載して，手続がその順序でなされるように書類を提出する。
[98] 物理的には省略であるが，手続の上では援用と呼ぶべきである。
[99] 実務上は，省略する側の申請書（上記例では乙土地のそれ）の添付書面を表示する箇所に，例えば「住所証明書（前件添付）」のように記載することが多いようである。
[100] 昭和29年12月15日民事甲第2637号民事局長回答

(2) 所有権登記名義人の住所変更等の登記

　ある登記の申請をする際に，申請情報上の登記義務者の住所や氏名等が登記記録上のそれと符合しない場合，申請は却下される（法第25条第7号）。このような場合には，予め登記記録上の登記名義人の住所等を現在のそれに変更するための登記を申請しなければならない（法第64条）。この登記は所有権に限られないが，実際は所有権に関するものが多いのでここで取り上げておく。

申請及び申請人

> 所有権以外の権利を抹消する登記を申請する場合，登記義務者の住所等が登記記録上のそれと符合しなときでも，抹消登記の申請情報に登記名義人の住所等の変更を証する情報を添付すれば，抹消登記の前提としての登記名義人住所変更等の登記をすることを要しない[101]。所有権に関する仮登記（請求権仮登記を含む）を抹消する場合も同様である[102]。

> 登記名義人の住所が転居等の繰り返しにより数回にわたり変更している場合，一件の申請情報で現在の住所等に直接変更する登記を申請することができる[103]。

> AからBへの所有権移転登記を抹消する場合，（前登記名義人である）Aの現在の住所等が登記記録上のそれと符合しない場合でも，Aは登記名義人住所変更等の登記を申請することはできない[104]。

> 特例有限会社が商号を変更して（通常の）株式会社に移行した場合，商号変更を登記原因として登記名義人名称変更の登記を申請することができる[105]。

> 登記記録上の住所が住居表示の実施により変更となった後に，数回の住所移転を経て住居表示実施後の住所と同一の住所となった場合の登記名義人住所変更の登記は，登記原因を最後の住所移転及びその日付により「年月日住所移転」とすることができる。なお，この場合の登録免許税は

---

[101] 昭和28年12月17日民事甲第2407号通達，昭和31年9月20日民事甲第2202号通達
[102] 昭和32年6月28日民事甲第1249号回答
[103] 昭和32年3月22日民事甲第423号通達
[104] 登記研究第346号41頁　質疑応答　前登記名義人の住所等を変更することはできない。
[105] 登記研究第700号199頁　質疑応答

非課税とすることはできない[106]。

登録免許税　登記の申請に際しては，登録免許税の納付が求められる。権利に関する登記の登録免許税については，登録免許税法及びその別表に規定があり，適用に問題が生じることは少ないが，登記名義人の住所変更等の登記については，登記の性質から柔軟な申請形式が認められる関係で疑義が生じることがあり，以下の取扱いが示されている。

- 氏名の変更と住所の移転を一つの申請情報で申請する場合，登録免許税は不動産1個について金1,000円である[107]。

これに対して住所と氏名の変更登記と更正登記を一つの申請情報で申請する場合，変更と更正では登録免許税法別表の登記の区分が異なるので，登録免許税は不動産1個につき金2,000円である。ただし，住所に関して錯誤と移転があった場合や，氏名について錯誤と変更があった場合のように，同種のものに関する変更更正の登記を行った場合には，不動産1個について金1,000円で足りる[108]。

- 登記名義人が住所の移転をし，その後住所について住居表示の実施がなされた場合，登記名義人の住所の変更登記を申請するときは，最後の登記原因が住居表示実施で非課税であるために，登録免許税は非課税である。登記上の住所に錯誤があり，その後に住居表示が実施された場合の変更更正の登記の登録免許税も，同様である[109]。

一方，登記名義人の住所について住居表示の実施の後に，名義人が住所を移転したことによる登記名義人の住所変更の登記は，最終の登記原因が住所移転であるために，登録免許税は不動産1個について金1,000円である。

---

[106] 登記研究第744号125頁　質疑応答　住居表示の実施により住所の表示が変わった（例えば甲市乙町123番地5が，甲市乙一丁目2番5号のように変わる場合）ことによる登記名義人住所変更の登記の申請に，登録免許税は課せられない（登録免許税法第5条第4号）。行政区画の変更等（市町村の合併など）についても同様である（登録免許税法第5条第5号）。但しこの例は，住所の移転をともなっているので課税されている。
[107] 昭和42年7月22日民事甲第2121号通達
[108] 昭和42年7月26日民三第794号依命通知
[109] 昭和42年12月14日民事甲第3447号回答

(3) 所有権の更正登記

既になした登記の記録に錯誤や遺漏があった場合，その記録を訂正する登記を申請することができる（法第2条第16号）。所有権の更正について，実務上は次のような取扱い方法が示されている。

申請及び申請人
- 登記原因を贈与としてなされた所有権移転登記について，登記原因を売買に更正することができる[110]。
- AからBに対して所有権移転登記がなされた後に，所有者をCとする更正登記は判決を得ても申請することができない[111]。
- 登記原因を売買としてAからBの単独所有とする所有権移転登記がなされた後に，それをB及びCの共有名義とする更正登記を申請する場合，登記権利者はCで，登記義務者はA及びBである[112]。
- 登記原因を売買としてAからB及びCの共有とする所有権移転登記がなされた後に，それをBの単独所有とする更正登記を申請する場合，登記権利者はBで，登記義務者はA及びCである[113]。
- 所有権移転登記の登記原因を更正する登記は，現在の所有権登記名義人が登記権利者，前の所有権登記名義人が登記義務者となって申請する[114]。

その他
- 錯誤又は遺漏を登記原因として更正登記を申請する場合，登記原因の日付の記載を要しない[115]。
- 所有権の更正登記をすることにより登記記録上に初めて所有権（共有持分権）を取得することになる者（登記権利者）については，申請情報と併せて住所を証する情報を提供しなければならない[116]。

---

[110] 昭和33年4月28日民事甲第786号通達
[111] 昭和53年3月15日民三第1524号依命回答
[112] 昭和40年8月26日民事甲第2429号回答　更正登記の前後を通じて同一性が維持されることを理由に，登記名義人（の一部）を更正する登記が認められているが，所有権移転登記の手続過程が不完全であることから，その時の登記義務者（前登記名義人）が登記義務の履行を完全にする趣旨で更正登記の登記義務者に加えられる。
[113] 昭和36年10月14日民事甲第2604号回答
[114] 登記研究第425号129頁　質疑応答
[115] 昭和39年5月21日民三第425号回答
[116] 登記研究第391号110頁　質疑応答

(4) 所有権移転登記の抹消

　一度なされた所有権移転登記も，登記原因が解除されたこと等で登記名義人が所有権を失った場合には，その登記の抹消をすることができる。

- ➢ AからB，そしてBからCへと売買による所有権移転の登記がなされたところ，AとB及びBとCのそれぞれの間での売買契約が無効であった場合，登記名義をAに戻すためには，まずBからCへの所有権移転登記の抹消をし，次にAからBへの所有権移転登記の抹消を申請すべきである[117]。
- ➢ 所有権移転登記の抹消の申請に，登記権利者である前所有権登記名義人の住所を証する書面の提出は要しない[118]。
- ➢ 所有権移転登記を抹消する場合，登記権利者（前所有権登記名義人）の住所が住所変更等により登記簿上のそれと符合しないときは，当該申請書（申請情報）にその変更を証する書面の添付を要する[119]。

---

[117] 昭和43年5月29日民事甲第1830号回答
[118] 登記研究第122号33頁　質疑応答
[119] 登記研究第412号165頁　質疑応答

第2章

建物の新築

　建物の新築にともなってなされることが多い所有権保存登記[1]は，前項の土地の売買による登記と同様に日常的な手続である。ここでは，一般的な個人住宅の新築を例にとって，その登記の手続を説明し，次に，個人がマンションと呼ばれる区分建物を新築時に購入した際になされる所有権保存登記の申請を説明する。所有権保存登記は，仕組み編で述べたように登記記録の権利部甲区を開設する手続であり，法文に定められた適格性を有する者が単独で行うところに大きな特徴がある。

1　基本事例—所有権保存登記—

　事例　Bは，Aから買った甲土地上に，株式会社F建設に依頼して住宅の建築をし，平成22年6月1日に建物が完成した。そこでBは，株式会社F建設に工事代金の全額を支払い，新築建物の引き渡しを受けてその建物についての表題登記を行い（法第47条），その後所有権保存登記の申請をすることにした。

(1)　実体関係の整理

　建物が物理的に完成すると，新たな不動産の所有権が成立して次の者が取得する（原始取得）と考えられている。請負代金等の支払い方法や特約がある

---

[1] とはいえ，所有権保存登記は建物の新築に限ってなされる登記ではなく，登記記録に初めてなす所有権の登記である。ほとんどの土地の所有権保存登記は過去に終了しているが，例えば埋め立て地などについては現在でもこれがなされることがある。

こうも考えられるので必ずしも単純な例ばかりではなく，しかも権利に関する登記の手続に直接関係する問題ではないけれど，判例の考え方を参考までにここで若干整理しておくことにする。

➤注文主が材料を提供して請負人が建築した場合は，特約のない限り建物の完成と同時に所有権は注文主に帰属する。

➤請負人が主たる材料を提供して建築した場合は，特約のない限り建物の所有権はまず請負人に帰属し，請負人から注文主への建物の引き渡しにより，所有権が注文主に帰属する。

表題登記　登記記録の表題部になす登記を表示の登記というが（法第2条第2号，第3号），表示に関する登記のうち，その不動産について表題部に最初になされた登記を表題登記という（法第2条第20号）[2]。表題登記のない新築建物の所有権を取得した者は，所有権を取得した日から1月以内に表題登記を申請しなければならない（法第47条）。

(2) 手続関係の整理

表題登記だけがなされた不動産について，所有者は定められた要件を満たせば所有権保存の登記を申請することができる（法第3条）。所有権保存登記は，現在の登記記録の表題部所有者欄の記載から，申請人の適格性が判断されることが，大きな特徴である。そして，まず表題部所有者は，自分から直接所有権保存登記の申請をすることができる（法第74条第1項第1号）。

なお，共有の不動産については，共有者中の一部の者が共有物保存行為として共有者全員の持分について（所有権全体），所有権保存登記を申請することができる[3]。しかし，一部の者が自分の共有持分のみを目的として所有権保存登記を申請することはできない[4]。

> 現在の
> 登記記録

　次は，甲土地上の建物表題部の登記記録の例である。

---

[2]　表題登記によって，不動産の登記記録が新たに開設される。
[3]　明治33年10月2日民刑1413号回答
[4]　登記研究210号50頁　質疑応答

表題部（主である建物の表示）		調整	余　白		不動産番号	・・・・・・・・・・
所在図番号		余　白				
所在		甲市甲町一丁目2番地3			余　白	
家屋番号		2番3			余　白	
①種類	②構造		③床面積	m²	原因及びその日付［登記の日付］	
居宅	木造かわらぶき2階建		1階　110：30 2階　 60：60		平成○○年○○月○○日新築	
所有者		○○○　B				

（表題部所有者）

申請人の適格性　この建物の登記記録表題部の所有者欄には，Bが所有者として記録されている。この者を〈表題部所有者〉と呼び，この者が所有権保存登記を申請することについての適格性を有するので，したがってBはこの登記の申請を単独で行うことができる（法第74条第1項第1号）。

求める登記
【所有権保存登記】
　所有権保存登記は，表題登記だけがなされている登記記録に初めて行う権利の登記であり，これにより登記記録に権利部の甲区（所有権欄）が新たに開設される。

申請人　この例では，表題部に所有者と名前が記載されているBである。所有権保存登記は，繰り返しになるが他の登記とは異なり申請人の適格性が不動産登記法に決められているので（法第74条第1項第1号），Bは申請人となることができる。なお，所有権保存登記は単独申請であるために，登記義務者はいない。

(3)　申請の作業

所有権保存登記の申請作業の要点は，次のとおりである。

申請情報
　一般的な申請情報の内容で構成されるが，そのうちこの例のような場合は〈登記原因及びその日付〉の記載は要しないことと（令第3条第6号），下記に示すように，申請人の適格性の根拠を記載しなければならないことが，大きな特徴である。

登記の目的　〈所有権保存〉である。

申請人　申請人であるBの住所と氏名を記載する。申請人が法人である場合には，〈代表者の氏名〉をも申請情報の内容として記載する。他に，〈連絡先の電話番号〉もここに記載するが，代理人によって申請を行う場合，こ

の記載は要しない。なお，書面申請では，売買による所有権移転登記の基本事例の項で述べた理由で，ここに住民票コードが記載されることがある。

添付情報　この申請に提供を求められる添付情報を表示する。具体的なものは，次の添付情報に示すとおりである。

登記所　この登記を申請する登記所，つまり建物を管轄する登記所である。

申請人の適格性の根拠の表示　申請人が，法第74条第1項のいずれに該当するかを記載しなければならない（令別表二十八の申請情報イ）。

申請年月日　申請情報を送信する日，もしくは申請書を登記所に提出する日である。

代理人　この登記が代理人によって申請される場合には，〈代理人の住所・氏名〉を記載しなければならない。

登録免許税額　登記の申請には，〈登録免許税〉を納付する必要があり，これを金額とともに記載しなければならない。また，納付税額が定率課税で決められる場合には，〈課税価格〉をも記載しなければならない。

不動産の表示　登記を求める建物について〈所在・家屋番号・種類・構造・床面積〉を記載する。建物について，附属建物がある場合にはそれをも記載しなければならない。

その他　上記の他に，事例に応じて次のような情報を記載しなければならない。

登記識別情報の通知を不要とする旨　所有権保存登記は，申請人が登記名義人となり，登記識別情報の通知を受けるべき者となるが，申請人がそれを不要とする場合には，その旨を申請情報の内容に記載しなければならない（法第21条但し書，規則第64条第2項）。

添付情報　所有権保存登記の添付情報は一般的なものを基本にして，他に住所を証する情報など個別に求められるものが加えられるが，概ね次のとおりである。

住所を証する情報　所有権の保存登記を申請する場合は，登記名義を取得する申請人の住所を証する情報の添付が必要であり（令別表二十八添付情報ニ），この例ではBの住民票の証明や戸籍の附票などがこれにあたる。申請

人が会社等の法人である場合には，登記官の発行した商業登記上の，登記事項証明書がこれにあたる。なお，売買による所有権移転登記の基本事例の項で述べたように，一定の場合には，これを省略できるときがある。

　電子証明書　　電子申請をする場合には，申請人（この例ではB）の電子署名についての〈電子証明書〉を提供することが必要である。これに対して，書面申請の場合には申請人の印鑑証明書の添付は要しない。

　その他　　申請の内容に従って，次のものの提供が求められる。

　代理権限を証する情報　　登記の申請を代理人が行う場合には，代理人の〈代理権限を証する情報〉を添付しなければならない（令第7条第1項第2号）。具体例は，土地の売買の基本事例と同様である。

　資格を証明する情報　　申請人がこの例のBのような自然人ではなく会社等の法人である場合には，〈代表者の代表権を明らかにする情報（資格証明書）〉を添付しなければならない（令第7条第1項第1号）。例えば，株式会社であれば登記官の発行した商業登記上の〈現在事項証明書〉などがこれにあたる。なお，一定の場合，この情報は省略することができる（規則第36条）。

＊登記原因証明情報と登記識別情報について

　この例の所有権保存登記の申請には，登記原因がないので〈登記原因証明情報〉は提供することを要しない。〈登記識別情報〉については，単独申請であり法令の規定が適用されないので，これも提供することを要しない。というよりも，そもそも提供は求められない。

> **寄り道** 単独申請と登記識別情報
>
> 　法文に「…の場合は」のような規定がしばしば登場する。これは，申請情報や添付情報などを要求する際の要件であり，それに従う必要があるが，意外と惑わされることが多い。
> 　例えばここで登場する登記識別情報は，既に述べたように登記申請をする義務者の本人確認手段として極めて重要なものであるが，それは共同申請の義務者に求められるものである（法第22条）。しかし，何事にも例外がつきもので，この登記識別情報も，「その他登記名義人が政令で定める登記を申請する場合」には必要であると定められている（法第22条）。したがって，この規定だけをもって所有権保存登記は単独申請であるから登記識別情報は不要である，と言いきれないところがやや面倒で，ひとつお

り「政省令」を見てから判断しなければならない。
　ここでいう政令とは不動産登記令であり，その第8条に法第22条を補充する規定が細かく定められている。権利に関する登記に関連するものは次のとおりである。
　単独申請で登記識別情報の求められるもの（令第8条抜粋）
　①共有物分割禁止の定めに係る権利の変更の登記
　②所有権の移転の登記がない場合における所有権の登記の抹消
　③質権又は抵当権の順位の変更の登記
　④民法398条の14第1項但し書の定めの登記
　⑤信託法第3条第3号に掲げる方法によってなされた信託による権利の変更の登記
　⑥仮登記の登記名義人が単独で申請する仮登記の抹消
　これらの申請に，なぜ登記識別情報を求めるかであるが，まず登記識別情報が登記申請の際に形式的ではあるが不利益を受ける者の意思の確認手段である役割に鑑みれば，①③④は複数の者が申請に関わる場合であり，当事者には登記による不利益も考えられるけれど形式的に共同申請には当てはまらないので，法第22条とは別に提供を求める定めを設けたのである。一方，②⑤⑥はともに単独で申請する登記であるが，申請人は登記義務者の性質を有していると考えられる。そこで，申請意思の確認手段に登記識別情報を求めるのであろう。
　上記に規定のない所有権保存登記等の他の単独申請については，登記識別情報の提供は要しない。

登録免許税　所有権保存登記の登録免許税額は，不動産の価格に1,000分の4を乗じ，1,000円未満の金額の切り捨て等をして算出した額である（登録免許税法別表第一の一の㈠）。ところで，住宅用建物の新築は国の経済に一定の影響を与える効果（経済効果）があり，国民がそれを積極的に行うことの支援策として，所有権保存登記の登録免許税について減税措置がされることがあって，この場合には特別法により別に定められた税率が適用される（租税特別措置法第72条の2）。

(4) 申請情報の例

電子申請の例　次は，上記の事実関係に従った登記の申請を代理人Xが電子申請で行う場合の例である[5]。網掛け文字の部分が，基本事例と異なるところである。

---

[5] 登記研究第744号155頁「不動産の登記の申請情報の作成について」より

```
              登 記 申 請 書
    登記の目的    所有権保存
    申 請 人    ○○○（Bの住所を記載する）
              B
              登記識別情報通知希望の有無：  希望する[6]。

    添付情報
      住所証明情報[7]    代理権限証明情報
    平成○○年○月○○日 法第７４条第１項第１号申請
    ○○地方法務局○○支局    （登記所コード：○○○○)[8]
    その他事項[9]  住民票コード・・・・・・・・[10]
              連絡先の電話番号 ・・・・・
    課税価格    金○○○円
    登録免許税    金○○円
    代 理 人    ○○○（Xの住所を記載する）
              X
  不動産の表示（１）
  一般建物      不動産番号[11]  ・・・・・・・・・・・・

  建物の表示（主である建物の表示）
    所　  在    ○○市○○町○○番地○
    家屋番号    ○○番
    種  　類    居宅
    構　  造    木造かわらぶき２階建
    床  面積    １階○○・○○m² ２階○○・○○m²
```

[6] 申請人が，登記完了後に登記識別情報の通知を希望しない場合には，その旨を登記所に申請情報の内容として提供しなければならない（規則第64条第2項）。この申請情報の内容についてであるが，書面申請の申請書には登記識別情報の通知を希望しない旨を予め記載しておき，実際に希望しない申請人はそこの「□」欄にチェックを入れる様式を採るものがあるが (本編所有権保存登記の書面申請の例参照)，電子申請をする場合では，登記名義人となる申請人が登記識別情報の通知を受けるためには，それを第三者に知られないようにする手段として暗号化する措置を講じられ，そのために特定のソフトウエアが必要であり，申請人はこれを使用して一定のファイルを作成し，申請情報と同時に送信しなければならないので，このことを明らかにするために，登記識別情報の通知を希望する旨を申請情報に記載する様式がある（不動産登記の申請情報の作成方法について（登記研究第745号))。

[7] 電子申請において，申請人が申請情報又は委任情報に電子署名し，その署名について公的個人認証サービスの電子証明書又は商業登記電子証明書を提供した場合，これらをもって住所証明情報の提供に代えることができる（規則第44条第1項）。申請人が自然人で申請情報に住民票コードを記録した場合には，住所証明情報の提供を省略することができる（令第9条，規則第36条第4項）。

[8] 登記所の表示は申請情報の一部であるが（規則第34条第1項第8号），電子申請について法務省が提供する申請書作成支援ソフトを使用して申請情報を作成した場合，登記所選択ボタンで登記所を選択すると登記所コードが記録される（不動産登記の申請情報の作成方法について（登記研究第745号))。

書面申請の例　次は，前例を書面申請で行う場合の例である[12]。

```
            登 記 申 請 書
登記の目的    所有権保存
申 請 人    ○○○（Bの住所を記載する）
           （住民票コード・・・・・・・・・）[13]
                     B
添付書類
  住所証明書    代理権限証明書
  □ 登記識別情報の通知を希望しません。[14]
平成○○年○月○○日 法第74条第1項第1号申請　○○地方法務局○○支局
代 理 人    ○○○（Xの住所を記載する）
                     X
           連絡先の電話番号　・・・・・
課税価格      金○○○円
登録免許税    金○○円
不動産の表示
不動産番号[15]　・・・・・・・・・・・
  所　　在    ○○市○○町○○番地○
  家屋番号    ○○番
  種　　類    居宅
  構　　造    木造かわらぶき2階建
  床 面 積    1階○○・○○m²　2階○○・○○m²
```

登記記録の例　この登記の完了により，建物の登記記録には表題部に続いて甲区事項欄（所有権欄）が新たに開設される。また，表題部の所有者の氏名及び住所には抹消の記号が付される（下線が引かれる。規則第158条）。

---

[9] このように，「その他事項」との表題を掲げて，そこに住民票コードや連絡先電話番号をまとめて記載する申請情報の例もある（不動産登記の申請情報の作成方法について（登記研究745号））。

[10] 住民票コード（住民基本台帳法第7条第13号）を記載した場合には，住所を証する情報の添付を省略することができる（令第9条，規則第36条第4項）。書面申請の場合，住民票コードは登記権利者の位置に記載する。

[11] 不動産番号を記載した場合には，不動産所在事項（規則第1条第9号），地目，地番などを省略することができる（令第6条）。

[12] 登記研究744号154頁「不動産の登記の申請情報の作成について」より

[13] 住民票コード（住民基本台帳法第7条第13号）を記載した場合には，住所を証する情報の添付を省略することができる。

[14] 申請人が，登記完了後に登記識別情報の通知を希望しない場合には，その旨を申請情報として提供しなければならないが，予めこのような記載をし，登記識別情報の通知を希望しない者は，冒頭の□欄にチェックをいれる実務の扱いがある。

[15] 不動産番号を記載した場合には，不動産所在事項（規則第1条第9号），地目，地番などを省略することができる（令第6条）。

権利部（甲区）	（所有権に関する事項）		
順位番号	登記の目的	受付年月日・受付番号	権利者その他の事項
1	所有権保存	平成○○年○月○日 第○○○号	所有者　○○○ 　　　　　　B

2　応用事例Ⅰ―区分建物の所有権保存登記―

事例　乙は，自分の住宅にするために，株式会社甲建設から敷地権付きマンションの一室（一区画）を買い，平成22年6月1日に売買代金の全額を支払って建物の引渡しと合わせて敷地権の譲渡を受けた。マンションの一区画（区分建物）[16]については，株式会社甲建設の表題登記が既に完了しているので，Bは敷地権の登記名義人である株式会社甲建設から承諾を得て，その区分建物についての所有権保存登記の申請をすることにした。

(1)　実体関係の整理

　わが国では，土地と建物は別の不動産なので，建物を所有する者は敷地となる土地に対して所有権等の利用権が必要であり，このことは一棟の建物を区分して利用する場合であっても同様である。区分建物所有者の土地利用権は，一棟の建物全体の敷地に対する共同所有が本来的姿であると考えられる。しかし，区分建物所有者が土地を共同所有した場合，共有者が多数になると一筆の登記記録の権利部甲区，乙区が物理的に膨大になり[17]，一人一人の共有持分の割合も分母が大きくなるなど，登記に混乱が生じて公示の機能を果たし得なくなる。そこで，昭和58年に建物の区分所有等に関する法律（以下，区分所有法という）を改正し，区分建物については敷地を利用する権利[18]（これを敷地権と呼ぶ[19]）と区分建物とを分離して処分することを禁止し，そのこと

---

[16]　一般的な表現に従えば「一戸」である。
[17]　例えば100戸が入居するマンションがあり，敷地が甲土地の一筆であったとする。マンションの各戸の所有者が土地を共有した場合，甲土地は100人の共有となる。さらに，共有者の持分権に抵当権が設定登記され，またマンションの売買で共有の地分権の移転や抵当権登記の抹消，別の抵当権設定などが繰り返されると，一つの不動産の登記記録が物理的に膨張してしまう。そうすると，登記の利用者が，自分に必要な情報が何処にあるかを探すことが困難な事態が生じてしまうのである。
[18]　区分建物所有者が敷地を利用する権利そのものは，所有権や借地権などである。
[19]　区分所有法第2条第6号，法第44条第1項第9号

を登記の上でも明確にするために，区分建物の登記記録に敷地権の登記がされる。つまり，敷地を利用する権利（土地に関する権利）が建物の登記をとおして公示されるのである（法第44条第1項第9号）。そして，敷地権の登記がなされると，敷地権の目的である土地の登記記録に対して登記官が職権で，その土地の所有権もしくは地上権等が敷地権である旨の登記をなし（法第46条），それ以後，敷地権付き区分建物に対してなされた所有権又は抵当権などの担保権に係る権利に関する登記は，一定の場合を除いて土地の敷地権にも効力が及ぶものとされる（法第73条）。したがって，敷地権付き区分建物に関し，敷地権の目的となった土地の登記記録に対する他の権利の登記は，原則として行うことができない。

(2) 手続関係の整理

基本事例と同様に，表題登記だけがなされた不動産について，所有者は定められた要件を満たせば所有権保存の登記を申請することができる（法第3条）。そして区分建物については，登記記録の表題部所有者欄に所有者として記載された者から所有権を取得した者も，所有権の保存登記を申請することができるけれど，その建物が敷地権付き区分建物である場合，当該敷地権の登記名義人の承諾を得なければならない（法第74条第2項）。

現在の登記記録　次は，区分建物の登記記録の例である。

専有部分の家屋番号	35－1－101〜35－1－110　35－1－201〜35－1－215（一部事項省略）			
表　題　部（一棟の建物の表示）		調製	余　白	所在図番号	余　白
所　　在	甲市乙町二丁目　35番地1，35番地2		余　白	
建物の名称	霞が関マンション		余　白	
①　構　造	②　床　面　積　㎡		原因及びその日付〔登記の日付〕	
鉄筋コンクリート造陸屋根地下1階付8階建	1階　　417：27 2階　　638：03 3階　　638：03 4階　　638：03 5階　　638：03 6階　　638：03 7階　　638：03 8階　　206：52 地下1階　461：82		〔平成2年3月16日〕	

表　題　部	（敷地権の目的である土地の表示）			
①土地の符号	②　所　在　及　び　地　番	③地　目	④　地　積　　m²	登　記　の　日　付
１	甲市乙町二丁目３５番１	宅地	599 ｜ 27	平成２年３月１６日
２	甲市乙町二丁目３５番２	宅地	266 ｜ 17	平成２年３月１６日
３	甲市乙町二丁目３２番	雑種地	390	平成２年３月１６日
表　題　部	（専有部分の建物の表示）		不動産番号	１２３４５６７８９０１２３
家屋番号	乙町二丁目　３５番１の２０１		余　白	
①　種　類	②　構　　造	③　床　面　積　　m²	原因及びその日付〔登記の日付〕	
居宅	鉄筋コンクリート造１階建	２階部分　　４２ ｜ ５３	平成２年３月１日新築 〔平成２年３月１６日〕	
表　題　部	（敷地権の表示）			
①土地の符号	②敷地権の種類	③　敷　地　権　の　割　合	原因及びその日付〔登記の日付〕	
１・２	所有権	１０００分の７	平成２年３月１日敷地権 〔平成２年３月１６日〕	
３	賃借権	５０分の１	平成２年３月１日敷地権 〔平成２年３月１６日〕	
所　有　者	甲市乙町一丁目５番１号　株式会社甲建設			

申請人の適格性

　Ｂは，敷地権付きの区分建物について，建物表題部の所有者欄に氏名が記載されている株式会社甲建設から売買により所有権を取得し，敷地権の登記名義人の承諾も得たので所有権保存登記の申請を行う適格性を満たしている（法第74条第２項）。この場合，Ｂが，登記の申請をＸに委任した場合の申請情報等は，次のとおりである。

求める登記
【所有権保存登記】

　この登記が，表題登記だけがなされている登記記録に初めて行う権利の登記であることは，基本事例と同様である。

　申請人　　表題部所有者から所有権を取得したＢの単独申請である。表題部所有者から所有権を取得した者が行う手続であるが，所有権保存登記なので単独申請である。

(3)　**申請の作業**

　敷地権付き区分建物に関する所有権保存登記の申請作業の要点は，次のとおりである。

申請情報　申請情報の内容は一般的なものであるが，敷地権付き区分建物について，この例のような表題部所有者から所有権を取得した者が申請する所有権保存登記については，基本事例の所有権保存登記と異なり，登記原因及びその日付を申請情報の一部として提供することが必要である（令第3条第6号括弧書き）。

　登記の目的　　〈所有権保存〉である。

　原因　　前例の所有権保存登記とは異なり，申請情報の内容に登記原因及びその日付の提供を要するので，ここでは〈平成22年6月1日売買〉と記載する。

　申請人　　申請人であるBの〈住所と氏名〉を記載する。申請人が法人である場合には，〈代表者の氏名〉をも記載する。他に，連絡先の電話番号もここに記載するが，代理人によって申請を行う場合，この記載は要しない。

　添付情報　　この申請に提供を求められる添付情報を表示する。具体的なものは，次の添付情報に示すとおりである。

　登記所　　この登記を申請する登記所，つまり建物を管轄する登記所である。

　申請人の適格性の根拠の表示　　申請人が，法第74条第2項に該当する者であることを記載しなければならない（令別表二十八申請情報イ）。

　申請年月日　　申請情報を送信する日，もしくは申請書を登記所に提出する日である。

　代理人　　この登記が代理人によって申請される場合には，〈代理人の住所・氏名〉を記載しなければならない。

　登録免許税額　　登記の申請には，〈登録免許税〉を納付する必要があり，これを金額とともに申請情報の内容に記載しなければならない。また，納付税額が定率課税で決められる場合には，〈課税価格〉をも記載しなければならない。

　不動産の表示　　登記を求める建物を特定するための記載をしなければならない。敷地権付き区分建物については，〈一棟の建物の表示〉としてその所在等を記載し，次に〈専有部分の表示〉として家屋番号等を申請情報の内容として記載する。またここには，〈敷地権の表示〉をも加えて記載しなければ

ならない。
　《上記以外の申請情報の内容》　全て基本事例と同様である。

添付情報　　この例の添付情報は、一般的なそれを基本にして、他に住所を証する情報や敷地権の登記名義人の承諾書等個別に求められるものが加えられるが、概ね次のとおりである。

　登記原因証明情報　　Ｂと株式会社甲建設の、敷地権付き区分建物の売買契約書などである。

　住所を証する情報　　基本事例と同様である。

　電子証明書　　基本事例と同様である。

　承諾を証する情報　　敷地権の登記名義人の承諾を証する情報である（令別表二十九添付情報ロ）

　その他　　基本事例と同様である。〈登記識別情報〉の提供については、ここでも単独申請なので規定の適用がない。

> **寄り道　所有権保存登記の申請と登記識別情報**
> 　所有権保存登記の申請に登記識別情報を提供するかについては、基本事例で取り上げた法第74条第1項による申請は自分で建てた建物が主な対象であるため単独申請に違和感がなく、その提供を要しないことも理解しやすい。一方ここでの法第74条第2項に基づく申請は、建築業者から買った分譲マンションが対象であり、しかも申請情報に登記原因が記載されるので、申請は単独ではなく共同でなされ、登記識別情報を必要とする規定があるのではないか、と考えがちになる。しかし、所有権保存登記は全て単独申請であり、登記識別情報の提供は要しないことを確認しておく。

登録免許税　　この登記は、形式上は区分建物に関する所有権保存登記である。しかし内容には、敷地権の譲渡を含んでいる。そこで登録免許税については、建物の所有権保存登記についてだけでなく、敷地権譲渡に関するものがあわせて課税される（登録免許税法別表第一の一の㈠および㈡のハ）。

(4)　申請情報の例

　書面申請の例　　次は、上記の事実関係に従った登記の申請を代理人Ｘが書

面で行う場合の例である。網掛けの部分が，前例と異なるところである。

```
            登 記 申 請 書
登記の目的    所有権保存
原    因    平成２２年６月１日売買
申 請 人    ○○○（Bの住所を記載する）
            （住民票コード・・・・・・・・・）20
            B
添付情報
    登記原因証明情報    住所証明書    代理権限証明書    承諾書
    □ 登記識別情報の通知を希望しません。21
平成○○年○月○○日 法第７４条第２項申請   ○○地方法務局○○支局
代 理 人    ○○○（Xの住所を記載する）
                    X
            連絡先の電話番号 ・・・・・
課税価格     建物金○○○円
             敷地権金○○○円
登録免許税   建物金○○円
             敷地権金○○円
             合計金○○円
不動産の表示
不動産番号    ・・・・・・・・・
  一棟の建物の表示
    所   在   甲市乙町二丁目３５番地１，３５番地２
    建物の名称  霞が関マンション
  区分建物の表示
    家屋番号   乙町二丁目３５番１の２０１
    種   類   居宅
    構   造   鉄筋コンクリート造１階建
    床面積    ２階部分  ４２・５３㎡
  敷地権の表示
    所在及び地番  ○○市○○町○○番地○
    地   目   宅地
    地   積   ○○○・○○㎡
  （一部省略）
    敷地権の種類  所有権
    敷地権の割合  ○○○分の○
  （以下省略）
```

登記記録の例　この登記の完了後に，建物の登記記録には甲区事項欄（所有

20　住民票コード（住民基本台帳法第７条第13号）を記載した場合には，住所を証する情報の添付を省略することができる。
21　申請人が，登記完了後に登記識別情報の通知を希望しない場合には，その旨を申請情報の内容として提供しなければならないが，この申請書は予めその旨の記載をし，登記識別情報の通知を希望しない者は，冒頭の□欄にチェックを入れる様式を採ったものである。

権欄）が開設されることなどは，基本事例と同様である。

3 関連知識の整理

　所有権保存登記の申請に関連する知識は以下のとおりである。なお住所を証する情報などは，前項の所有権移転登記の申請に関する関連知識の整理で取り上げたものが該当することがある。

(1) 所有権保存登記
　申請及び申請人　　所有権保存登記の申請人については，法文に定められているが，疑義の生ずるものがあるので，手続の方法を示した通達等が多い。また，申請の仕方に関するものについても同様である。
　申請
　➢表題部に記載した所有者の住所が変更した場合，その変更を証する書面を添付して直接所有権保存の登記を申請することができる[22]。
　➢所有権保存登記の申請情報には，登記原因及びその日付を要しない。このために，法74条1項申請については，（同一の管轄登記所にある）数個の不動産について，登記の目的及び登記原因が同一の場合には，一つの申請情報で申請ができる旨の規定（一括申請）が，形式的には該当しない。しかし，登記の目的が同一であれば，数個の不動産を目的とした所有権保存登記が申請された場合には，受理して差し支えないとされている[23]。

　申請の時期
　➢建物の表示登記（表題登記）の申請と連件でされた所有権保存登記の申請は，即日に表示登記がされる場合以外は却下することができる[24]。

---

[22] 登記研究第213号71頁　質疑応答　同趣旨に，表題部所有者の氏名に錯誤がある場合でも，更正を証する書面を添付して所有権保存登記の申請ができるとするものがある（登記研究第352号103頁　質疑応答）。このことは，区分建物に関する法第74条第2項による申請を行う場合でも，同様であるとしている（昭和58年度法務局・地方法務局首席登記官会同における「区分建物の所有権保存の登記の特則関係」に関する質疑応答（登記研究第755号92頁　実務の視点より）。

[23] 登記研究第27号25頁　質疑応答　同誌第749号51頁　実務の視点

申請人

➢ 所有権保存登記は，未成年者が単独で申請することができる[25]。
➢ 表題部に A 及び B が所有者（共有）として記載されている場合，A が自分の持分についてのみの所有権保存登記を申請することはできない[26]。
➢ 表題部に A 及び B が所有者（共有）として記載されている場合，A は共有物保存行為（民法第252条但書）として，A 及び B を名義人とするための所有権保存登記を申請することができる[27]。
➢ 会社分割による分割会社が表題部所有者である場合，承継会社（新設会社）が直接自分を名義人とするための所有権保存登記を申請することはできない[28]。
➢ 会社清算中に不動産を処分し，その所有権移転登記未了のまま清算結了登記をしてしまった場合，清算結了の登記を抹消することなく。元清算人において会社を代表して上記所有権移転登記の前提としてなす所有権保存の登記を申請することができる[29]。
➢ 表題部に記載された共有者 A 及び B がともに死亡し，A の相続人甲，B の相続人乙・丙がある場合において，甲から甲・乙・丙の共有名義とする所有権保存の登記申請及び甲から甲・B の共有名義とする所有権保存の登記は，いずれも受理される[30]。
➢ 表題部に記載された所有者が死亡し，その相続人がさらに死亡して数次

---

[24] 登記研究第536号175頁　質疑応答　所有権保存登記の申請適格者は，判決による場合等を除けば表題部に所有者と名前を記載されたものである。一方，手続の実行は，表題登記は，登記官の現場調査をともなう場合があり，登記記録上の登記の日付は実際に登記を実行した日であるが，所有権保存登記は権利に関する登記であり，その記録（登記）は受付の日をもってなされる。したがって，表題登記と所有権保存登記を連件で申請することを認めると，所有権保存登記は表題登記の完了まで保留されることと，表題登記に比べて所有権保存登記が先の日付で実行されるという，手続の順序が逆転したような，公示上不自然な登記が残るからである（登記研究第749号52頁　実務の視点）。
[25] 登記研究第148号51頁　質疑応答
[26] 明治32年8月8日民刑第1311号回答
[27] 明治33年12月18日民刑第1661号回答
[28] 登記研究第659号175頁　質疑応答　この場合には，まず分割会社を名義人とする所有権保存登記を申請し，その後，会社分割を登記原因として分割会社を登記義務者，承継会社を登記権利者とする所有権移転登記を申請すべきである。
[29] 登記研究第119号37頁　質疑応答
[30] 登記研究第484号122頁　質疑応答

にわたる相続があった場合，現在の相続人が自分の名義とするための所有権保存登記を申請することができる[31]。
> 表題部に被相続人が所有者として記載されている不動産の遺贈による登記は，被相続人名義に保存登記をした上，遺贈による所有権移転登記をなすべきである[32]。
> 乙所有の未登記（表示登記はなされている）建物に対し，甲が「乙は甲に対し，本件建物について，何年何月何日売買を原因とする所有権移転登記手続をせよ」という確定判決を得た場合には，甲は，直ちに自己名義に所有権保存登記をすることができる[33]。
> 区分建物について，表題部に記載された所有者が死亡した場合，被相続人の死亡前に区分建物の譲渡を受けた者は，その者から直接所有権保存の登記を申請することができる。この場合，添付情報である「所有者の証明書」は相続人が作成する。しかし，被相続人死亡後に相続人から区分建物の譲渡を受けた者は，直接所有権保存登記の申請をすることができない[34]。
> 区分建物の表題部所有者Aが，その区分建物をBに譲渡した場合でも，Aはその区分建物を自分の名義とするための所有権保存登記を申請することができる[35]。
> 売主が表題部所有者である敷地権付き区分建物について，第三者のためにする売買契約により売主から第三者に直接区分建物の所有権が移転し

---

[31] 登記研究第407号85頁　質疑応答　同趣旨　登記研究第443号93頁　質疑応答
[32] 登記研究第484号121頁　質疑応答　同様のものに，「遺贈者所有の建物について包括受遺者は直接自己名義にする保存登記を申請することができない」とするものがある（登記研究第223号67頁　質疑応答）。
[33] 登記研究第140号44頁　質疑応答　所有権の登記のない不動産について，その所有権が自分にあることを判決によって証明する者はその不動産の所有権保存登記を申請できる（法第74条第1項第2号）。この「判決」には確認判決と，被告に対して当該不動産について原告への所有権移転の登記を命ずる給付判決，又はその引渡しを命ずる判決も含まれる。したがって，判決により原告が当該不動産の所有者であることが認定されている以上，この給付判決中の原告は，法第74条第1項第2号にいう「所有権を有することが確定判決によって確認された者」に該当すると解するのである（登記研究第750号79頁　実務の視点）。
[34] 昭和58年度法務局・地方法務局首席登記官会同における「区分建物の所有権保存の登記の特則関係」に関する質疑応答（登記研究755号70頁　実務の視点）
[35] 区分建物に対しても，法第74条第1項第1号に基づく所有権保存登記の申請はすることができる。

た場合，当該第三者は法第74条第2項の規定により自分を登記名義人とするための所有権保存登記の申請をすることができる。この場合，申請情報に併せて当該売買契約に関する売主，買主及び第三者の記名，押印等のある登記原因証明情報及び敷地権の登記名義人である売主の承諾を証する情報の提供を要するが，当該売買契約の買主の承諾を証する情報の提供は要しない[36]。

　添付情報　法第74条第2項申請の添付情報について，具体例を示したものがある。

(2) 所有権保存登記の更正

　所有権保存登記も，記録内容に錯誤や遺漏があればその更正登記をすることができる。所有権保存登記には登記原因及びその日付の記録のないものが多く（法第74条第1項申請），そうすると更正の対象はこの場合は所有者そのものもしくは共有持分に限られてくる。所有者の更正を認めるか否かは難しい問題であり，認められる範囲は概ね所有権移転登記のそれと同様で，代表例は次のとおりである。

➢ Aの単独名義としてなされた所有権保存登記を，A及びBの共有名義とするための更正登記を申請することができる。同様に，A及びBの共有名義としてなされた所有権保存登記を，Aの単独名義とするための更正登記を申請することができる[37]。更に，例えばA，B及びCの共有としてなされた所有権保存登記を，A及びBの共有とするような共有名義人の一部が脱退することになる更正登記や，これとは逆に，AとBの共有でなされた所有権保存登記を，A，B及びCの共有とするような，共有名義人が加わることになる更正登記も申請することができる[38]。

➢ 所有権保存登記について，共有者の持分を更正する登記を申請することができる[39]。

➢ 法第74条第2項申請によりなされた所有権保存登記について，単独所

---
[36] 登記研究第711号189頁　質疑応答
[37] 不動産登記記録例235，236参照
[38] 不動産登記記録例237，238参照
[39] 不動産登記記録例239参照

有から共有名義へと更正する登記を申請する場合には，申請情報に併せて表題部所有者（敷地権の権利の名義人）の承諾を証する情報の提供（添付）を要する。法第74条第2項申請でなされた共有名義の所有権保存登記を単独名義に更正する場合も同様である[40]。

(3) 所有権保存登記の抹消

所有権保存登記は，登記名義人が単独で抹消することができるが（法第77条），抹消される登記が権利部甲区を開設する特殊な性質を有しているので，次のように，他の権利の抹消とは異なるところへの考慮が必要となる。

➤ 法第74条1項の規定により表題部所有者が自ら申請した所有権保存登記を抹消した場合，その登記記録は閉鎖される[41]。
➤ 法第74条第1項の規定により表題部所有の相続人が申請した所有権保存登記，又は，法第74条第2項の規定により，区分建物について表題部所有者からの転得者が申請した所有権保存登記をそれぞれ抹消した場合，登記記録は閉鎖されず，また表題部所有者の記録は登記官の職権により回復される[42]。

---

[40] 登記研究第439号121頁　質疑応答
[41] 昭和36年9月2日民事甲第2163号回答
[42] 昭和59年2月25日民三第1085号通達

第3章

担保その1　抵当権

　市場経済の社会は，事業の活動に際して資金を必要とすることが多く，これを他人からの融通によって賄うことが日常的に行われている。このことは，個人の生活でも同様である。身近なところでは，企業の運転資金や設備資金，個人の住宅取得資金等への銀行からの借入れである。ところで，銀行をはじめとした金融機関だけでなく全くの個人であっても，多額の貸し出しをする際には債務者（もしくは物上保証人）に担保を要求することが一般的であり，そこでは目的物を不動産とした抵当権が利用されることが多い。このため，抵当権に関する登記は，登記申請の中でも売買による所有権移転と同程度に身近なものである。

　ここでは，まず金銭消費貸借上の債権を担保する抵当権の設定を例にして，それによる登記の申請手続を述べる。次に，被担保債権を共通して数個の不動産に抵当権が設定された例，それが時期を異にしてなされた場合，利息が変更された例や抵当権の順位変更，さらに債権者が被担保債権を他人に譲渡した場合，そして被担保債権が弁済された場合と，金融実務で多い例を上げながら，説明を進めていくことにする。

1　基本事例―抵当権設定登記―

事例　Bは，事業の都合で取引先の株式会社H銀行から金銭の借り入れをすることになり，その際に担保を求められたので，自分が所有する甲土地と土地上の乙建物を株式会社H銀行のための抵当権の目的物にすることにした。Bと株式会社H銀行の合意の内容は，次のとおりである。

《金銭消費貸借について》 平成22年9月1日，Bと株式会社H銀行は以下の合意をするとともに，Bは株式会社H銀行から借入金全額を受け取った。
・借入金　金3,000万円　　・債務者　B　　・利息　年5・00%
・遅延損害金　年18%
・元利金の支払い期日及び支払方法　平成26年12月末日に，Bは元利金の合計を株式会社H銀行に持参して支払う。

《抵当権の設定について》 平成22年9月1日，Bと株式会社H銀行は，株式会社H銀行のBに対する上記債権を担保するために，Bの所有する甲土地とその土地上の乙建物に株式会社H銀行のための抵当権を設定し，その登記を行う。

(1)　実体関係の整理

　抵当権は，特定の債権を担保するために，債務者又は第三者が所有する土地（その他地上権，永小作権）や建物を目的に成立する担保物権であり（民法第369条），抵当権者と目的物の所有者等（担保目的物の提供者を設定者と呼ぶ[1]）との合意で成立するが，第三者に対抗するために登記をすることができる（民法第176条，第177条，法第3条）。担保する債権（被担保債権）は金銭債権[2]が多いけれど，それ以外のものであっても差し支えない。抵当権は，同一の不動産に複数設定することが可能であり，目的不動産の競売時には原則として登記の順に配当を受けるが（民法第373条），この順序を変えることもできる（抵当権の順位変更（民法第374条））。抵当権の法的性質で特徴的なのは，成立はもとより存続にも被担保債権の存在を前提とするところにあり，したがって，被担保債権が移動すれば抵当権もそれに従って移動し[3]，被担保債権が消滅すれば抵当権も消滅する[4]。

---

[1]　債務者以外の目的物提供者を物上保証人と呼ぶこともある。
[2]　金銭消費貸借上の債権が多いが，金融機関のいわゆる住宅ローンでは，金銭消費貸借上の債務を保証する関係のもの（求償権）も比較的多く見られる。
[3]　抵当権（担保物権）の，被担保債権への随伴性という。
[4]　抵当権（担保物権）の被担保債権への附従性（消滅時の附従性）という。なお，抵当権の成立には被担保債権の成立（存在）が必要であり，これを成立時の附従性という。

(2) 手続関係の整理

ある不動産に，新たに抵当権が成立したのであれば，抵当権設定登記を申請することができる（法第3条）。抵当権の成立に関しては，ここでの例とは異なり，債務者である親権者が自分の親権に服する未成年の子の所有する不動産に債権者のための抵当権を設定する場合や，債務者が，自分の債務を担保するために自分が取締役であるところの株式会社の所有する不動産に債権者のための抵当権を設定する場合等に，いわゆる利益相反行為の問題が生じ，契約を有効ならしめるために，前者については家庭裁判所の選任した特別代理人の関与が，後者では取締役会の承認等が必要となることがあり，いずれも場合でもそれが添付情報の内容となって現われる。

現在の登記記録　甲土地及び土地上の乙建物の登記記録の例は，次のとおりであるものとする。

手続を進めるためには，登記の目的である不動産の登記記録で現在の権利関係を確認し，登記義務者の住所等が現在のそれと異なる場合には，予め登記名義人の住所等の変更登記を申請しなければならないことは，売買による所有権移転と同様である。

甲土地　次が，甲土地の登記記録の例であるものとする。

権利部（甲区）	（所有権に関する事項）		
順位番号	登記の目的	受付年月日・受付番号	権利者その他の事項
5	所有権移転	平成○○年○月○日 第○○○号	原因　平成○年○月○日売買 所有者　○○○ 　　　　　　　　A
6	所有権移転	平成○○年○月○日 第○○○号	原因　平成２２年３月３１日売買 所有者　○○○ 　　　　　　　　B

乙建物　次が，乙建物の登記記録の例であるものとする。

権利部（甲区）	（所有権に関する事項）		
順位番号	登記の目的	受付年月日・受付番号	権利者その他の事項
1	所有権保存	平成○○年○月○日 第○○○号	所有者　○○○ 　　　　　　　　B

求める登記【抵当権設定】　甲土地と土地上の乙建物のそれぞれに抵当権が設定されたので，抵当権設定登記である。

申請人　手続が原則的な共同申請でなされる場合には，次のとおりであ

る。なお，抵当権設定の登記が判決によって行われる場合も考えられる。

【登記権利者】　抵当権設定登記を行うことで，登記記録に新たに抵当権の登記名義を取得することにより利益を得る者であり，この例では株式会社H銀行である。なお実務で使用する申請情報ではこれを，登記権利者ではなく〈抵当権者〉と記載する。この記載方法は，登記記録の該当部分の記載に合わせたものだと思われる。

【登記義務者】　この登記を行うことで，登記上に不利益を受ける所有権登記名義人であり，この例ではBである。なお，実務での申請情報では，登記権利者が抵当権者と記載されることに対応してこれを，登記義務者ではなく〈設定者〉と記載している。

(3)　**申請の作業**

抵当権設定登記の申請作業の要点は，次のとおりである。なお，この例のように複数の不動産に対して同一の債権を担保する抵当権がそれぞれ設定されたことによる登記であっても，管轄登記所，登記原因及びその日付が同一であれば，他の権利に関する登記と同様に一括して申請することができる（令第4条但し書）。

　申請情報　抵当権設定登記の申請情報は，一般的な申請情報の内容に，抵当権の設定登記に特有の申請情報の内容が加えられて構成されるが，この例の事実関係に法令の規定をあてはめて必要な申請情報の内容を集約すると以下のようになる。

　登記の目的　〈抵当権設定〉である。

　原因　登記原因は，直接には抵当権の成立であり，これに成立の日付を加えて記載するが，抵当権に代表される担保物権は，その成立時には根抵当権等を除いて担保すべき債権の存在が前提となる法的性質を有している。そこで，このことも合わせて記載しなければならないとされているので，この例では〈平成22年9月1日金銭消費貸借　平成22年9月1日設定〉もしくは〈平成22年9月1日金銭消費貸借　同日設定[5]〉のように記載する。

抵当権設定登記に特有の申請情報の内容[6]（令別表五十五申請情報参照）

　債権額　抵当権の担保すべき債権額として合意した金額を記載する。こ

の例では〈債権額　金3,000万円〉である。

　　利息　　当事者が利息の合意をしているのでこれを記載する。この例では〈利息　年5・00％〉である。

　　損害金　　当事者が遅延損害金の合意をしている場合には，それを記載する。この例では〈損害金　年18％〉である。

　　債務者　　債務者の〈氏名（名称）及び住所〉を記載する。この例ではＢの氏名と住所を記載する。

　　《その他の事項》　次の事項に関する定めがあるときは，それをも申請情報の内容に記載する。主なものは次のとおりである。

　　・所有権以外の権利を目的とするときは，その目的となる権利　　・外国通貨で債権額を指定した債権を担保する場合には日本の通貨で表示した担保限度額　　・債権に付した条件　　・民法370条但し書の別段の定め

　　＊ここから一般的な申請情報の内容に戻る。

　　申請人　　抵当権者と設定者についての〈住所と氏名（法人は名称）〉を記載する。申請人が法人である場合には，〈代表者の氏名〉をも記載する。他に，〈連絡先の電話番号〉もここに記載するが，代理人によって申請を行う場合，この記載は要しない。

　　添付情報　　この申請に提供を求められる添付情報を表示する。具体的なものは，次の〔添付情報〕に示すとおりである。

　　登記所　　この登記を申請する登記所，つまり土地と建物の双方を管轄する登記所である。

　　申請年月日　　申請情報を送信する日，もしくは申請書を登記所に提出する日である。

　　代理人　　この登記が代理人によって申請される場合には，〈代理人の住所・氏名〉を表示しなければならない。

　　登録免許税額　　登記の申請には，〈登録免許税〉を納付する必要があり，

5　被担保債権の成立の日と抵当権設定の日が同じ日であるときは，例えば「原因　平成何年何月何日金銭消費貸借同日設定」のように記載すれば足りる（昭和31年2月7日民事三第39号依命通知，不動産登記記録例353）。

6　抵当権に特有といっても，形式的には先取特権，質権等担保一般の申請情報であるものが多い（令別表四十二，同四十六等申請情報参照）

これを金額とともに申請情報の内容に記載しなければならない。また，納付税額が定率課税で決められる場合には，〈課税価格〉をも記載しなければならない。

不動産の表示　　登記を求める土地と建物の表示をする。記載方法は，売買の基本事例と同様である。

その他　　上記の他に，事例に応じて次のような情報を記載しなければならない。

登記識別情報の通知を不要とする旨　　抵当権設定登記は，実行されると登記権利者（抵当権者）が登記名義人となり，登記識別情報の通知を受けるべき者となるが，抵当権者がそれを不要とする場合には，その旨を申請情報の内容に記載しなければならない（法第21条但し書，規則第64条第2項）。

登記識別情報を提供できない理由　　登記義務者（設定者）が正当な理由により登記識別情報の提供が出来ない場合には，その旨を申請情報の内容に記載しなければならない（令第3条第12号）。

添付情報　　抵当権設定登記の添付情報は，登記原因証明情報など一般的なそれを基本に概ね次のとおりであるが，抵当権の設定登記に限定して提供を求められるものはない。

登記原因証明情報　　この例の場合には，内容に当事者・目的不動産・抵当権の内容，及び合意の日等の必要事項の記載された〈抵当権設定契約書〉や〈金銭消費貸借及び抵当権設定契約書〉が典型例であるが，実務では当事者・目的不動産・登記原因その他登記の内容等に関する必要な情報を記載した報告書型式の〈登記原因証明情報〉が使われることもある。なお，具体的なものについては，後述の関連知識の整理に参考例を掲載した。

登記識別情報　　共同申請の登記義務者について求められる情報であり，この例ではBが，甲土地について売買による所有権移転登記により登記名義を取得した際と，土地上の乙建物について所有権保存登記[7]により登記名義を取得した際に，それぞれ登記所から通知を受けたものである。Bが正当な理由により登記識別情報の提供ができない場合の手続方式は，売買の基本事

---

[7]　当り前だが，建物の所有権を取得した登記は本例では所有権保存登記であるが，所有権移転登記の場合もある。

例で述べたとおりである。

電子証明書・印鑑証明書　申請が電子申請でなされる場合については，申請人全員（この例では株式会社H銀行の代表者とB）の電子署名についての〈電子証明書〉を提供することが必要である。書面申請のときには，登記義務者（この例では設定者のB）の，市（区）町村長が作成した作成後3月以内の〈印鑑証明書〉が必要である。登記義務者が会社等法人の場合には，登記を申請する代表者の印鑑について，登記官の作成した作成後3月以内の印鑑証明書を添付しなければならない。

その他　申請の内容に従って，次のものの提供が求められる。

代理権限を証する情報　売買の基本事例で述べたとおりである。

資格を証明する情報　申請人が会社等の法人である場合には，例えば株式会社であれば商業登記上の〈現在事項証明書〉等，代表者の代表権を明らかにする情報（資格証明書）を添付しなければならない。この例では，抵当権者の株式会社H銀行の代表者に関する証明書である。なお，一定の場合この情報は省略することができる。

登記原因について第三者の許可等を証する情報　登記原因について第三者の許可等を必要とする場合には，それを証する情報を提供しなければならない（令第7条第1項第5号ハ）。その情報が電子的に作成されたものである場合には作成者がこれに電子署名をして電子証明書を添付し（令第12条第2項，第14条），書面により作成された場合には，作成者の印鑑証明書をも添付しなければならない（令第19条）。

登録免許税　抵当権設定登記の登録免許税額は，債権金額を課税標準金額としてその1,000分の4である（登録免許税法別表第一の一の㈤）。なお，この例のように土地と建物など複数の不動産を対象に，同一の債権を担保するための抵当権がそれぞれ設定されたような場合，形式的に見れば抵当権は複数であるけれども，それらによる登記が同時に申請される場合，登録免許税については一つの抵当権の設定登記とみなして算出することができる（登録免許税法第13条）。

(4) 申請情報の例

書面申請の例　次は，上記の事実関係に従った登記の申請を代理人Xが書面で行う場合の例である。

```
　　　　登　記　申　請　書
登記の目的　　抵当権設定
原　　　因　　平成22年9月1日金銭消費貸借　同日設定
債 権 額　　金3,000万円
利　　　息　　年5・00％
損 害 金　　年18％
債 務 者　　○○○（Bの住所を記載する）
　　　　　　　B
抵 当 権 者　○○○（株式会社H銀行の住所を記載する）
　　　　　　　株式会社　H銀行
　　　　　　　代表取締役　　I
設 定 者　　○○○（Bの住所を記載する）
　　　　　　　B

添付情報
　登記原因証明情報　　登記識別情報　　印鑑証明書
　代理権限証明書　　資格証明書
平成○○年○月○○日申請　○○地方法務局○○支局
代 理 人　　○○○（Xの住所を記載する）
　　　　　　　X
　　　　　　　連絡先の電話番号　・・・・・
課税価格　　金3,000万円
登録免許税　金120,000円
不動産の表示
　（土地と建物の表示をするが，ここでは省略する）
```

登記記録の例　上記の申請に基づき，登記記録には抵当権設定登記が次のように実行される。なおこの場合，土地と建物に同一の債権を担保する抵当権が設定登記されたので，それぞれの登記には〈共同担保目録の記号及び目録番号〉が登記記録に記録される（規則第166条）。

権利部（乙区）	(所有権以外の権利に関する事項)		
順位番号	登記の目的	受付年月日・受付番号	権利者その他の事項
1	抵当権設定	平成○○年○月○日 第○○○号	原　因　平成22年9月1日金銭消費貸借 　　　　同日設定 債権額　金3,000万円 利　息　年5・00％ 損害金　年18％ 債務者　○○○　B 抵当権者　○○○　株式会社H銀行 共同担保　目録（あ）第○○号

共同担保目録					
記号及び番号	（あ）第○○号			調整	平成○年○月○日
番号	担保の目的である権利の表示	順位番号	予備		
1	○市○町　○番の土地	1	余白		
2	○市○町　○番地　家屋番号○番の建物	1	余白		

2　応用事例Ⅰ―登記義務者が複数である場合―

事例　Bは，事業の都合で取引先の株式会社H銀行から金銭の借り入れをすることになり，その際に担保を求められたので，自分の所有する乙建物と，建物の敷地であるC所有の丙土地を，Cの合意を得て株式会社H銀行のための抵当権の目的物にすることにした。Bと株式会社H銀行の金銭消費貸借の合意の内容，ならびにBとC及びH銀行の抵当権設定の合意の内容は，基本事例と同様とする。

(1)　実体関係の整理

　抵当権者が，同一の債権を担保するために，複数の不動産に対して抵当権を設定することは可能であり，その登記手続は前例で見たとおりである。土地と建物を別の不動産とするわが国では実際これが多く[8]，その際に，複数の不動産について担保を供する者（設定者）が異なっていることもある。

(2)　手続関係の整理

　基本事例と同様に，ある不動産に新たに抵当権が成立したのであれば，抵当権設定登記を申請することができる（法第3条）。そして，抵当権が，同一の債権を担保するために，それぞれ所有者の異なる数個の不動産に設定された場合でも同様である。抵当権の設定された数個の不動産に対する登記の申請は，登記権利者は同一であっても登記義務者が異なるために，本来は別々になされるべきであろうが（一不動産一申請の原則，令第4条），複数の不動産

---

[8]　土地上に建物がある場合，どちらか一方にだけ担保の設定をすると，法定地上権等の問題があって実際のところ競売の際の手続が面倒になることがある。このため，土地と土地上の建物の双方を担保に取るのが実務では一般的である。

についての登記が《同一の債権を担保する抵当権等の担保権に関するもの》で，《管轄登記所が同一》であり，しかも《登記の目的が同一》の場合には，それらを一体として手続を進めたほうが合理的である。そこでこのような場合には，一つの申請情報をもって登記の申請をすることができることとしている（一括申請（令第4条但し書，規則第35条第10号））。したがって，この事例による土地と建物に関する抵当権設定の登記は一括して申請をすることができる。

求める登記【抵当権設定】　基本事例と同様である。

申請人　手続が原則的な共同申請でなされる場合には，次のとおりである。
【登記権利者】　基本事例と同様である。
【登記義務者】　この登記を行うことで，登記上に不利益を受ける建物の所有権登記名義人のB及び土地の所有権登記名義人のCである。

(3) **申請の作業**

ここでの登記の申請作業の要点は，次のとおりである。

申請情報　申請情報の内容については概ね基本事例と同様であるが，異なるところは次のとおりである。

申請人　登記権利者（抵当権者）は基本事例と同様であるが，登記義務者（設定者）は土地と建物それぞれの該当者について，〈住所と氏名〉を併記する。申請人が法人の場合等の記載事項は，基本事例と同様である。

不動産の表示　登記を求める土地と建物の表示をするが，その際に，実務上で使用する申請情報では，登記義務者を特定する意味でここにそれぞれの所有者を付記している。

《上記以外の申請情報の内容》　全て基本事例と同様である。

添付情報 基本事例と同様であるが，登記義務者について求められるものは，それぞれ別に必要となる。この例では〈登記識別情報〉や書面申請する場合の〈印鑑証明書〉について，B及びCのそれぞれのものを提供しなければならない。なお，この例のように登記義務者が複数の場合，登記識別情報については，一部の者が正当な理由によりその提供を出来ないとき（この場合申請情報に，提供できない正当な理由の記載が必要になる），その者についてだけ登記官による事前確認等による手続を行うこともありうることは，他の登記と共通である。

(4) 申請情報の例

書面申請の例 次は，上記の事実関係に従った登記の申請を代理人Xが書面で行う場合の例である。網掛け文字の部分が，基本事例と異なるところである。

```
            登 記 申 請 書
  登記の目的    抵当権設定
  原   因    平成22年9月1日金銭消費貸借 同日設定
 (以下，債権額から抵当権者まで，基本事例と同様である)
  設 定 者    ○○○（Bの住所を記載する）
                    B
              ○○○（Cの住所を記載する）
                    C
 (以下，省略する)
```

3 応用事例Ⅱ―いわゆる追加設定の登記―

事例 Bは，平成22年9月1日に，事業の都合で取引先の株式会社H銀行から金銭の借り入れをして，同時に自分の所有する甲土地に株式会社H銀行のための抵当権を設定し，その登記を完了した。その後平成23年1月10日に，土地上に自分所有の乙建物が完成してその所有権保存登記を完了したので，平成23年1月20日にBと株式会社H銀行との間で，前者の後者に対する平成22年9月1日付け金銭消費貸借契約上の債務（内容は，基本事例を参照）を担保するために，B所有の乙建物に株式会社H銀行のための抵当権

3 応用事例Ⅱ—いわゆる追加設定の登記—

を設定することに合意し，その手続を行うことになった。

(1) 実体関係の整理

事実関係で基本事例と異なるところは，被担保債権（この事例では金銭消費貸借契約上の債権）が成立してそれを担保するための抵当権も既に設定登記されたが，後日，同一の債権を担保するために，既に抵当権が設定登記された不動産と同一の登記所の管轄区域にある別の不動産に，新たに抵当権の設定がなされたところである。

(2) 手続関係の整理

この例も基本事例と同様の抵当権の設定であり，その登記を申請することができる（法第3条）。そして手続も基本事例と同様である。ところで，この例とは異なり，管轄登記所を別にする数個の不動産に対して被担保債権を同じくする抵当権が，同時期に成立したり，時期を異にして成立することがある。このような場合，基本的には管轄登記所ごとに，この例と同様の手続を行う。

求める登記【抵当権設定】 基本事例と同様である。

申請人 手続が原則的な共同申請でなされる場合には，【登記権利者】及び【登記義務者】ともに，基本事例と同様である。

(3) 申請の作業

ここでの登記の申請作業の要点は，次のとおりである。

申請情報 申請情報の内容については概ね基本事例と同様であるが，異なるところは次のとおりである。

原因 被担保債権は基本事例と同一であるが，抵当権の成立時期は別であるために，〈平成22年9月1日金銭消費貸借　平成23年1月20日設定〉と記載する。

不動産の表示　　登記を求める建物の表示をする。
≪この登記の申請に特有の申請情報の内容≫
前に受けた登記，もしくは共同担保目録の記号及び番号の表示　　一又は二以上の不動産に関する権利を目的とする抵当権の設定の登記をした後，同一の債権の担保として他の一又は二以上の不動産に関する権利を目的とする抵当権の設定の登記を申請するときは，前の登記に係る事項として，土地については当該土地の所在する〈市，区，郡，町，村及び字並びにその土地の地番と順位番号〉を，建物については，当該建物の所在する〈市，区，郡，町，村及び字及び土地の地番並びにその建物の家屋番号と順位番号〉を，記載しなければならない（令別表五十五申請情報ハ）。したがってこの例では，〈前に受けた登記の表示　　○市○町　○番○の土地　（順位番号　○番）〉のような記載を申請情報の内容として提供しなければならない。

次に，この例とは異なり，申請を受ける登記所に，既に同一の債権を担保する抵当権の登記がなされ，それに関して共同担保目録がある場合には[9]，前述の記載に替えて〈共同担保目録の記号及び目録番号〉を申請情報の内容に加えて記載しなければならない（規則第168条）。例えば甲登記所の管轄区域内にある甲土地と乙土地に対して同一の債権を担保するための抵当権（いわゆる共同抵当）の設定登記が既になされている場合には，それぞれの登記には基本事例のように〈共同担保目録〉が記録されている（規則第166条）。そこに，同一の登記所の管轄区域内にある丙土地にも同一の債権を担保するための抵当権が設定されてその登記をする場合，申請情報には上述の〈不動産の表示・順位番号〉に替えて，既に記録された〈共同担保目録の記号及び目録番号〉を記載しなければならないのである。

他の管轄登記所の不動産の表示　　被担保債権を同じくして管轄登記所を別にする数個の抵当権の設定登記に際しては，〈他の管轄登記所の不動産の表示〉をも申請情報の内容に記載しなければならない（令別表五十五申請情報イ）。例えば，甲登記所の管轄区域内の甲土地と，乙登記所の管轄区域内の乙土地に抵当権が設定されてその登記を行う場合，甲登記所に対する申請情報

---

[9]　同一の登記所の管轄区域内にある数個の不動産に対し，既に同一の債権を担保するための抵当権の設定登記がなされている，ということである。

の内容には〈他の管轄登記所の不動産の表示〉として乙土地の所在・地番・地目・地積を記載しなければならない。

≪上記以外の申請情報の内容≫　全て基本事例と同様である。

添付情報　基本事例と同様である。登記識別情報については，正当な理由によりその提供が出来ない場合，登記官による事前確認等による手続を行うこともありうるのは，基本事例と同様である。

登録免許税　抵当権設定登記の登録免許税は，債権額を課税標準金額としてそれに1,000分の4を乗じたものである。しかしこの例のように，同一の債権を担保する抵当権が既に設定登記されている場合，登録免許税は既に納付されている，と考えることができる。そこで，既に設定登記された抵当権と被担保債権を共通する抵当権（いわゆる共同担保の抵当権）の設定登記を申請する場合，登録免許税は本来の税率を適用しないで，一つの不動産について金1,500円で足りるものとされている（登録免許税法第13条第2項）。ただしこの場合，申請情報には，既に設定登記されている抵当権と共同担保の関係であることを明らかにする証明書を添付しなければならないが，共同担保の関係にある不動産が同一の登記所の管轄区域内である場合には，この証明書は省略される[10]。この他，登録免許税額が減額された場合には，その根拠法令を申請情報の内容として記載しなければならない（規則第189条第3項）。

(4)　申請情報の例

書面申請の例　次は，上記の事実関係に従った登記の申請を代理人Xが書面で行う場合の例である。網掛け文字の部分が，基本事例と異なるところである。

```
　　　　登　記　申　請　書
登記の目的　　抵当権設定
原　　　因　　平成22年9月1日金銭消費貸借　平成23年1月20日設定
（以下，債権額から代理人までは基本事例と同様である）
```

---

[10]　共同担保の関係は，登記官が登記記録を見れば明らかであることによる。

登録免許税　金1,500円　登録免許税法第13条第2項による。
（以下，省略する）

4　応用事例Ⅲ　―連件申請―

事例　Bは，平成22年9月1日に，事業の都合で取引先の株式会社H銀行から金銭の借り入れをして，同時に自分の所有する甲土地と完成したばかりで表題登記も未了の乙建物に株式会社H銀行のための抵当権を設定してそれらの登記手続を行うことになった。

(1)　実体関係の整理

建物が完成すれば，所有権保存登記の有無に関わらずそれは財産権の対象となる不動産である（民法第86条第1項）。したがって，当然に権利の対象にもなるので，登記（この場合には表題登記と所有権保存登記を問わず）のない建物を目的にした抵当権設定契約は，有効になし得る。

(2)　手続関係の整理

前項で述べたように，表題登記のない不動産については，一定の要件を満たした所有者は単独で所有権保存登記を申請することができる（法第3条）。また，建物を目的に新たに抵当権が成立した場合には，抵当権設定の登記を申請することができる（法第3条）。

前述の応用事例Ⅱでは，株式会社H銀行のBに対する金銭債権を担保するために，Bの新築建物について所有権保存の登記を行い，その後に新築の建物に抵当権の設定をして登記の手続をした。新築の建物に抵当権を設定して登記をする例は極めて日常的であるけれど，建物に関する登記だけ見た場合，実は前の例のように，建物が完成した後に，先ずは所有権保存登記の申請を単独で行い，その登記が完了した後に，続いて建物を目的とした抵当権の設定契約を結んでそれによる登記を行うような例は，現実には少ない。多くの場合，建物が物理的に完成した時点で，その所有権保存登記を待たずに[1]抵当権者と建物の所有者で抵当権の設定契約を結び，建物に対する所有権保存

と抵当権設定の二つの登記の申請を同時に行っているのである。

具体的な作業としてBは，新築の建物について予め表題登記を完了させておくことは必要であるが，その後に，乙建物を目的にして単独で行う所有権保存登記と，甲土地と乙建物に対する抵当権設定登記の申請情報等をそれぞれ作成し，前者と後者の先後を明示して，接続させて（同時に）登記所に送信・申請するのである。このような，関連する登記について申請情報を接続させてする申請を，連件申請と呼ぶことが多い。ただし，新築建物の表題登記とその建物に関する所有権保存登記を連続して申請することは，実務上することができない。理由は，そのようにして所有権保存登記を申請する時点では，建物の表題部がまだ存在しないので所有権保存登記の申請適格が明らかにならないことと，表示の登記は登記官の現場調査等がなされることがあり，その場合，建物表題登記の登記原因及びその日付[12]が表題登記の申請日より後の日になることがあり得るので，もし所有権保存登記を表題登記と同時に申請することを認めると，表題登記について現場調査がなされた時には，結果として表題登記が存在しない状態で所有権保存登記の申請がなされたことになってしまうことが考えられる。

求める登記
【所有権保存登記】
【抵当権設定登記】

乙建物に関する所有権保存登記と，甲土地及び乙建物に関する抵当権設定の登記である。

申請人　乙建物に関する所有権保存登記は，所有者であるBが単独で申請することができる。甲土地と乙建物に関する抵当権設定の登記は，手続が原則的な共同申請でなされる場合には基本事例と同様に，登記権利者は抵当権設定登記を行うことで，登記記録に新たに抵当権の登記名義を取得して利益を得る株式会社H銀行であり，登記義務者はこの登記を行うことで，登記上に不利益を受ける所有権登記名義人のBである。なお，実務での申請情報では，前者が抵当権者，後者は設定者と記載されることも既に述べたとおり

---

[11] 銀行等の金融機関は，「待たない」のではなく，自分の抵当権等担保権の登記の前に所有権保存登記をさせたくないのが本音であろうと思われる。なぜなら，自分が抵当権等の設定登記を予定する建物について，所有権保存登記がなければ他の債権者等の第三者から処分の制限や権利に関する登記がなされる危険性が一般的には少ないからである。

[12] 登記官の現場調査がなされると，その日が登記の日付となるようである。

(3) 申請の作業

ここでの登記の申請作業の要点は，次のとおりである。

申請情報　申請情報の内容については，所有権保存登記は本編前章の**所有権保存登記**の基本事例のそれと同様であり，抵当権設定登記については本章の基本事例と同様である。

添付情報　所有権保存登記の申請については，本編前章の基本事例と同様である。抵当権設定登記の申請については，本章の基本事例と同様であるが，登記義務者に提供の求められる〈登記識別情報〉について，土地については通常通り提供するか，正当な理由で提供できない場合には他の手段を用いるが，建物に関するそれは，この登記の申請時点では，登記義務者である建物所有者のBには通知がなされていないので，添付は省略される（規則第67条）[13]。

登録免許税　所有権保存登記の登録免許税は，前項の基本事例のとおりである。抵当権設定登記の登録免許税は，ここでの基本事例のとおりであり，債権額を課税標準金額としてそれに1,000分の4を乗じて算出されたものである。

(4) 申請情報の例

書面申請の例　上記の事実関係に従った登記の申請を代理人Xが書面で行う場合の例は，建物の所有権保存登記については前章の基本事例と同様であり，抵当権設定登記については本章の基本事例と同様である。但し，この二つの申請書には，所有権保存登記が先で抵当権設定登記が後になる旨を明記

---

[13] この例の抵当権設定登記の登記義務者であるBの建物に関する登記識別情報は，形式的には同時に（接続して先に）申請する所有権保存登記の完了を待たないと通知されないので，この登記を申請する時点では当然Bには通知されてはいない。したがって，Bは本来は建物に関する所有権保存登記の完了を待って，登記識別情報の通知を受けた後か，もしくはこのような状況を登記識別情報の提供ができない正当な理由に加え，登記官の事前通知等の手段をもって抵当権の設定登記をするべきであると考えることもできる。しかし，旧法で前件の申請人が登記名義人となり登記済証を交付されるときに，その登記名義人が接続する後件の登記義務者となり，申請書に添付すべき登記済証としてそれを使用することが実務の慣行であったことから，現行法もそれを踏襲したものであろう。

して，申請を行わなければならない。

5　応用事例Ⅳ―共有持分権に対する抵当権設定―

　Bは，平成22年9月1日に，事業の都合で取引先の株式会社H銀行から金銭の借り入れをして，同時に自分の所有する甲土地に株式会社H銀行のための抵当権を設定し，その登記を完了した。その後Bは平成23年1月20日に，株式会社H銀行との間で，Bが既に共有持分2分の1を取得していた丁土地に対しても，株式会社H銀行のBに対する平成22年9月1日付け金銭消費貸借契約上の債務（内容は，基本事例を参照）を担保するために，株式会社H銀行のための抵当権を設定することに合意し，その手続を行うことになった。

(1)　実体関係の整理

　基本的には応用事例Ⅱと同様であるが，抵当権の目的が不動産の所有権（全体）ではなく共有持分権であるところが異なる。物に対する共有持分権については，他の共有者の同意なくして独自に処分することができる，と考えられている[14]。したがって，持分権を担保に供することも可能である。なお，所有権もしくは共有持分権の一部，例えばAが単独で[15]土地を所有している場合のAの所有権の一部（2分の1など），あるいはAが持分2分の1で土地を共有している場合のAの持分権の一部（2分の1のさらに2分の1など）に対して抵当権設定登記をすることは，原則としてすることができない[16]。

(2)　手続関係の整理

　共有持分権を目的として新たに抵当権が成立した場合も，基本事例と同様に抵当権設定登記を申請することができる（法第3条）。手続は基本的には応

---

[14]　民法に直接の規定はないが，不動産（所有権）の共有持分権は，他の共有者との関係で制約を受けるとしても実質は所有権であるので，権利者の自由な処分が可能であることが考えられている。

[15]　共有ではないという文脈で，「単独所有」もしくは「単有」という用語を使うことがある。

[16]　昭和36年1月17日民事甲第106号回答

用事例Ⅱと同様であるが，不動産の共有持分権を目的とすることを，申請情報の内容として登記の目的に記載しなければならない[17]。ところで，ある人が同一の不動産に対して共有持分権を数回取得し，それぞれについて独立した登記がなされる場合がある。例えばある不動産について，AがBから順位番号5番で持分3分の1を取得し，その後さらに順位番号6番で持分3分の1を取得した場合，Aの共有持分権は3分の2であるけれど，二回に分かれて取得した共有持分権は，登記記録の上ではあたかも独立した持分権であるかのようである。そこで，例えば順位番号6番の登記記録のように，一つの記録によって特定することが出来る共有持分についてであれば，実体関係の整理で述べた例と異なり，（結果として）共有持分権の一部に対する抵当権の設定登記でもすることができる[18]。さらに，例えば前述のAがBよりさらに残りの持分3分の1を取得して単独所有となった場合，ここでも持分権の登記が記録の上で独立しているために，（結果として）所有権の一部分（登記で特定できる共有持分権）に対する抵当権の設定登記をすることができる[19]。

求める登記【抵当権設定】　　この場合には，共有持分権を目的とした抵当権設定登記である。

申請人　　手続が原則的な共同申請でなされる場合には，登記権利者及び登記義務者ともに，本章の基本事例と同様である。

(3) 申請の作業

ここでの登記の申請作業の要点は，次のとおりである。

申請情報　　申請情報の内容については概ね応用事例Ⅱと同様であるが，異なるところは次のとおりである。

登記の目的　　この登記は，共有持分権に対する抵当権の設定であるので，その旨を申請情報の内容として〈B持分抵当権設定〉と記載する[20]。

---

[17] 不動産登記記録例355による。
[18] 昭和58年4月4日民三第2251号回答
[19] これが可能だからといって，所有権（登記上，一度で取得した所有権）の一部に抵当権を設定することができるわけではない。

≪上記以外の申請情報の内容≫　全て基本事例と同様である。

添付情報及び登録免許税　いずれも応用事例Ⅱと同様である。

(4) 申請情報の例

書面申請の例　次は，上記の事実関係に従った登記の申請を書面で行う場合の例である。網掛け文字の部分が，基本事例と異なるところである。

```
　　　　　登　記　申　請　書
登記の目的　　　B持分抵当権設定
（以下，省略する）
```

6　応用事例Ⅴ—抵当権の内容の変更—

事例　Bは，株式会社H銀行から金銭の借り入れをして，同時に自分の所有する甲土地に株式会社H銀行のための抵当権を設定し，その登記を完了した。その後平成23年1月10日に，株式会社H銀行との間で借入金の利息の利率を年5％から年3％へと変更する合意が成立したので，これによる登記の手続を行うことになった。

(1) 実体関係の整理

抵当権の内容（被担保債権等）は，原則として当事者の合意で変更することができる。

登記に関係のある代表的なものは，次のとおりである。

債権額の変更　債権額を減額する契約を，することはできる。債権額の

---

[20] 不動産登記記載例355による。なお実務では，同一の債権を担保するために，ある不動産の持分権に対する抵当権の設定と，同一の登記所の管轄区域内にある別の不動産の所有権（全体）への抵当権設定登記を一括して申請する場合があり，このときの登記の目的は，本来は〈抵当権設定及び何某持分抵当権設定〉と記載すべきであろうが，実務では単に〈抵当権設定〉で手続を進めている。

増額については，抵当権の設定登記後に同一当事者間で新たな貸し付けを行ったことによる債権額の増額であれば，被担保債権の同一性を失うことになるので，これによる変更登記はすることができない[21]。しかし，債権額の一部を担保するものと明示してなした抵当権設定登記の後に，残額部分について債権額を増額する変更をしたときにはその登記をすることができる（不動産登記記録例390)[22]。この他，利息を元本に組み入れた場合には（民法第405条），債権額の増額の登記がなされる。

利息・損害金の変更　利息の変更については，既に設定登記されている利率を変更する登記が認められる他に，当初の抵当権の登記に定めがなかった利息を新たに加えることにする変更や，設定登記の利息の定めを廃止することにする変更も認められる（不動産登記記録例396㈲3, 398 参照)。損害金の変更については，これらに準ずる。

債務者の変更　債務者は，債務引受，更改，相続及び法人の合併等で変更する。債務引受は，免責的債務引受及び重畳的債務引受ともに登記することができる。また，債務者の交替による更改も登記をすることができる。この他，債務者の住所，氏名もしくは名称が変わった場合にも，ここでの変更登記に含まれる。

(2) 手続関係の整理

既に登記された権利の内容について，当事者間で変更の合意がなされた場合等，後発的理由で登記記録と実体関係が符合しなくなった場合には，それを一致させるために変更登記を申請することができる（法第3条)。この例では，抵当権の現在の内容（利息）が当事者の合意により変更されて，その結果，（利息について）実体関係と登記記録が一致しなくなったので，それを解消するための登記である変更登記を行うのである。手続では，まず抵当権が

---

[21] この場合には，別の抵当権の設定登記によるべきである，としている（明治32年11月1日民刑1904号回答)。
[22] 例えば，㈱X銀行がAに金3,000万円の金銭の貸し付けをし，これを担保するためにAの所有する土地に抵当権を設定する際に，担保する債権額を「金3,000万円のうちの金2,000万円」としてその登記を完了したところ，後日その抵当権の債権額を金3,000万円と変更する合意をして変更登記をするような場合である。

設定登記された不動産の現在の登記記録から，登記上の利害関係人の有無を確認しなければならない。利害関係人が存在しない場合，又は存在しても変更登記をすることについての承諾を得られて申請情報にそれについての情報を添付した場合と，利害関係人が変更登記に対して承諾をしないときでは，後述するように登記が異なる形式で実行されることに注意することが必要である。

求める登記【抵当権変更】　当事者の合意により，抵当権の内容が変更され，その結果生じた実体関係と登記記録の不一致を解消するために，抵当権の変更登記を行うことができる。

申請人　手続が原則的な共同申請でなされる場合には，次のとおりである。

【登記権利者】　この例では，抵当権変更登記により利率が5％から3％に軽減されて登記記録上利益を受ける所有権登記名義人のBである。

【登記義務者】　この例では，抵当権変更登記により登記記録上の利率が下がることにより形式的に不利益を受ける抵当権登記名義人の株式会社H銀行である。

申請人と登記上の表示の符合　登記義務者の住所，氏名等は，登記記録に符合していなければならないので，現在の住所・氏名等が登記記録から変わっている場合には，予めそれを現在のものに変更する登記（名義人住所変更等）をしなければならない。変更（更正）の登記では，登記権利者も登記名義人であるために，その住所，氏名等が登記記録に符合していないときはそれを現在のものに変更する登記（名義人住所変更等）をしなければならない。

(3)　**申請の作業**

ここでの登記の申請作業の要点は，次のとおりである。

申請情報　申請情報は，一般的なそれに変更登記に特有の申請情報の内容を加えて構成されるが，この例について主なものは次のとおりである。

登記の目的　〈1番抵当権変更〉と記載する。ここでの「1番」は，既になされている特定の権利に関する登記を対象とした，（所有権以外の）移転登記，

変更（更正）登記や登記の抹消のような申請をする際に，その移転等の対象である権利（この場合は，株式会社H銀行の抵当権）を登記記録上で特定するために記載されるものである。したがって，変更の対象が順位番号3番の抵当権であれば，〈3番抵当権……〉と記載する。

　　原因　　利息の変更契約の成立の日であり，この例では〈平成23年1月10日変更〉と記載する。

変更登記に特有の申請情報の内容[23]（令別表二十五申請情報）　　抵当権もこの規定に従う。

　　変更後の事項　　変更の対象と，その内容を記載する。この例では〈変更後の事項　　利息　年3％〉のように記載する。

　　＊再び一般的な申請情報の内容に戻る。

　　申請人　　権利者と義務者についての〈住所と氏名（法人は名称）〉を記載する。申請人が法人である場合には，〈代表者の氏名〉をも記載する。この他，〈連絡先の電話番号〉もここに記載するが，代理人によって申請を行う場合，この記載は要しない。

　　不動産の表示　　登記を求める土地の表示をする。

　この例とは異なり，変更登記の対象となる抵当権が，同一の債権を担保するために数個の不動産に設定登記されている場合で（共同担保の関係），そのうちの同一の登記所の管轄区域にある数個の不動産について抵当権の変更登記を申請するときは，それらの不動産が表示されるが，その際，実務上は不動産の表示に次の事項が加えられる場合がある。

　　順位番号　　変更の対象である抵当権の順位番号が，不動産ごとに別である場合，例えば抵当権が，土地は乙区順位番号1番で，建物には乙区順位番号3番で設定登記がなされているときには，前述のように〈登記の目的〉に抵当権の順位番号を記載することは難しいので，不動産の表示にこれを加えて記載する。一般的には，土地については〈地番〉の記載に，建物については〈家屋番号〉の記載にそれぞれ〈○○番　　（順位番号　○番）〉のように加える。なおこの場合の〈登記の目的〉は，〈抵当権変更（順位番号　後記）〉の

---

[23] 抵当権に特有といっても，形式的には先取特権，質権等担保一般の申請情報であるものが多い（令別表四十二，同四十六等の申請情報参照）。

ように，そのことを明らかにするための記載をすることがある。

≪上記以外の申請情報の内容≫　全て基本事例と同様である。

添付情報　変更登記については，次にあげる登記上の利害関係人の承諾を証する情報を除き，一般的な添付情報を提供する。この例では〈登記原因証明情報〉，登記義務者の〈登記識別情報〉，〈資格証明書〉，及びBと株式会社H銀行の双方から代理人Xへ委任したことによる〈代理権限証明書〉である。なお，〈登記識別情報〉については，株式会社H銀行の，抵当権に関するそれである。

変更登記に特有の添付情報（法第66条，令別表二十五添付情報ロ）

　登記上の利害関係人の承諾を証する情報　変更登記に特有の添付情報として，登記上の利害関係人がいる場合の，承諾を証する情報がある。登記上の利害関係人とは，例えば次にあげる例の順位番号1番の抵当権（これを実務では，先順位抵当権～先順位担保～などと呼んでいる）について，登記された利息の利率を3％から5％に上げる場合の順位番号2番の抵当権者をいう（このような抵当権を実務では，後順位抵当権～後順位担保～と呼んでいる）。変更登記についての登記上の利害関係人がいる場合の，承諾を証する情報は，特定の登記に関して内容の変更を行う時に，その結果によって一定の損害を受ける者が登記記録の上にいる場合に提供を求められるが，添付が必須ではないところに大きな特徴がある。理由は，変更登記により損害を受ける者（登記上の利害関係人）が，その登記について承諾をすれば，変更登記は付記登記で実行され，したがって変更内容は基となる抵当権設定登記と一体の関係になるが，もし承諾が得られなくても，変更登記は後順位抵当権者より劣後する順位番号の主登記で実行することができるからである。

登記上の利害関係人の例　ここで，変更登記の申請の際に問題となる登記上の利害関係人について，若干の説明を加えておくことにする。例えば，ある不動産に次のように，順位番号1番で利息を5％とした㈱H銀行が登記名義人である抵当権の設定登記がなされ，さらに順位番号2番で㈱I銀行が登記名義人である抵当権設定の登記がなされていたとする。このときに，順位番号1番の㈱H銀行の抵当権の利息が5％から6％へと変更されて，それによる登記を付記登記で実行すると，順位番号2番のI銀行は当初予定した競売

時の配当金が減少する可能性があるので，変更登記の申請について㈱Ｉ銀行は登記の上で利害関係を有する立場にある。このような者を，登記上の利害関係人と呼んでいる。

ところで，この例の㈱Ｈ銀行は，変更登記を申請する際に，登記上の利害関係人に該当する㈱Ｉ銀行から利息の変更についての承諾を得てそれを証する情報を申請情報に添付すれば，登記は下記の①のように付記登記で実行される。しかし㈱Ｈ銀行が㈱Ｉ銀行の承諾を得られないで，したがって利害関係人の承諾を証する情報を申請情報に添付しないで変更登記を申請した場合には，登記は下記の②のように主登記で実行される。なお，この例とは異なり，順位番号１番の㈱Ｈ銀行の抵当権の利息が５％から３％へと変更される場合，内容が基の抵当権設定登記と一体として判断される付記登記で実行されても順位番号２番の㈱Ｉ銀行に損害が生じるおそれはないと考えられるの

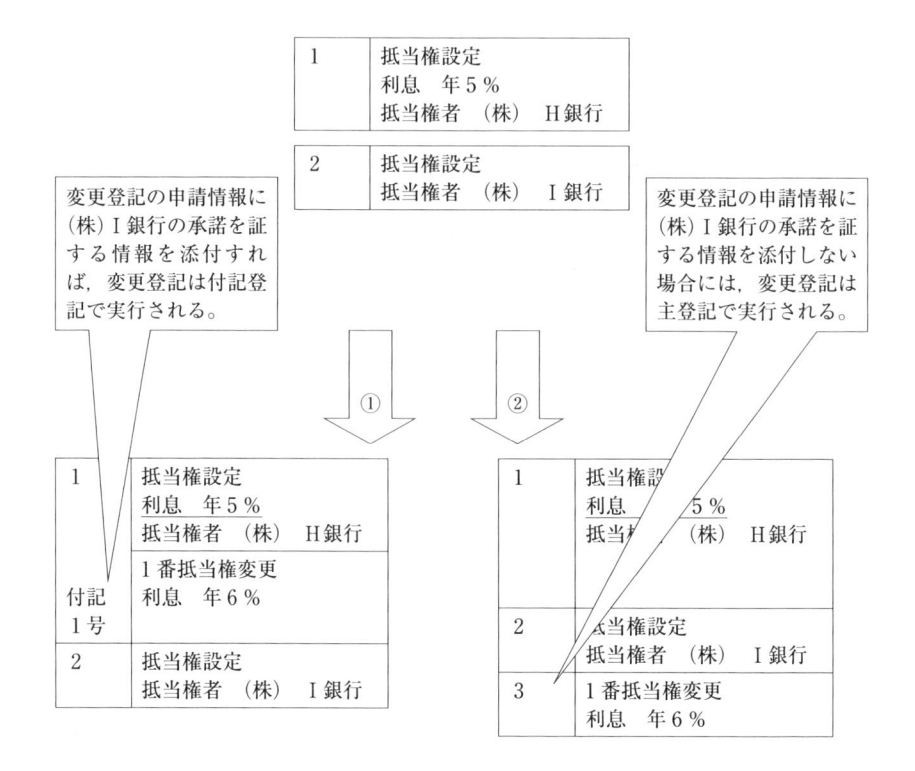

1	抵当権設定 利息　年５％ 抵当権者　（株）　Ｈ銀行
2	抵当権設定 抵当権者　（株）　Ｉ銀行

変更登記の申請情報に(株)Ｉ銀行の承諾を証する情報を添付すれば，変更登記は付記登記で実行される。

変更登記の申請情報に(株)Ｉ銀行の承諾を証する情報を添付しない場合には，変更登記は主登記で実行される。

①

1	抵当権設定 利息　年５％ 抵当権者　（株）　Ｈ銀行
付記 １号	１番抵当権変更 利息　年６％
2	抵当権設定 抵当権者　（株）　Ｉ銀行

②

1	抵当権設定 利息　年５％ 抵当権者　（株）　Ｈ銀行
2	抵当権設定 抵当権者　（株）　Ｉ銀行
3	１番抵当権変更 利息　年６％

で，㈱H銀行がこれによる変更登記を申請する場合，㈱I銀行は登記上の利害関係人には該当しない。

登録免許税 変更登記の登録免許税は，抵当権の変更に限らずに定額課税で，不動産1個につき金1,000円である。ただし，担保権の債権額の増額の登記については，実質が設定登記と同様であるために，増加する金額を課税標準金額としてそれに1,000分の4を乗じた定率課税となる（登録免許税法別表第一の一の（十四），第12条）。

(4) **申請情報の例**

書面申請の例 次は，上記の事実関係に従った登記の申請を代理人Xが書面で行う場合の例である。網掛け文字の部分が，基本事例と異なるところである。

```
      登 記 申 請 書
登記の目的   1番抵当権変更
原　　因    平成23年1月10日変更
変更後の事項  利息　年3％
権　利　者   ○○○（Bの住所を記載する）
            B
義　務　者   ○○○（株式会社H銀行の住所を記載する）
            株式会社　H銀行
            代表取締役　I
添付情報
  登記原因証明情報　　登記識別情報　　資格証明書
  代理権限証明書
 （以下，省略する）
```

登記記録の例 上記の申請に基づき，登記記録には抵当権変更登記が次のように実行される。この例は登記上の利害関係人が存在しないので変更登記が付記により実行された場合であるが，登記上の利害関係人がいて，申請情報（申請書）に変更登記についての承諾を証する情報を添付した場合も同様である。なお，変更の登記を実行した場合，変更の対象（この例では〈利息〉）については，その記録事項が既に変更されたこと（効力がないこと）を明らかにするために抹消の記号（下線）が付される（規則第150条）。

権利部（乙区）	（所有権以外の権利に関する事項）		
順位番号	登記の目的	受付年月日・受付番号	権利者その他の事項
1	抵当権設定	平成○○年○月○日 第○○○号	原　因　平成２２年９月１日金銭消費貸借 　　　　同日設定 債権額　金３，０００万円 利　息　年５・００％ 損害金　年１８％ 債務者　○○○　　Ｂ 抵当権者　○○○　　株式会社Ｈ銀行
付記１号	１番抵当権変更	平成○○年○月○日 第○○○号	原　因　平成２３年１月１０日変更 利　息　年３％

（付記登記で実行される。）

（登記事項が抹消されたことを表す記号が付される。）

(5) 抵当権の順位変更の登記

　抵当権については，名称から変更登記に類似するような印象を受けるものに抵当権の順位変更の登記がある。しかし，この登記は権利の内容が変更されたことに基づいてなされる変更登記（内容の変更）と比べ，手続の形式を大きく異にしている。したがって，本来これは独立した項目で述べるものかもしれないが，ここで簡単に説明しておくことにする。

順位の変更と登記の手続

　ある不動産に対して複数の抵当権，例えば次のように順位番号１番で株式会社Ｈ銀行の抵当権が設定登記され，さらに順位番号２番で株式会社Ｋ銀行の抵当権が設定登記されている場合，当該不動産が競売に付された際に抵当権者が優先弁済を受ける順位は，登記の順位によるものと定められている（民法第373条，法第4条）。しかし，それら複数の抵当権者が優先順位の変更を，次の例では株式会社Ｋ銀行が株式会社Ｈ銀行に優先することを希望する場合には，合意の上で抵当権の登記上の順位を変更する登記をすることができる[24]。

　抵当権の順位変更と呼ばれるこの行為は当事者の契約ではなく合同行為と解されているので，登記の手続も共同申請ではなく，順位の変更に係る抵当権の登記名義人全員[25]が合同して申請を行うが（法第89条），登記上の利害関係人がいる場合には，その者の承諾を必要とする（民法第374条第１項但し書，令第7条第１項第5号ハ）。なお抵当権の順位変更は，登記がその効力発生要件と定められている（民法第374条第２項）。

---

[24] ここでの抵当権には根抵当権が含まれる。又，質権についても順位変更をすることができる（法第95条第２項，令第8条第１項第6号参照）。

権利部（乙区）	（所有権以外の権利に関する事項）		
順位番号	登記の目的	受付年月日・受付番号	権利者その他の事項
1	抵当権設定	平成○○年○月○日 第○○○号	原　因　平成２２年９月１日金銭消費貸借 　　　　同日設定 （途中省略） 抵当権者　○○○　株式会社Ｈ銀行
2	抵当権設定	平成○○年○月○日 第○○○号	原　因　平成２２年９月１日金銭消費貸借 　　　　同日設定 （途中省略） 抵当権者　○○○　株式会社Ｋ銀行

申請の作業　　上述の，株式会社Ｈ銀行と株式会社Ｋ銀行が順位の変更に合意してなされる抵当権順位変更登記の申請手続は，以下のとおりである。

申請人　　抵当権の順位変更の登記の申請は，関係する抵当権者[26]が全員で合同して行うと解されているので，登記権利者と登記義務者の対立構造ではなく，全員が申請人の地位で手続を行う（法第89条第１項）。この例では，順位番号１番の抵当権登記名義人である株式会社Ｈ銀行と，順位番号２番の登記名義人である株式会社Ｋ銀行が申請人である。

申請情報　　この例による抵当権の順位変更登記の申請情報は，一般的なそれの内容にこの登記に特有の申請情報の内容が加えられ，概ね次のとおりである。

登記の目的　　〈１番，２番　順位変更〉と記載する。この番号は，順位を変更する登記を記録上特定するものであるので，株式会社Ｈ銀行と株式会社Ｋ銀行の，順位変更に係る抵当権の登記記録上の順位番号を記載する[27]。

原因　　登記原因は〈合意〉であり，その日付は当事者が順位変更の合意をした日である。ただし，当事者の合意の後に利害関係人の承諾が得られた

---

[25] この場合の全員とは，例えば登記記録の上に，順位番号１番にＸ，同２番にＹ，同３番にＺがそれぞれ抵当権の設定登記をしている場合で，順位番号３番のＺの抵当権を優先順位１番にし，次をＹの抵当権，最後の順位３番にＸの抵当権と，優先順位の変更をしたい場合，形式的な順位の変更はＸとＺである。しかし，Ｙも変更後に自分より優先するＺの債権の内容によっては，競売時の配当の際に影響が出ることがある。そこでこの例のように，形式的には順位が変わらない抵当権者であっても，順位変更の合意とその手続の当事者に加わらなければならない（昭和46年10月４日民事甲第3230号通達）。

[26] 同一人が同一の不動産に複数の抵当権を有する場合に，その複数の抵当権の順位を変更することもできる（登記研究第300号69頁　質疑応答）。

[27] 複数の抵当権を同じ順位（同順位と呼ぶ）とする順位の変更も，することができる（昭和58年５月11日民三第2984号回答）。

場合には，その承諾の日を登記原因の日としている[28]。

抵当権の順位変更の登記に特有の申請情報の内容

変更後の順位　例えば〈第1　2番抵当権　第2　1番抵当権〉のように変更後の各抵当権の順位を，登記記録上の順位番号で特定して記載する。この例では，〈第1〉は変更した後の実質的な順位をいい，次の〈2番抵当権〉が，登記記録上順位番号2番の抵当権，という振り合いである。

＊再び一般的な申請情報の内容に戻る。

申請人　各抵当権者の〈住所と氏名（法人は名称）〉を記載する。申請人が法人である場合には，〈代表者の氏名〉をも記載する。この他，〈連絡先の電話番号〉もここに記載するが，代理人によって申請を行う場合，この記載は要しない。

≪上記以外の申請情報の内容≫　抵当権の順位変更の法的な性質は基本事例と異なるが，申請情報の内容は上記以外，基本事例と同様である。

添付情報　順位変更の登記は，基本的には一般的な添付情報を提供するが，〈登記識別情報〉については申請人全員にその提供が求められる（令第8条第1項第6号）。また，登記上の利害関係人がいる場合には，下記の承諾を証する情報を提供しなければならない。

登記上の利害関係人の承諾を証する情報　抵当権の順位変更について登記上の利害関係人がいる場合には，その者の承諾を証する情報を提供しなければならない（令第7条第1項第5号ハ）。ここでいう登記上の利害関係人とは，順位変更の結果順位が下降することとなる抵当権を目的とする権利を有する者である。具体的には，順位変更の対象となるそのような抵当権について，民法第376条1項の処分を受けた者や，被担保債権について差押，又は仮差押をした債権者，質権者，その他，順位変更をする抵当権の移転の仮登記又は移転請求権の仮登記についての仮登記権利者などである。但し，例えば，順位番号1番A，順位番号2番Bで登記されている抵当権を，第一を順位番

---

[28] 昭和46年12月24日民事甲第3630号通達　未登記の抵当権者を含めて順位変更の合意をした場合，未登記では手続に関する登記記録上の順位が確定しないことから，登記原因の合意の日は未登記の抵当権の設定登記を申請した日である。したがって，順位変更の登記を申請する際の，申請情報である原因の日付は，変更に係るすべての抵当権の設定登記がされた日以後でなければならない（登記研究第367号136頁　質疑応答）。

号2番のB抵当権，第二に順位番号1番のA抵当権とする順位変更をする場合にBに対して権利を有する者のように，順位変更の対象となる抵当権の順位が上昇し，債権額等からして明らかに利益を得る場合には利害関係人には該当しないものと考えられる。この他，不動産の所有権者，所有権の仮登記名義人，用益権者，所有権に関する処分の制限（差押・仮差押・仮処分）の債権者，債務者は利害関係人にはならない。

《その他の添付情報》　一般的に提供を求められる添付情報であり，この例では〈登記原因証明情報〉，〈資格証明書〉，その他登記の申請を代理人がするのであれば，株式会社H銀行及び株式会社K銀行の双方から代理人へ委任したことによる〈代理権限証明書〉が必要である。

登録免許税　抵当権の順位変更の登記の登録免許税は，変更に係る抵当権1件（1個）に対して金1,000円である。したがって，上記の例で納付すべき登録免許税額は金2,000円である（登録免許税法別表第一の一の(八)）。

申請情報の例　**書面申請の例**　次は，上記の事実関係に従った登記の申請を代理人Xが書面で行う場合の例である。

```
　　　　登　記　申　請　書
　登記の目的　　1番，2番順位変更
　原　　　因　　平成○○年○月○日合意
　変更後の順位
　　　第1　　2番抵当権
　　　第2　　1番抵当権

申　請　人　　○○○（株式会社H銀行の住所を記載する）
　　　　　　　　株式会社　H銀行
　　　　　　　　　代表取締役　　I
　　　　　　　○○○（株式会社K銀行の住所を記載する）
　　　　　　　　株式会社　K銀行
　　　　　　　　　代表取締役　　M
　添付書類
　　登記識別情報　登記原因証明情報　資格証明書
　　代理権限証明書
　平成○○年○月○日申請　　○○法務局○○出張所
　（以下省略する）
```

7　応用事例Ⅵ―被担保債権の譲渡―

事例　平成22年9月1日，株式会社H銀行はBに対して金3,000万円の貸し付けをし，その債権を担保するためにBの所有する甲土地と土地上の乙建物に抵当権の設定をしてその登記を完了した。その後平成23年1月10日に，株式会社H銀行はBに対する金銭消費貸借契約上の債権を，Bの承諾を得て株式会社K銀行に譲渡し，これによる登記の手続を行うことになった。

(1)　実体関係の整理

債権は，その同一性を変えずに他人に譲渡することができる。債権が譲渡されると，それを担保するために設定登記された抵当権は，法的性質（被担保債権への随伴性）により原則として債権の譲受人に移転する。なお，抵当権を債権と切り離して絶対的に譲渡することはできない。株式会社H銀行がB所有の不動産に設定登記した抵当権は，被担保債権が譲渡されたことにともない株式会社K銀行に移転した。

(2)　手続関係の整理

甲土地及び土地上の乙建物に設定登記されている抵当権が現在の名義人から他の者に移転した場合には，抵当権移転登記を申請することができる（法第3条）。なお登記記録から現在の権利関係を確認することは，他の登記手続と同様である。

求める登記【抵当権移転登記】　設定登記された抵当権の担保している債権が抵当権登記名義人の株式会社H銀行から株式会社K銀行に譲渡されたことにより，抵当権は特段の事情がない限り新たな債権者に移転するので，それによる抵当権の移転登記を申請することができる。

申請人　手続が原則的な共同申請でなされる場合には，次のとおりである。

【登記権利者】　抵当権移転登記の登記権利者は，この登記を行うことによ

り自分が抵当権の登記名義を得ることで登記記録上利益を受ける者であり，この例では株式会社 K 銀行である。

【登記義務者】 抵当権移転登記を行うことにより登記記録上の抵当権の登記名義を失い形式的に不利益を受ける現在の抵当権登記名義人であり，この例では株式会社 H 銀行である。

(3) 申請の作業

ここでの登記の申請作業の要点は，次のとおりである。

申請情報 申請情報の内容は移転登記のそれであり，この例について主なものは次のとおりである。

登記の目的 抵当権の移転であるので〈1 番抵当権移転〉と記載する。ここでの〈1 番〉は，前例と同様の趣旨である。

原因 抵当権が移転した原因とその日付であり，この例では〈平成 23 年 1 月 10 日債権譲渡〉と記載する。

申請人 権利者と義務者それぞれについての〈住所と氏名（法人は名称）〉を記載する。申請人が法人である場合には，〈代表者の氏名〉をも記載する。この他，〈連絡先の電話番号〉もここに記載するが，代理人によって申請を行う場合，この記載は要しない。

不動産の表示 登記を求める土地と建物の表示をする。ここに順位番号の表示が加えられることがあることは，前例と同様である。

≪その他の申請情報≫ 全て基本事例と同様である。

添付情報 移転登記の添付情報は，基本的には一般的なそれであり抵当権の移転でも同様である。この例では〈登記原因証明情報〉，登記義務者の〈登記識別情報〉，株式会社 H 銀行と株式会社 K 銀行の代表者の〈資格証明書〉及び双方から X へ委任したことによる〈代理権限証明書〉を添付しなければならない。

登録免許税 抵当権移転登記の登録免許税は，債権額を課税標準金額とする定率課税である。税率は登記原因によって異なり，この例の登録免許税は，債権金額に 1,000 分の 2 を乗じて

算出された金額である（登録免許税法別表第一の一の(六)）

(4) 申請情報の例

書面申請の例　次は，上記の事実関係に従った登記の申請を代理人Ｘが書面で行う場合の例である。網掛け文字の部分が，基本事例と異なるところである。

```
              登　記　申　請　書
    登記の目的　１番抵当権移転
    原　　　因　平成２３年１月１０日債権譲渡
    権　利　者　○○○（株式会社Ｋ銀行の住所を記載する）
              株式会社　Ｋ銀行
              代表取締役　　Ｍ
    義　務　者　○○○（株式会社Ｈ銀行の住所を記載する）
              株式会社　Ｈ銀行
              代表取締役　　Ｉ
  添付情報
    登記原因証明情報　　登記識別情報　　資格証明書
    代理権限証明書
    （以下，省略する）
```

登記記録の例　上記の申請に基づき，登記記録には抵当権移転登記が次のように実行される。

権利部（乙区）	(所有権以外の権利に関する事項)		
順位番号	登記の目的	受付年月日・受付番号	権利者その他の事項
１	抵当権設定	平成○○年○月○日第○○○号	原　因　平成２２年９月１日金銭消費貸借同日設定 債権額　金３，０００万円 利　息　年５．００％ 損害金　年１８％ 債務者　○○○　Ｂ 抵当権者　○○○　株式会社Ｈ銀行
付記１号	１番抵当権移転	平成○○年○月○日第○○○号	原　因　平成２３年１月１０日債権譲渡 抵当権者　○○○　株式会社　Ｋ銀行

（付記登記で実行される。）

8　応用事例Ⅶ─被担保債権の弁済─

事例　平成22年9月1日，Ｂは株式会社Ｈ銀行から金3,000万円の借り入れをし，その債務の担保のために自分の所有する甲土地と土地上の乙建物

に株式会社H銀行のための抵当権の設定をしてその登記を完了した。その後平成23年1月10日に，Bは株式会社H銀行に対して金銭債務全額の返済をし，これによる登記の手続を行うことになった。

(1) 実体関係の整理

　株式会社H銀行がB所有の不動産に設定登記した抵当権は，被担保債権が弁済されたことにともない消滅した。抵当権は，被担保債権が弁済されて消滅すると既に述べた法的性質（被担保債権への附従性）にしたがって消滅する。この他抵当権は，被担保債権の基となっている契約の解除や，被担保債権が放棄されると，同様の性質から消滅する。また，抵当権設定契約の解除や，抵当権それ自体の放棄によっても消滅する。

(2) 手続関係の整理

　既に登記された権利が実体上消滅した場合には，その権利の登記の抹消を申請することができる（法第3条）。したがってこの例では，甲土地及び土地上の乙建物に対する株式会社H銀行の抵当権設定登記の抹消の申請を行う。その際に，登記記録から，抹消の対象である抵当権に対する転抵当権者等のような登記上の利害関係人の有無を確認する。抹消すべき抵当権に登記上の利害関係人（登記の抹消に付き利害関係を有する抵当証券の所持人又は裏書人を含む）がいる場合には，抹消の申請情報にはその者の抹消登記に対する承諾を証する情報（その第三者に対抗することができる裁判があったことを証する情報）を添付しなければならない（令別表二十六添付情報ヘ）。

| 求める登記【抵当権抹消】 | 目的不動産上に設定登記された抵当権が，被担保債権の弁済により消滅したので，その抹消の手続をすることができる。 |

＊登記義務者の住所氏名等が記録と一致しない場合

　登記義務者の住所，氏名等が登記記録上のそれと一致していない場合，本来であれば事前にそれを現在のものにするための登記名義人住所等の変更（更正）の登記をしなければ，登記の抹消（に限らず他の登記であっても）は登記官により却下される（法第25条第7号）。しかし，登記の抹消をする場合に

関しては，申請情報に登記名義人の住所等の変更（更正）を証する情報を添付すれば，変更の登記を省略することができる[29]。

申請人　手続が原則的な共同申請でなされる場合には，次のとおりである。

【登記権利者】　抵当権の登記の抹消により，自分が所有権登記名義人である不動産から抵当権の登記が消えることで登記記録上利益を受ける者であり，この例ではBである。

【登記義務者】　抵当権の登記の抹消により，登記記録上の抵当権の登記名義を失い形式的に不利益を受ける現在の抵当権登記名義人であり，この例では株式会社H銀行である。

(3) 申請の作業

ここでの登記の申請作業の要点は，次のとおりである。

申請情報　抹消の申請情報の内容は，一般的なそれで構成されるが，この例については概ね次のとおりである。

登記の目的　〈1番抵当権抹消〉　ここでの〈1番〉は，応用例Vと同様の趣旨で記載される。

原因　抵当権を抹消する原因とその発生の日付であり，この例では〈平成23年1月10日弁済〉と記載する。

申請人　権利者と義務者それぞれについての〈住所と氏名（法人は名称）〉を記載する。申請人が法人である場合には，〈代表者の氏名〉をも記載する。この他，〈連絡先の電話番号〉もここに記載するが，代理人によって申請を行う場合，この記載は要しない。

不動産の表示　登記を求める土地と建物の表示をする。ここに順位番号の表示が加えられることがあることは，前例と同様である。

《その他の申請情報》　全て基本事例と同様である。

---

[29] 所有権以外の権利の登記の抹消を申請する場合，登記義務者となるべき対象となる権利の登記名義人の住所，氏名（名称）に変更が生じているときは，申請書にその変更を証する情報を添付すれば，住所等の変更の登記を省略して，登記の抹消を申請することができる（昭和31年10月17日民事甲第2370号通達）。

添付情報　登記の抹消を申請する場合の添付情報は，基本的には一般的なそれである。この例では〈登記原因証明情報〉，登記義務者の〈登記識別情報〉，株式会社H銀行の代表者の〈資格証明書〉，及びBと株式会社H銀行双方からXへ委任したことによる〈代理権限証明書〉を添付しなければならない。この他，次の情報を要する場合がある。

≪抹消登記に特有の添付情報（法第68条，令別表二十六添付情報ヘ）

　登記上の利害関係人等の承諾を証する情報　抹消の対象となっている登記に登記上の利害関係を有する第三者（その抹消について利害関係を有する抵当証券の所持人又は裏書人を含む）がいる場合には，その承諾を証する情報を添付しなければならない（法第68条）。

登録免許税　登記の抹消に要する登録免許税は，抵当権の抹消に限らずに定額課税で，不動産1個につき金1,000円である（登録免許税法別表第一の一の（十五））。なお，同一の申請書で同時に20個を超える不動産についての登記の抹消を申請する場合には，20,000円である（登録免許税法別表第一の一の（十五）の括弧書き）。

(4) **申請情報の例**

書面申請の例　次は，上記の事実関係に従った登記の申請を代理人Xが書面で行う場合の例である。網掛け文字の部分が，基本事例と異なるところである。

```
　　　登　記　申　請　書
登記の目的　１番抵当権抹消
原　　　因　平成２３年１月１０日弁済
権　利　者　○○○（Bの住所を記載する）
　　　　　　　　　B
義　務　者　○○○（株式会社H銀行の住所を記載する）
　　　　　　　　　株式会社　H銀行
　　　　　　　　　代表取締役　　I
```

添付情報
　登記原因証明情報　　登記識別情報　　資格証明書
　代理権限証書[30]
　登記識別情報を提供できない理由[31]
　　□不通知　　□失効　　□失念　　□管理支障　　□取引円滑障害
　　□その他（　　　　　　）
（以下，省略する）

登記記録の例　上記の申請に基づき，登記記録には抵当権の抹消が次のように実行される。なお，登記の抹消を実行した場合，抹消の対象となる登記については，それが抹消されたこと（効力がないこと）を明らかにするために抹消の記号（下線）が付される（規則第152条）。

権利部（乙区）	（所有権以外の権利に関する事項）		
順位番号	登記の目的	受付年月日・受付番号	権利者その他の事項
1	抵当権設定	平成○○年○月○日 第○○○号	原因　平成22年9月1日金銭消費貸借同日設定 債権額　金3,000万円 利息　年5・00％ 損害金　年18％ 債務者　○○○　B 抵当権者　○○○　株式会社H銀行
2	1番抵当権抹消	平成○○年○月○日 第○○○号	原因　平成23年1月10日弁済

（1行目に「登記事項が抹消されたことを表す記号（下線）が付される。」との注記あり）

---

[30] 他の申請書は代理権限証明書であるが，ここは代理権限証書である。本例は，登記関係を専門とする出版社から出版された不動産登記申請書様式を参考にしたものであり，申請書は記載要件を満たしていれば，様式や添付書面の呼び名までこだわる必要がない例である。

[31] 登記義務者等が，正当な理由があって登記識別情報を提供できない場合には，その旨を申請情報の内容としなければならない（令第3条）。この規定にそのまま従えば，登記識別情報を提供できるときには「提供できない理由」を申請情報の内容にする必要はない。したがって，本例は，本来，「登記識別情報の提供がない場合の例である」とすべきであろう。しかし他の項でも述べたが，本例や法務省が示す見本は，提供できない場合の理由とともに始めからこれを申請情報（申請書）に記載しておき，提供できない場合には該当欄にチェックマークを入れる様式を示している。登記の申請情報（申請書）については，とかく画一的に考えがちである。しかし，申請情報の内容（申請書の記載事項）が法令に定められているけれど，表現の仕方まで統一されているわけではないので，実務の申請様式を参考にする場合，そこにある記載事項と法令の申請情報の内容（申請書記載事項）が形式性において全て一致するとは限らないのである。

9　関連知識の整理

(1) 抵当権の設定

抵当権についても，当事者の合意にしたがってそのまま登記できるか否かについて疑義が生ずることがあり，これについての対応が次のように示されている。

目的物について

➢一筆の土地の一部について抵当権設定契約をすることはできるが，分筆の登記をしなければ抵当権設定登記はすることができない[32]。

➢主である建物と附属建物が一つの登記記録になされている場合，附属建物のみを目的にした抵当権の設定登記を申請することはできない[33]。

➢共有持分全部を抵当権の目的とすることができる[34]

➢将来建築される予定の建物を目的として抵当権の設定契約をしても，抵当権は成立しないので，登記を申請することもできない。物権は，目的物が存在しなければ成立し得ないからである。但し，建物の登記記録の表題部に記録された建物の新築年月日よりも前の日付を登記原因とする抵当権の設定登記が申請された場合，その申請は受理される[35]。

➢所有権の一部，又は共有持分の一部を目的とした抵当権の設定登記を申請することはできない[36]。但し，同一人が，同一の不動産について数回にわたって持分の登記名義を取得している場合には，それぞれの登記に係る持分について，抵当権の設定登記を申請することができる[37]。

➢差押え，処分禁止の仮処分の登記のなされている不動産を目的として，抵当権の設定登記を申請することができる[38]。

---

[32] 明治32年12月22日民刑2080号回答　これが，実体法的には可能であるが，手続的には不可能である場合の代表例である。

[33] 明治37年2月13日民刑1057号回答　この場合，附属建物のみを目的とした抵当権設定の契約は可能である。しかし，その登記は，附属建物を分割の登記により独立した登記記録を設けた後（法第54条第1項第1号，規則第127条，第128条参照）でなければすることができない。

[34] 明治33年12月22日民刑回答　不動産登記記録例355参照

[35] 昭和39年4月6日民事甲第1291号民事局長回答

[36] 昭和35年6月1日民事甲第1340号回答　抵当権の目的とする範囲が，登記記録上特定できないことによるものであろう。

担保する債権について

➢金銭消費貸借契約上の債権の一部を担保するための抵当権を設定して，その登記の申請をすることができる[39]。例えば「原因　平成○年○月○日金銭消費貸借金3,000万円のうち金2,000万円　同日設定」のように記載する。

➢同一の債権者が有する数個の債権を担保するために一つの抵当権を設定してその登記を申請することができるが（不動産登記記録例365），この場合，債権者が同一であれば数個の債権について債務者が異なっていても同様である（不動産登記記録例363）。

➢一つの債権を数人が（準）共有している場合には，（準）共有債権を担保するための抵当権を設定してその登記を申請することができる（不動産登記記録例361）。

➢数人の債権者が，個々に有する数個の債権を担保するために一つの抵当権を設定して登記の申請をすることはできない[40]。

➢同一の債権を担保するために数個の不動産に抵当権の設定をした場合，そのうちの一部の不動産について登記をし，登記をしない不動産があっても差し支えはない[41]。

➢ある不動産について抵当権が設定されて，その登記がなされた後に被担保債権の一部が弁済されたが，それによる債権額の変更の登記をしない場合でも，同一の債権を担保するために他の不動産に対して抵当権を設定し，債権額を一部弁済後の現在のそれとした抵当権の設定登記を申請することができる[42]。同様の趣旨で，この他共同担保の抵当権は，追加設定される抵当権の利息，債務者が既に設定登記された抵当権のそれと異

---

[37] 昭和58年4月4日民三第2252号局長通達　不動産登記記録例355（共有持分を目的とする抵当権の設定）の注19参照。この場合は，注36）とは違い，抵当権の目的となる共有持分を，登記記録の上で特定することが可能であることによる。つまり，ある人の共有持分権（もしくは所有権であっても）の一部に対する抵当権は，登記記録で特定ができれば成立する，と解されているのである。

[38] 昭和24年7月14日民事局長回答

[39] 昭和30年4月8日民事甲第683号通達　不動産登記記録例364参照

[40] 昭和35年12月27日民事甲第3280号局長回答

[41] 昭和30年4月30日民事甲第835号通達

[42] 昭和37年3月13日第650号

➤ 保証人が，将来主たる債務者に対して取得する可能性のある求償権を担保するために，現在において抵当権を設定してその登記を申請することができる[44]。例えば「原因　平成○年○月○日保証委託契約による求償債権　同日設定」のように記載する。
➤ 当事者間で請負契約がなされた場合，将来発生する請負代金債権を担保するために，現在において抵当権を設定してその登記を申請することができる[45]。
➤ 当事者の間で，残存の債権を確定させ，新たに遅延損害金を定めるなど更改や準消費貸借などの契約と同様の契約がなされ，併せてその債権を担保するための抵当権が設定された場合には，「○年○月○日債務承認契約　同日設定」を登記原因とする抵当権設定登記の申請をすることができる[46]。

申請の方法
➤ 清算中の会社を登記義務者とする抵当権設定登記の申請は，設定契約が会社解散の前後を問わず受理して差し支えがない[47]。
➤ 数個の抵当権について，その順位を同じくするためにそれら数個の抵当権設定登記を同時に申請することができる[48]。
➤ 同一の債権を担保するために数個の不動産に対し，日を異にして抵当権の設定契約が結ばれた場合でも，それら数個の抵当権設定の登記は，一つの申請情報で申請することができる[49]。

登記原因　申請情報である登記原因は，抵当権設定の旨及びその日付だ

---

[43] 利息について，昭和 41 年 12 月 1 日民事甲第 3322 号回答。債務者について，登記研究第 425 号 125 頁　質疑応答。
[44] 昭和 25 年 1 月 30 日民事甲第 254 号通達
[45] 昭和 44 年 8 月 15 日民三第 675 号回答
[46] 昭和 58 年 7 月 6 日民三第 3810 号局長通達
[47] 昭和 41 年 11 月 7 日民事甲第 3252 号民事局長回答
[48] 昭和 24 年 12 月 6 日民事甲第 2810 号通達　不動産登記記録例 354　規則 147 条 2 項　このような抵当権を，「同順位」と呼ぶことが多い。
[49] 昭和 39 年 3 月 7 日民事甲第 588 号回答

けではなく，その抵当権の担保する債権の発生原因である債権契約とその日付をも提供（記載）しなければならない[50]。

申請情報
債権額について
- 抵当権の担保する債権は日本の通貨である円で指定されるものに限らず，外国の通貨で指定することが可能であり，この場合には，例えば「債権額　米貨金30万ドル　担保限度額金3,000万円」のように，申請情報には債権額だけでなく担保限度額も加えなければならないが（法第83条第1項第5号），担保限度額は必ずしも為替レートで換算する必要はなく，当事者が任意に定めた額で差し支えがない[51]。
- 抵当権の設定契約がなされた後に，それによる登記を申請する前に債権の一部が弁済された場合，申請情報の「債権額」には現存債権額を提供（記載）して登記の申請をすることができる。なおこの場合，申請情報の登記原因に一部弁済がなされた旨の提供（記載）をすることは要しない[52]。

利息・損害金について
- 利息について「無利息」の合意（定め）をした場合には，申請情報はその旨をもって提供（記載）する[53]。これに対して，当事者が利息に関する合意（定め）をしなかった場合には，申請情報に利息の定めの提供（記載）は要しない。
- 利息の定めが不明確なもの，例えば「年5％　但し将来の金融情勢に応じて債権者は適宜変更することができる」とするようなものは，登記することができない[54]。
- 利息や遅延損害金について当事者が，「年365日の日割計算」をする旨の合意（特約）をした場合，それを申請情報の内容にして提供（記載）することができる[55]。

---

[50] 昭和30年12月23日民事甲第2747号回答
[51] 昭和35年3月31日民事甲第712号通達　不動産登記記録例369参照
[52] 昭和34年5月6日民事甲第900号局長通達
[53] 登記研究第470号98頁　質疑応答
[54] 昭和31年3月14日民事甲第506号通達

- 利息制限法の定めを超える利息を提供（記載）して，抵当権の設定登記を申請することはできない。但し，抵当権設定契約における利息の定めが利息制限法の制限を超過していても，制限内に引き直した利息の内容を提供（記載）して抵当権の設定登記が申請された場合には，その申請は受理される[56]。
- 「違約金」は定期金の性質を有しないので，その定めを申請情報の内容に提供（記載）した抵当権の設定登記は申請することができない[57]。

債務者について
- 債務者が複数で連帯債務の関係にあるときは，申請情報は債務者に「連帯債務者」と冠記して提供（記載）して登記の申請をすることができる[58]。
- 権利能力なき社団を債務者とする抵当権の設定登記を申請することができる[59]。同様に，個人商人も，例えば「債務者　何市何町何番地　甲商店」のように商号を記載して登記をすることができる[60]。

抵当権者の表示について
- 抵当権者が全国各地に支店を有する金融機関である場合には，抵当権者の表示に「支店」を加えて登記を申請することができる[61]。但し，信用保証協会や信用組合，信用金庫は，ここでの銀行に含まれない[62]。

登記原因証明情報　　抵当権設定登記の登記原因証明情報の例は，次のとおりである。

---

[55] 昭和45年5月8日民事甲第2192号通達
[56] 昭和29年7月13日民事甲第1459号通達
[57] 昭和34年7月25日民事甲第1567号局長通達　民法375条2項に規定する損害の賠償額の定めは定期金の性質であることを要し，したがって一定の金額をもって定めた違約金はこれにあたらないと解するからである（令別表五十五申請情報ロ，法第88条第1項第2号参照）。
[58] 登記研究第91号46頁　質疑応答　不動産登記記録例362
[59] 昭和31年6月13日民事甲第1317号回答
[60] 登記研究第586号188頁　質疑応答
[61] 昭和36年5月17日民事甲第1134号通達
[62] 登記研究第449号89頁　質疑応答，同誌第492号119頁　質疑応答

〈金銭消費貸借契約上の債権を担保するための抵当権設定契約についての報告書形式の登記原因証明情報の例〉

登記原因証明情報

1 登記申請情報の要項
　　登記の目的　　抵当権設定
　　原　　因　　平成22年9月1日金銭消費貸借同日設定
　　債 権 額　　金3,000万円
　　利　　息　　年5.00%
　　損 害 金　　年18%
　　債 務 者　　○○市○○町○○番地
　　　　　　　　　　　　B
　　抵当権者　　○○市○○町○丁目○○番地
　　　　　　　　　　　　株式会社○H銀行
　　　　　　　　　　　　（取扱店　○○支店）
　　　　　　　　　　　　代表取締役　I
　　設 定 者　　○○市○○町○○番地
　　　　　　　　　　　　B

2 不動産の表示
　　（以下　省略）

3 登記の原因となる事実又は法律行為
　　（1）株式会社H銀行（以下，甲という）は，B（以下，乙という）との間で，平成22年9月1日，下記の金銭消費貸借契約を締結し，甲は，乙に対し，本契約にもとづき下記のとおり金銭を貸し渡し，乙は受領した。
貸 付 金　金3,000万円
利　　息　年5・00%
損 害 金　年18%
返済期日　平成○○年○○月○○日
　　（2）甲と乙は，同日，甲が乙に対して有する上記（1）記載の債権を担保するために，乙の所有する上記不動産に甲のための抵当権を設定する旨を約した。

平成22年9月1日　○○法務局○○出張所　御中

　上記の登記原因のとおり相違ありません。

　　　債務者兼設定者　　○○市○○町○○番地
　　　　　　　　　　　　　　　B　　㊞
　　　　抵当権者　　　　○○市○○町○丁目○○番地
　　　　　　　　　　　　　　　株式会社　H銀行
　　　　　　　　　　　　　　　代表取締役　I　㊞

〈抵当権設定契約書の例〉

```
        抵当権設定契約書

   株式会社H銀行（以下，「甲」という。）とB（以下，「乙」という。）は，乙の
  所有する後記物件目録記載の不動産（以下，「本件不動産」という）に対して，甲
  のために，本日次のとおり抵当権を設定する契約を締結した。

   第1条（抵当権の設定）　乙は甲に対する下記債務の履行を担保するために，本
  件不動産に，甲のための抵当権を設定する。
    （債権の表示）
    債権額　金3,000万円
    借入日　平成22年9月1日
    弁済期　平成32年8月31日
    利息　　年5.00パーセントの割合
    遅延損害金　年18パーセントの割合

   第2条（登記義務）　乙は甲に対して，本契約締結の後，直ちに前条に基づく抵
  当権設定の登記申請手続を行わなければならない。
   第3条（抵当物件の処分・変更の禁止）　　（省略）
   第4条（増担保）　　（省略）
   第5条（任意処分）　　（省略）
   第6条（抵当物件の調査）　　（省略）
   第7条（火災保険）　　（省略）
   第8条（費用の負担）　　（省略）

   以上のとおり契約が成立したことを証するため，本書2通を作成し，各自署名
  押印のうえその1通を保有するものとする。

  平成〇〇年〇〇月〇〇日
   （甲）　　　〇〇県〇〇市〇〇町〇〇丁目〇〇番〇〇号
                    株式会社　H銀行
                    代表取締役　I　㊞
   （乙）　　　〇〇県〇〇市〇〇町〇〇丁目〇〇番〇〇号
                    B　㊞
```

登記原因についての第三者の許可，同意，承諾を証する情報　抵当権の申請をめぐる登記原因についての第三者の許可等に関しては，株式会社とその取締役のいわゆる利益相反行為への該当性が問題になることが多い。これについての実務の取扱いを示した代表的なものは次のとおりである。

➢（代表）取締役個人の債務を担保するために株式会社所有の不動産に抵当権を設定して登記を申請する場合，申請情報には株主総会（取締役会）の

承認を得たことを証する情報をも提供（添付）することを要する[63]。
- 甲と乙，二つの株式会社の代表取締役が同一人である場合，甲株式会社の債務を担保するために乙株式会社の所有する不動産に抵当権を設定して登記の申請をする場合には，申請情報には乙株式会社の株主総会（取締役会）の承認を得たことを証する情報をも提供（添付）することを要する[64]。
- 株式会社の債務を担保するために，当該会社の（代表）取締役個人の所有する不動産に抵当権を設定することは，会社法所定のいわゆる利益相反行為には該当しない[65]。

(2) 抵当権の変更

　抵当権は，本文でも述べたように，国民の住宅取得資金や企業の資金調達などを背景に使用頻度が高く，しかも多様な使われ方をする。そのことの影響もあり契約内容の変更が様々な形でなされるので，可能な限り公示に反映させるべく登記の仕方も工夫がなされているようである。

　債権額　抵当権の，債権額の変更登記の可否に関する実務上の取扱いを示したものの代表は，次のとおりである。

- 抵当権設定登記をした後に，抵当権者（債権者）と債務者が新たな金銭消費貸借をなした場合，新たな債権を担保するために既に設定登記された抵当権の債権額を変更（増額）することはできない[66]。これに対し，金銭消費貸借予約による将来の債権を担保するために抵当権が設定されてその登記がなされている場合，その将来発生すべき債権が増額されたときは，債権額の増額による抵当権変更登記を申請することができる[67]。
- 債権の一部を担保するために抵当権の設定登記がなされている場合，債権額を，その債権の総額とする抵当権の変更登記を申請することができる[68]。

---

[63] 昭和28年10月1日第1333号
[64] 昭和52年3月16日第1620号
[65] 昭和41年6月8日民事三発第397号回答
[66] 明治32年11月1日民刑第1904号回答
[67] 昭和42年1月7日民事甲第3142号回答

➢ A を抵当権者とする抵当権の設定登記について，B に対して債権一部譲渡による抵当権の一部移転の登記がなされ，その後 A の債権のみが弁済された時には，「年月日 A の債権弁済」を登記原因として債権額を B の債権のみとするための抵当権の変更登記を申請することができる（不動産登記記録例 394）。

➢ 抵当権の設定登記がなされた後に，担保する債権の元本債権が全額弁済されたが利息債権は残されている場合，「年月日元本弁済」を登記原因として債権額を利息の額とする抵当権変更登記を申請することができる。なお，この場合，申請情報である「変更後の事項」は，「債権額金○○円（年月日から年月日までの利息）と記載する（不動産登記記録例 391）。

➢ 抵当権の担保する債権は，元本債権の他には最後の二年分の利息もしくは遅延損害金である（民法第 375 条）。しかし，最後の二年分以外の利息等でも，満期となった後に特別の登記をすれば，抵当権によって担保することができる（民法第 375 条 1 項但し書）。これを利息の特別登記と呼び，抵当権変更登記として申請することができるが，登記の目的は「何番抵当権利息の特別登記」，登記原因は，設定者が債務者である場合「年月日から年月日までの利息延滞」であり，設定者が債務者ではないときには延滞利息を担保させるための新たな契約が必要であるために，「年月日から年月日までの利息の担保契約」と記載する（不動産登記記録例 393　同注 2）。

債務者　抵当権の債務者の変更についての取扱いで疑義の出されたものは，次のとおりである。

➢ 抵当権の被担保債権について免責的債務引受がなされて債務者に変更が生じたときは，登記原因を「年月日免責的債務引受」として債務者を変更する抵当権変更の登記を申請することができる（不動産登記記録例 401）。また，抵当権の被担保債権について重畳的債務引受がなされ，当初の債務者と債務引受人が連帯債務の関係になったときは，登記原因を「年月日重畳的債務引受」として債務引受人を連帯債務者に追加する抵

68　登記研究第 119 号 39 頁　質疑応答

当権変更の登記を申請することができる（不動産登記記録例402）。
- 抵当権の債務者が死亡し，その相続人AとBとの間で被相続人の債務はAが単独で承継する旨の合意（遺産分割協議）がなされ，それについて債権者（抵当権者）の承諾を得たときは，抵当権について，相続を登記原因として債務者をAとする変更登記を申請することができる[69]。これに対して，債務者が死亡し，その相続人AとBが債権者（抵当権者）との間で，Bが被相続人より相続により承継した債務をAが引き受ける旨の債務引受契約が成立したときは，一度「相続」を登記原因として債務者をAとBにする抵当権の変更登記を申請し，その後に登記原因を「年月日Bの債務引受」として債務者をAとする抵当権の変更登記を申請しなければならない[70]。
- 債権者の承諾があった場合における特定の相続人を債務者とする抵当権の変更登記の申請に提供する登記原因証明情報には，債権者が承諾したことも内容としなければならない[71]。

効力の及ぶ範囲の変更　抵当権の目的物は不動産であるが，前述のように特定の共有持分権を目的として成立し，その登記をすることもできる。ところで，共有持分権は，それを持つ者が同一不動産上で，例えば3分の1の共有権者が更に3分の1持分権を取得することや，反対に3分の1の半分を他人に売買して失う（6分の1の持分権者になる）等，いわば増減が考えられる。この場合の公示は，次の方法で対応を図ることにしている。

抵当権の効力を所有権全部に及ぼす変更について
- A・Bの共有不動産について，A持分に対する抵当権が設定されてその登記が完了した後に，AがBの持分を取得したとき，抵当権の効力はそのままではAが新たに取得した持分には及ばない。抵当権者とA（設定者）の合意によりAが新たに取得した持分に抵当権を設定する合意が成立した場合には，既に設定登記されている抵当権の効力を，Aが新たに取得した持分に及ぼすための変更登記をすることができる[72]。但し，A・

---

[69] 昭和33年5月10日民事甲第964号通達
[70] 昭和33年5月10日民事甲第964号通達
[71] 登記研究第742号165頁　質疑応答
[72] 昭和28年4月6日民事甲第556号回答

B共有の不動産について，A持分に対する抵当権が設定されてその登記が完了した後に（ここまでは前例と同じ），Bが自己の持分について，既にA持分に設定登記されている抵当権の被担保債権のための抵当権を設定した場合には，（前述の効力の及ぶ範囲の変更登記ではなく）B持分に対する抵当権の設定登記（いわゆる追加設定）の申請をしなければならない[73]。

➢抵当権の効力を所有権の全部（もしくは新たに取得した他の持分）に及ぼす変更の登記は，その実質が抵当権の追加設定であるために，申請情報の登記原因は抵当権の設定と同様な記載をするが，変更後の事項として提供すべき事項はない（不動産登記記録例408）。なお，この登記申請における登録免許税は，実質が抵当権の設定であることから一不動産につき金1,500円である（登録免許税法第13条第2項）。

➢抵当権の効力を所有権全部に及ぼす登記の登記原因証明情報は，抵当権追加設定契約書，抵当権変更契約書のいずれでも差し支えない[74]。

持分のみの抵当権とする変更について

➢XがA・B共有の不動産に抵当権の設定登記をしていたところ，例えばB持分についてのみ抵当権を放棄したとき，それ以降，抵当権はA持分のみを目的に成立したものとなる。そこでこの場合，登記原因を「年月日B持分放棄」として抵当権をAの持分の抵当権とする旨の，抵当権変更登記を申請することができる（不動産登記記録例409）。なおこの登記の申請は，抵当権の放棄を受けたBが登記権利者で，抵当権者を登記義務者として共同で申請をする[75]。

抵当権の順位変更の登記 抵当権の登記された順位は，登記により変更ができる（民法第374条）。これをめぐる登記に生じた疑義に応えた代表的なものは，次のとおりである。

➢順位変更の登記は不動産ごとに申請するのが原則であるが，数個の不動

---

[73] 登記研究第304号73頁 質疑応答
[74] 登記研究第577号153頁 質疑応答
[75] 登記研究第108号42頁 質疑応答

産について，共同担保である抵当権がそれぞれ複数設定登記されている場合，各不動産の順位変更に係る抵当権の順位番号及び変更後の順位が全く同一であるときには，それらの順位変更の登記は同一の申請情報により一括して申請することができる[76]。
➤ 順位変更は登記が効力要件であることから，その仮登記をすることはできない[77]。
➤ 仮登記された抵当権について，順位変更の登記をすることができる[78]。
➤ 同一の不動産に同じ抵当権者が有する数個の抵当権について，順位変更の登記をすることができる[79]。
➤ 順位変更の登記の変更登記はすることはできない。この場合には，新たな順位変更の登記をすべきである[80]。
➤ 順位変更の登記が錯誤によりなされた場合，登記原因が無効の場合，詐欺又は強迫などにより取消された場合，合意が法定解除された場合には，順位変更登記の抹消をすることができる。しかし，合意解除による順位変更登記の抹消はすることができない[81]。

更正登記　　抵当権の更正も可能であるが，登記権利者と登記義務者の地位に疑義が生ずることがある。
➤ 抵当権設定登記の登記原因及びその日付を更正する登記をすることができる。この場合の申請人は，抵当権者が登記権利者，設定者が登記義務者となる[82]。

(3) 抵当権の移転

抵当権の移転登記については，実務上，次のような手続方法が示されてい

---

[76] 昭和46年12月27日民事甲第960号依命通知第1の1
[77] 登記研究第313号63頁
[78] 登記研究第300号69頁　質疑応答
[79] 登記研究第300号69頁　質疑応答
[80] 昭和46年10月4日民事甲第3230号通達第1の4
[81] 合意解除は新たな契約であるために，この場合は新たな順位変更の登記をすべきである（昭和46年12月24日民事甲第3630号通達）。
[82] 登記研究第466号113頁　質疑応答

る。
- ➤債権譲渡による抵当権移転の登記を申請する場合，添付情報に，債権譲渡について債務者に通知したことを証する情報の提供は，要しない[83]。
- ➤X名義の抵当権設定登記について，真正な登記名義の回復を登記原因とするYへの抵当権移転の登記を申請することはできない[84]。
- ➤会社分割による抵当権の移転登記は，承継会社と分割会社が共同して申請しなければならない[85]。

(4) **抵当権の処分**

抵当権については，上述の移転の他に転抵当等の処分が可能であり，その手続方法について示されたものは，次のとおりである。
- ➤設定登記されている抵当権の被担保債権の弁済期より後に弁済期が到来する債権を担保するための転抵当権を設定して登記の申請をすることができる[86]。

(5) **抵当権の抹消**

抵当権の抹消をめぐる手続方法の疑義について，示された代表例は以下のとおりである。

申請及び申請人
- ➤抵当権の登記の抹消の登記権利者は原則としてその不動産の現在の所有権登記名義人であるが，後順位の抵当権登記名義人も登記権利者として，登記義務者と共同して抵当権登記の抹消を申請することができる[87]。
- ➤抵当権抹消登記申請に続いて所有権移転登記を連件で申請する場合の抵当権抹消登記申請の登記権利者は，その登記申請時における所有権登記名義人（接続して後に申請する所有権移転登記では登記義務者となる者）で

---

[83] 明治32年9月12日民刑1636号回答
[84] 昭和40年7月13日民事甲第1857号回答
[85] 平成13年3月30日民事二第867号通達
[86] 東京高判昭和42年1月18日
[87] 大正8年7月26日第2788号　昭和31年12月24日民事甲第2916号回答　後順位の抵当権登記名義人は，先順位の抵当権が抹消されると登記上で自分の順位が昇進することになり，登記上利益を受けることになると解されているからである（法第2条第12号）。

ある[88]。
- AとBの共有不動産に設定登記されたXの抵当権の登記の抹消は，共有者の一名のAとXが共同して申請することが出来る[89]。
- 抵当権の登記名義人が，その抵当権の設定不動産の所有権を取得したことにより抵当権が混同で消滅した場合には，抵当権者であり所有者である者が権利者権義務者となって，抵当権の抹消を申請することができる。この場合，抵当権が消滅したにも関わらずその抹消をしないまま所有権が第三者に移転したとき，混同による抵当権抹消の登記権利者は，現在の所有権登記名義人である[90]。
- 抵当権設定者が死亡した後に抵当権が消滅した場合には，抵当権を抹消する前提として，相続による所有権移転登記を申請しなければならない[91]。
- 抵当権の登記の抹消を申請する場合，抵当権登記名義人の現在の氏名・住所等が登記記録上のそれと符合しないときでも，抹消登記の申請情報に併せて氏名・住所等の変更を証する情報を提供（添付）すれば，抵当権の登記の抹消に先だって抵当権登記名義人の氏名・住所等の変更登記を申請することを要しない[92]。但し，抵当権の登記の抹消を申請する場合に，登記権利者である所有権登記名義人の現在の住所等が登記記録上のそれと符合しないときは，登記の抹消をする前提として所有権登記名義人の住所等の変更登記を申請しなければならない[93]。

添付情報　抵当権の抹消についての添付情報に関する疑義には，次のような取扱い方針が示されている。
- 混同を登記原因として抵当権の登記の抹消を申請する場合，抵当権につ

---

[88] 登記研究第514号194頁　質疑応答　この場合の抵当権抹消登記の登記権利者は，実体上は所有権を失っている場合が多いが，あくまで申請時においては「登記上，直接に利益を受ける者」（法第2条第12号）に該当するからである。
[89] 登記研究第425号127頁　質疑応答　抵当権登記の抹消は，共有物の保存行為（民法第252条但し書）に該当すると解されている。
[90] 昭和30年2月4日民事甲第226号通達
[91] 登記研究第564号143頁　質疑応答
[92] 昭和31年9月20日民事甲第2202号通達
[93] 登記研究第355号90頁　質疑応答

いて混同が生じていることが登記記録上明白であるときは，登記原因証明情報を省略することができる[94]。

---

[94] 登記研究第690号221頁　質疑応答

第4章

担保その2　根抵当権

　例えば銀行と製造業者のような事業者間に継続的な取引関係があり，前者が後者に不動産担保を求める場合，根抵当権が利用されることが多い。根抵当権は，最終的には抵当権と同様に特定の債権を担保するのであるが，反復継続して発生と消滅を繰り返す多数の債権を担保できるように，元本確定と呼ぶ特定の日までは特定の（個別具体的な）債権との繋がりを持たない法的性質があり，ここが抵当権との大きな違いである。

> **寄り道　根抵当権とその登記手続の整理**
>
> 　根抵当権は，制度上は抵当権の一種に置かれ，また名称からも抵当権に類似する物的担保と考えがちである。しかし，元本確定前の根抵当権はその法的な性質が抵当権（及び他の担保物権）と大きく異なり[1]，それゆえ登記の手続も，形式的にも根抵当権に固有のものが幾つもある。このうち，根抵当権者や債務者の相続による合意の登記のように，抵当権にはないものは独自に知識を整理していくが，設定登記からその抹消までの登記で外形が抵当権に類似しているものは，抵当権の知識を置き替えたり流用しがちになる。確かに登記原因を除いて抹消登記などは形式的に同一である。しかし，似ているように見えて実は内容が異なるものがある。例えば，被担保債権を共通して数個の不動産に設定された抵当権を登記する場合の登記の目的は「抵当権設定」であるが，同様の例で根抵当権では当事者間に共同担保の合意があれば登記の目的は「共同根抵当権設定」であり，共同担保の合意がなければ設定された根抵当権（累積式根抵当権）が例え同一の登記所の管轄にあっても一つの申請情報で申請すること（一括申請）はできないものとされている。また抵当権に関しては，債務者の変更による登記を書面で申請する場合の登記義務者の印鑑証明書は，添付を求められない場合があるが，根抵当権はそうではない（令第16条第1項，規則第47条第3号イ(1)参照）。
>
> 　このようなことから，根抵当権は抵当権とは別の権利であると考えたほうが，理解が得られやすいはずである。

根抵当権は，経済活動を背景に使用頻度が高い。このため実務でも，抵当権と同様に数多く登場する。ここでは，まず一般的な根抵当権と共同根抵当権の設定登記の手続を述べ，次に根抵当関係の変更でも数が多い極度額の増額と，根抵当権の移転の申請を説明する。根抵当権の登記についてはこの他に各種の譲渡や変更など多様なものがあるが，本書では使用例の多いものを取り上げることにする。

1　基本事例―根抵当権設定登記―

事例　Bは，事業の都合で取引先の株式会社H銀行から金銭の借り入れをすることになり，その際に担保を求められたが，銀行の担当者によると，先々も借入を繰り返す予定があるならば，担保は不動産への根抵当権が良いとのことであった。そこでBは，自分の所有する土地に株式会社H銀行のための根抵当権を設定することにした。Bと株式会社H銀行の合意の内容は，次のとおりである。

《根抵当権の設定について》　平成22年9月1日，Bと株式会社H銀行はBの株式会社H銀行に対する債務を担保するために，Bの所有する甲土地に株式会社H銀行のために下記の内容の根抵当権を設定し，その登記を行う。

・債務者　B
・債権の範囲　銀行取引，手形債権，小切手債権
・極度額　金3,000万円　・元本確定期日　定めない。

(1)　実体関係の整理

　根抵当権は，根抵当権者と債務者との間で発生した一定の範囲内にある不特定の債権を，極度額の範囲において担保するために，根抵当権者と担保提供者（設定者）との合意で不動産に成立する担保物権であり（民法第398条の2），成立から元本確定という一定の期日までは，特定の債権を担保する性質を持たないところが抵当権と比べて大きく異なるところである。担保される

---

[1] 根抵当権は，現実的な観点から抵当権の使い勝手の悪さを解消しようと考えられたようなので，当然と言えば当然であるが。

債権は元本確定の期日に決められるのであるが，その決定基準を「担保する債権の範囲」（以下，単に債権の範囲という）として予め決めて，根抵当権の内容として登記しておかなければならない。根抵当権の設定時に根抵当権者と設定者との間で決めておくべき不特定の債権の範囲は，根抵当権者と債務者との〈特定の継続的取引契約により生ずるもの〉，〈一定種類の取引により生ずるもの〉，〈特定の原因に基づき継続して発生するもの〉及び〈手形上もしくは小切手上の請求権〉でなければならない（民法第398条の2第2項，第3項）。この他，設定契約に際して当事者間で決めておくべき主な事項は，〈極度額〉，〈債務者〉及び〈元本確定期日〉である。このうちの前二者は決めなければならないが，元本確定期日については決める必要まではないけれど，決めるときは合意より5年以内の日でなければならない（民法第398条の6）。

(2) 手続関係の整理

ある不動産に新たに根抵当権が成立したのであれば，それによる設定登記を申請することができる（法第3条）。根抵当権設定登記の手続を概観した場合，申請情報の内容の一部に違いはあるが，それ以外の基本構造は添付情報も含めて概ね抵当権の設定登記と同様である。

現在の登記記録　甲土地の登記記録の例は，次のとおりであるものとする。手続を進めるために登記の目的である不動産の登記記録を基に行う確認等の作業は，ここでも抵当権等と同様である。

権利部（甲区）	（所有権に関する事項）		
順位番号	登記の目的	受付年月日・受付番号	権利者その他の事項
6	所有権移転	平成○○年○月○日 第○○○号	原因　平成22年3月31日売買 所有者　○○○ 　　　　B

求める登記【根抵当権設定】　甲土地に根抵当権が設定されたので，根抵当権設定登記である。

申請人　手続が原則的な共同申請でなされる場合には，次のとおりである。なお，根抵当権設定の登記も他の登記と同様に判決によって行われる場合も考えられる。

【登記権利者】　根抵当権設定登記を行うことで，登記記録に新たに根抵当権の登記名義を取得することにより利益を得る者であり，この例では株式会社H銀行である。なお申請情報には登記権利者ではなく〈根抵当権者〉のように具体的な権利者名をもって記載することは，抵当権と同様である。

【登記義務者】　この登記を行うことで，登記上に不利益を受ける所有権登記名義人であり，この例ではBである。申請情報には登記義務者ではなく〈設定者〉と記載するところも，抵当権と同様である。

(3)　**申請の作業**

根抵当権設定登記の申請作業の要点は，次のとおりである。

申請情報　根抵当権設定登記の申請情報は，一般的な申請情報の内容に，根抵当権の設定登記に特有の申請情報の内容が加えられて構成されるが，この例の事実関係に法令の規定をあてはめて必要な申請情報の内容を集約すると以下のようになる。なお，ここでも一般的な申請情報の内容に根抵当権に特有の申請情報の内容を加えながら説明を進めていくことにする。

　登記の目的　〈根抵当権設定〉である。

　原因　登記原因は，根抵当権の設定であり，これに設定の日を加えてこの例では〈平成22年9月1日設定〉と記載する[2]。

≪根抵当権設定登記に特有の申請情報の内容[3]（令別表五十六申請情報）≫

　極度額　根抵当権の担保すべき債権額の上限としての極度額を記載する。この例では〈極度額　金3,000万円〉と記載する。

　債権の範囲　設定された根抵当権についての担保すべき債権の範囲を記載する。この例では〈債権の範囲　銀行取引　手形債権　小切手債権〉であ

---

[2]　抵当権の登記原因には，前述したように被担保債権の発生原因をも記載しなければならなかった。これは，担保物権一般に共通の，被担保債権の存在を前提にして成立する性質に由来するものであり，質権など他の担保物権に関する登記にあっても同様である。しかし根抵当権は，元本確定の日まで特定の債権を担保する関係性を観念しないで成立するので，設定登記の登記原因についても地上権等の用益権と同様に，物権としての根抵当権の成立だけを記載すれば足りるのである。

[3]　根抵当権に特有といっても，形式的には先取特権，質権等担保一般の申請情報であるものが含まれている（令別表四十二，同四十六等の申請情報参照）

元本確定期日 担保すべき元本の確定すべき期日の定めがあるときは、これを記載する。

債務者 債務者の〈氏名（名称）及び住所〉を記載する。この例ではBの氏名と住所を記載する。なお、この事項は根抵当権に限らず担保権一般の申請情報の内容である（令別表五十六申請情報イ参照）。

《その他の事項》 次の事項に関する定めがあるときは、それをも申請情報の内容に記載する。主なものには、所有権以外の権利を目的とするときは、その目的となる権利などがある。

寄り道 担保する債権の範囲の記載の仕方

　登記できる権利に特有の申請情報の内容（そして登記事項）は、例えば地上権であれば「地代」、抵当権を例にとれば「債権額」などと法文の指示は客観的であり、「債権額」を「金何円」と記載すべきことについて、疑義を生ずることは少ない。これに対して根抵当権の「債権の範囲」については、まずそれに該当するかどうか、次に申請情報・申請書（及び登記記録）上にどのように書き表わすかの二つの点に問題を抱え、これを実務現場で個別の判断に委ねると登記の可否をめぐり混乱を招きかねない。そこで法務省は、根抵当法の施行に際し、登記申請書（申請情報）の債権の範囲の記載の仕方に関する取扱い方法を下記のように示した（昭和46年10月4日民事甲第3230号通達）[4]。

①特定の継続的取引契約をもって担保すべき債権の範囲を定めた場合には、当該契約の成立年月日及びその名称を記載する。

　　（例）　年　月　日当座貸越契約　　年　月　日電気製品供給契約

②一定の種類の取引をもって担保すべき債権の範囲を定めた場合には、客観的に担保すべき債権の範囲を画する基準として、その内容を第三者が認識できるようその取引の種類を記載する。

　　（例）　売買取引　　電気製品売買取引　　当座貸越取引　　商品供給取引
　　　　　石油供給取引　　銀行取引　　保証委託取引

③特定の原因に基づいて継続して生ずる債権を担保すべき債権と定めた場合には、その債権発生の原因を特定するに足りる事項を記載する。

　　（例）　甲工場の排液による損害賠償債権
　　　　　乙工場からの清酒移出による酒税債権

④手形上又は小切手上の請求権（民法第398条の2第3項）を根抵当権の担保すべき債権と定めた場合には、単に「手形債権」又は「小切手債権」と記載する。

⑤①ないし④の担保すべき債権の範囲に属しない特定債権をも併せて担保すべき債権

と定めた場合には，当該債権を特定するに足りる事項をも記載する。
　（例）　年　月　日貸付金　　年　月　日売買代金

　＊ここから一般的な申請情報の内容に戻る。
　申請人　　根抵当権者と設定者についての〈住所と氏名（法人は名称）〉を記載する。申請人が法人である場合には，〈代表者の氏名〉をも記載する。この他，〈連絡先の電話番号〉もここに記載するが，代理人によって申請を行う場合，この記載は要しない。
　添付情報　　この申請に提供を求められる添付情報を表示する。具体的なものは，次の〔添付情報〕に示すとおりである。
　登記所　　この登記を申請する登記所，つまり土地を管轄する登記所である。
　申請年月日　　申請情報を送信する日，もしくは申請書を登記所に提出する日である。
　代理人　　この登記が代理人によって申請される場合には，〈代理人の住所・氏名〉を表示しなければならない。
　登録免許税額　　登記の申請には，〈登録免許税〉を納付する必要があり，これを金額とともに申請情報の内容に記載しなければならない。また，納付税額が定率課税で決められる場合には，〈課税価格〉をも記載しなければならない。
　不動産の表示　　登記を求める土地の表示をする。記載方法は，ここでも売買の基本事例と同様である。
　その他　　上記の他に，事例に応じて次のような情報を記載しなければならない。
　登記識別情報の通知を不要とする旨　　根抵当権設定登記は，実行されると登記権利者（根抵当権者）が登記名義人となり，登記識別情報の通知を受けるべき者となるが，根抵当権者がそれを不要とする場合には，その旨を申請情報の内容に記載しなければならない（法第 21 条但し書，規則第 64 条第 2

---

[4] この通達は，直後に出された昭和 46 年 12 月 27 日民事(三)発第 960 号依命通知と合わせて，根抵当権の登記手続全般の運用に関するものである。

項）。

登記識別情報を提供できない理由　登記義務者（設定者）が正当な理由により登記識別情報の提供が出来ない場合には，その旨を申請情報の内容に記載しなければならない（令第3条第12号）。

添付情報　根抵当権設定登記の添付情報は，登記原因証明情報など一般的なそれを基本に概ね次のとおりであるが，根抵当権の設定登記に限定して提供を求められるものはない。

登記原因証明情報　この例の場合には，内容が一定の要件を満たした〈根抵当権設定契約書〉が典型例であるが，実務では抵当権と同様に報告書型式の〈登記原因証明情報〉が使われることもある。なお，具体的なものについては，後述の関連知識の整理に参考例を掲載した。

登記識別情報　共同申請の登記義務者について求められる情報であり，この例ではBが，甲土地について売買による所有権移転登記により登記名義を取得した際に登記所から通知を受けたものである。Bが正当な理由により登記識別情報の提供ができない場合の手続方式は，本編売買の基本事例で述べたとおりである。

電子証明書・印鑑証明書　申請が電子申請でなされる場合については，申請人全員（この例では株式会社H銀行の代表者とB）の電子署名についての〈電子証明書〉が必要である。書面申請のときには，登記義務者（この例では設定者のB）の，市（区）町村長が作成した作成後3月以内の〈印鑑証明書〉が必要である。登記義務者が会社等法人の場合には，登記を申請する代表者の印鑑について，登記官の作成した作成後3月以内の印鑑証明書の添付が必要である。

その他　申請の内容に従って，次のものの提供が求められる。

代理権限を証する情報　売買の基本事例で述べたとおりである。

資格を証明する情報　申請人が会社等の法人である場合には，例えば株式会社であれば商業登記上の〈現在事項証明書〉など，代表者の代表権を明らかにする情報（資格証明書）を添付しなければならない。この例では，根抵当権者の株式会社H銀行の代表者に関する証明書である。なお，一定の場合この情報は省略することができる。

登記原因について第三者の許可等を証する情報　登記原因について第三者の許可等を必要とする場合には，それを証する情報を提供しなければならない（令第7条第1項第5号ハ）。その情報が電子的に作成されたものである場合には作成者がこれに電子署名をして電子証明書を添付し（令第12条第2項，第14条），書面により作成された場合には，作成者の印鑑証明書をも添付しなければならない（令第19条）。

登録免許税　根抵当権設定登記の登録免許税額は，極度額を課税標準金額としてその1,000分の4である（登録免許税法別表第一の一の(五)）。

(4) 申請情報の例

書面申請の例　次は，上記の事実関係に従った登記の申請を代理人Xが書面で行う場合の例である。

```
        登　記　申　請　書
登記の目的　　根抵当権設定
原　　因　　　平成22年9月1日設定
極　度　額　　金3,000万円
債権の範囲　　銀行取引　手形債権　小切手債権
債　務　者　　○○○（Bの住所を記載する）
　　　　　　　B
根抵当権者　　○○○（株式会社H銀行の住所を記載する）
　　　　　　　株式会社　H銀行
　　　　　　　代表取締役　　I
設　定　者　　○○○（Bの住所を記載する）
　　　　　　　B
添付情報
　登記原因証明情報　　登記識別情報　　印鑑証明書
　代理権限証明書　　　資格証明書
平成○○年○月○○日申請　○○地方法務局○○支局
代　理　人　　○○○（Xの住所を記載する）
　　　　　　　X
　　　　　　　連絡先の電話番号　・・・・・
課税価格　　　金3,000万円
登録免許税　　金120,000円
不動産の表示
　（土地の表示をするが，ここでは省略する）
```

登記記録の例　上記の申請に基づき，登記記録には根抵当権設定登記が次のように実行される。

権利部（乙区）	（所有権以外の権利に関する事項）		
順位番号	登記の目的	受付年月日・受付番号	権利者その他の事項
1	根抵当権設定	平成○○年○月○日 第○○○号	原　因　平成22年9月1日設定 極度額　金3,000万円 債権の範囲　銀行取引　手形債権 　　　　　　　小切手債権 債務者　○○○　B 根抵当権者　○○○　株式会社H銀行

2　応用事例Ⅰ―共同根抵当権設定登記―（登記義務者が複数である場合）

事例　Bは，事業の都合で取引先の株式会社H銀行から金銭の借り入れをすることになり，その際に担保を求められたが，銀行の担当者によると，先々も借入の予定があるならば，担保は根抵当権が良いとのことであった。そこでBは自分の所有する甲土地と，甲土地上に妻のCが所有する乙建物に，株式会社H銀行のための根抵当権を設定することにした。B及びCと株式会社H銀行の合意の内容は，次のとおりである。

《共同根抵当権の設定について》　平成22年9月1日，BとC及び株式会社H銀行はBの株式会社H銀行に対する債務を担保するために，B自身が所有する甲土地とCの所有する乙建物に，株式会社H銀行のため，共同担保として下記の内容の根抵当権を設定し，その登記を行うことに合意した。

・債務者　B
・債権の範囲　銀行取引，手形債権，小切手債権
・極度額　金3,000万円　　・元本確定期日　定めない。
・不動産　甲土地及び乙建物
・共同根抵当権の合意　甲土地と乙建物への根抵当権は，共同担保とする（民法第398条の16）。

この例が基本事例と異なるのは，土地と建物に根抵当権が設定され，その所有者が異なるところである（本編抵当権の応用事例Ⅰと同様）。

(1) 実体関係の整理

　根抵当権も，抵当権と同様に，同一の債権を担保するために数個の不動産に各別に設定することができるが，それら数個の不動産に設定された根抵当権を共同担保の関係にする場合には，抵当権と異なりその旨の当事者の合意と登記を必要とし（民法第398条の16），この根抵当権を共同根抵当権と呼ぶ。これは，抵当権では，例えば抵当権者の債務者に対する金1,000万円の貸金債権を担保するために甲土地と乙土地に抵当権が設定され，債務不履行があって甲土地と乙土地の双方を競売した場合であっても，抵当権者の優先弁済権の上限は被担保債権額（この場合は貸付けた金員の残金に最後の2年分の利息・損害金を加えたものである（民法第375条参照））であることが明白であるが，根抵当権では，被担保債権が不特定であるために，根抵当権者の優先弁済権の上限は，極度額を①甲土地と乙土地のそれぞれについて各別に適用するのか，それとも②二つの土地に共通で適用するのか，例えば極度額が金1,000万円の場合に，根抵当権者の優先弁済権の上限は，①前者の考えに従って2,000万円であるのか②後者の考え方を採って1,000万円であるのかがそのままでは曖昧なので，根抵当法が後者②の考え方を適用することを明確にしたことによるものである。なお，前者①の考え方に基づく根抵当権を，累積式根抵当権と呼んでいる[5]。

(2) 手続関係の整理

　土地とその土地上の建物を目的にして，新たに共同担保の関係にある根抵当権が設定された場合には，それによる登記を申請することができる（法第3条）。この例ような複数の不動産についての根抵当権の登記の申請は，それぞれ登記義務者（設定者）が異なるけれど，抵当権と同様に一つの申請情報によってこれをすることができる（一括申請～令第4条但し書，規則第35条第10号）。共同根抵当権設定登記の申請は，基本的には本章の基本事例と同様であるが，登記の目的については，後述のように共同担保であることを明らかに

---

[5] 累積式根抵当権は，管轄登記所が同一で，登記の目的と登記原因が共通であっても，元々が不動産ごとに独立した担保権なので，登記も各別に申請すべきである（昭和46年10月4日民事甲第3230号通達第十四の二参照）。

するために，申請情報の内容にその旨の記載が求められる。

求める登記【共同根抵当権設定】 個々の不動産に成立した権利は根抵当権であるので，本来は根抵当権設定というべきだろう[6]。ただ，それが共同担保の関係にある場合には，後述のように，申請情報には共同根抵当権と記載しなければならない。

申請人 手続が原則的な共同申請でなされる場合には，次のとおりである。

【登記権利者】 基本事例と同様である。

【登記義務者】 この登記をすることで，登記上に不利益を受ける土地と建物それぞれの所有権登記名義人であり，この例ではBとCである。基本事例と同様に，ここでも申請情報には登記義務者ではなく〈設定者〉と記載する。

(3) 申請の作業

ここでの登記の申請作業の要点は，次のとおりである。

申請情報 申請情報の内容については概ね本章の基本事例と同様であるが，異なるところは次のとおりである。

登記の目的 共同担保の関係にある根抵当権であることを明確にするために，申請情報の内容としては〈共同根抵当権設定〉と記載しなければならない（令別表五十六申請情報ハ）。

申請人 根抵当権者は基本事例と同様であるが，設定者はこの例では別の者が加わるので，土地と建物それぞれについての〈住所と氏名〉を併記しなければならない。申請人が法人の場合等の記載事項や連絡先については，基本事例と同様である。

不動産の表示 登記を求める土地と建物の表示をするが，その際に，登記義務者を特定する意味で，それぞれの所有者を付記するのが実務の記載の仕方である。

---

[6] 登記の目的を〈共同根抵当権設定〉としても，登記記録上は〈根抵当権設定〉である（不動産登記記録例472参照）。共同根抵当権であるかどうかは，登記記録内の共同担保目録の記号及び目録番号の有無で判定する。

≪上記以外の申請情報の内容≫　全て基本事例と同様である。

添付情報　基本事例と同様であるが，登記義務者について求められるものは，二人についてそれぞれ必要になる。この例では具体的には〈登記識別情報〉や書面申請をする場合の〈印鑑証明書〉について，B及びCのそれぞれについてのものを提供しなければならない。なお，登記識別情報については，一部の者が正当な理由によりその提供が出来ない場合（この場合申請情報に，提供できない正当な理由の記載が必要になる），その者についてだけ登記官による事前確認等による手続を行うこともありうることは，他の登記と共通である。

登録免許税　共同根抵当権設定登記の登録免許税は，同一の登記所に一つの申請情報で申請するときには不動産1個の場合のそれと同様である（登録免許税法第13条1項）。

(4) 申請情報の例

次は，上記の事実関係に従った登記の申請を代理人Xが書面で行う場合の例である。網掛け文字の部分が，基本事例と異なるところである。

```
　　　　登　記　申　請　書
登記の目的　共同根抵当権設定
原　　　因　平成22年9月1日設定
（以下，極度額から根抵当権者まで，基本事例と同様である）
設　定　者　○○○（Bの住所を記載する）
　　　　　　　　　B
　　　　　　○○○（Cの住所を記載する）
　　　　　　　　　C
（以下，省略する）
```

登記記録の例　上記の申請に基づき，登記記録には根抵当権設定登記が次のように実行される。共同根抵当権であることは，共同担保目録が設けられ，その記号及び目録番号が記録されることによって明らかにされる。

権利部（乙区）	（所有権以外の権利に関する事項）		
順位番号	登記の目的	受付年月日・受付番号	権利者その他の事項
1	根抵当権設定	平成〇〇年〇月〇日 第〇〇〇号	原　因　平成２２年９月１日設定 極度額　金３，０００万円 債権の範囲　銀行取引　手形債権　小切手債権 債務者　〇〇〇　B 根抵当権者　〇〇〇　株式会社H銀行 共同担保　目録（あ）〇〇〇号

（共同根抵当権とは記録されない。）

（共同根抵当権であることを表す，共同担保目録の記号及び番号の記録。）

共　同　担　保　目　録				
記号及び番号	（あ）第何号		調製	平成何年何月何日
番　号	担保の目的である権利の表示	順位番号	予　備	
1	何市何町　何番の土地	1	余　白	
2	何市何町　何番地　家屋番号　何番の建物	1	余　白	

3　応用事例Ⅱ─根抵当権の変更─

事例　Bは，株式会社H銀行から金銭の借り入れをし，自分の所有する甲土地に株式会社H銀行のための根抵当権を設定してその登記を完了した。その後Bは，銀行との取引が増えて借入など債務の合計額が極度額では不足する可能性が出てきたことにより，平成23年1月10日に株式会社H銀行との間で既に設定登記した元本確定前の根抵当権の極度額を，現在の3,000万円から6,000万円へと変更する合意が成立した。そこで，これによる登記の手続を行うことになった。

(1)　実体関係の整理

　元本確定前の根抵当権は，抵当権のように担保する債権が具体的に特定されていない法的な性質があることから，債権の範囲及び債務者を根抵当権者と設定者の合意で変更することができる（民法第398条の4）。また登記した元本確定期日も，5年以内の日であれば変更することができる（民法第398条の6）。そして，いずれの場合も変更することについて後順位抵当権者その他の第三者からの承諾を必要とはしない（民法第398条の4第2項，第398条の6第2項）。極度額については，元本確定の前後を問わず当事者の合意により変更することができるが，極度額の変更について利害関係を有する者がいる場合にはその者の変更についての承諾がなければ変更自体をすることができな

い（民法第398条の5）[7]。

(2) 手続関係の整理

　既に登記された権利の内容について，当事者間で変更の合意がなされた場合等，後発的理由で登記記録と実体関係が符合しなくなったときには，それを一致させるために変更登記を申請することができる（法第3条）。手続は，根抵当権の内容をなすところの極度額について，現在のそれが当事者の合意により変更され，その結果，極度額について実体関係と登記記録が一致しなくなり，それを解消するための登記である変更登記を行うのである。この場合，抵当権の変更登記の申請と同様に，まずは根抵当権が設定登記された不動産の現在の登記記録から，利害関係を有する者が存在するか否かを確認しなければならない。利害関係人が存在しなければ当事者だけで手続を進めることができるが，もし後順位の担保権者等の利害関係人がいた場合には，その者に極度額変更についての承諾を得なければ，登記をすることはできない。この例については，甲土地の登記記録が基本事例と同様であるとした場合，株式会社H銀行の根抵当権に劣後する権利の記録はないので，極度額の変更について利害関係人は存在しないと判断して作業を進めることができる。

【求める登記【根抵当権変更】】　当事者の合意により，根抵当権の内容が変更され，その結果生じた実体関係と登記記録の不一致を解消するために，根抵当権の変更登記を行うことができる。

　【申請人】　手続が原則的な共同申請でなされる場合には，次のとおりである。

　【登記権利者】　根抵当権変更登記を行うことにより，登記記録の上で利益を受ける者であり，この例では極度額が金3,000万円から金6,000万円に増加して登記記録上で形式的に利益を受ける根抵当権登記名義人の株式会社H銀行である。

　【登記義務者】　根抵当権変更登記を行うことにより，登記記録の上で不利

---

[7] 登記上の利害関係人がいる場合の抵当権の変更登記は，その者の承諾が得られれば申請情報に承諾を証する情報を添付して付記登記で実行されるが，承諾が得られないときでも登記の申請は可能であり，この場合には変更が主登記で実行される（法第66条）。

益を受ける登記名義人であり，この例では自分が所有権登記名義人である不動産の，登記記録の根抵当権の極度額が増加して形式的に不利益を受けるBである。

変更登記であるから，申請人について，登記義務者だけでなく登記権利者についてもその表示が登記記録と符合していなければならないことは，抵当権の変更と同様である。

(3) 申請の作業

ここでの登記の申請作業の要点は，次のとおりである。

申請情報　申請情報は，一般的なそれに変更登記に特有の申請情報の内容を加えて構成されるが，この例について主なものは次のとおりである。

登記の目的　〈1番根抵当権変更〉と記載する。ここに記載する〈1番〉は，抵当権変更登記の申請情報と同様の趣旨である。

原因　登記原因は，極度額の変更の日であり，この例では変更契約が成立した日を〈平成23年1月10日変更〉と記載する。

変更登記に特有の申請情報の内容[8]（令別表二十五申請情報）

変更後の事項　変更の対象と，その内容を記載する。この例では〈変更後の事項　極度額　金6,000万円〉である。

＊再び一般的な申請情報の内容に戻る。

申請人　権利者と義務者についての〈住所と氏名（法人は名称）〉を記載する。申請人が法人である場合には，〈代表者の氏名〉をも記載する。この他，〈連絡先の電話番号〉もここに記載するが，代理人によって申請を行う場合，この記載は要しない。

不動産の表示　登記を求める土地の表示をする。

この例とは異なり，変更登記の対象となる根抵当権が，共同根抵当権であり，そのうちの同一の登記所の管轄区域にある数個の不動産について根抵当権の変更登記を申請するときは，それらの不動産が表示されるが，その際，

---

[8] 特有といっても，根抵当権の変更登記に限定されたものではない。

実務上は抵当権変更と同様に〈順位番号〉が加えられる場合がある。
　≪上記以外の申請情報の内容≫　全て本章の基本事例と同様である。

添付情報　変更登記については，一般的な添付情報を提供する。この例では〈登記原因証明情報〉，登記権利者が会社なので〈資格証明書〉，登記義務者の〈登記識別情報〉，及び株式会社 H 銀行と B の双方から X へ委任したことによる〈代理権限証明書〉である。この他，次の情報を必要とする場合がある。

登記原因について許可等を証する情報　根抵当権の極度額の変更は，利害関係を有する者がいる場合，その者の承諾がなければすることができないので（民法第 398 条の 5），極度額の増額については登記記録の上で変更する根抵当権に劣後する後順位の抵当権者等[9]がいるときは，その者の承諾を証する情報を添付しなければならない（令第 7 条第 1 項第 5 号ハ)[10]。

寄り道 登記原因について承諾を要する第三者と登記上の利害関係人

　前述のように，根抵当権の極度額の変更について利害関係を有する者がいた場合，その者の変更についての承諾を得なければ，極度額の変更はすることができない。この承諾は，抵当権の変更登記で述べた〈登記上の利害関係人がいる場合の権利の変更（更正）登記に関するその者の承諾（法第 66 条）〉とは提供の趣旨が異なるので，ここで整理しておく。
　まず，根抵当権の極度額の変更に関する利害関係者の承諾は，それがなければ根抵当権の極度額の変更そのものを「することができない」のであり（民法第 398 条の 5），利害関係者がいる場合の承諾を証する情報は，申請作業の上では〈登記原因についての第三者の承諾を証する情報〉として申請情報に添付される性質のもので，この変更登記は付記により実行される（令第 7 条第 1 項第 5 号ハ，規則第 3 条第 2 号）。一方，抵当権等の他の変更（更正）登記に関する登記上の利害関係人の承諾は，申請情報にその情報（承諾書等）の添付があれば登記は付記登記で実行されるが，承諾を証する情報の添付がなければ登記は主登記で実行される（法第 66 条）。したがって，利害関係者のいる根抵当権の極度額の増額のように，その者の承諾を証する情報の提供がなければ変更登記ができないわけではない。ここが，登記原因に対する第三者の承諾と，権利の変更登記に関する登記上の利害関係人の承諾の，添付情報としての性質の全く異なるところである。

---

[9] 登記上の後順位担保権者の他，後順位の所有権移転（請求権）仮登記権利者や（仮）差押え債権者などがこれにあたる（登記研究第 465 号 80 頁他）。
[10] 根抵当権の極度額の増額は，常に付記登記でなされる（昭和 46 年 10 月 4 日民事甲第 3230 号）。

272　第4章　担保その2　根抵当権

登録免許税　変更登記の登録免許税は，一般には定額課税である（登録免許税法別表第一の一の（十四））。しかし，根抵当権の極度額の増額は，権利の内容の変更ではあるが実質は極度額の増加部分について新たな担保権の設定と同一視できるので，増加する金額を課税標準金額としてそれに1,000分の4を乗じた設定登記と同様の定率課税が適用される（登録免許税法第12条）。

(4) 申請情報の例

書面申請の例　次は，上記の事実関係に従った登記の申請を代理人Xが書面で行う場合の例である。網掛け文字の部分が，基本事例と異なるところである。

```
　　　　　登　記　申　請　書
登記の目的　1番根抵当権変更
原　　　因　平成23年1月10日変更
変更後の事項　極度額　金6,000万円
権　利　者　○○○（株式会社H銀行の住所を記載する）
　　　　　　株式会社　H銀行
　　　　　　代表取締役　I
義　務　者　○○○（Bの住所を記載する）
　　　　　　B
添付情報
　登記原因証明情報　　登記識別情報　　印鑑証明書
　資格証明書　　　　　代理権限証明書
（以下，省略する）
```

登記記録の例　上記の申請に基づき，登記記録には根抵当権変更登記が次のように実行される。

権利部（乙区）	（所有権以外の権利に関する事項）		
順位番号	登記の目的	受付年月日・受付番号	権利者その他の事項
1	根抵当権設定	平成○○年○月○日 第○○○号	原　因　平成22年9月1日設定 極度額　金3,000万円 債権の範囲　銀行取引　手形債権　小切手債権 債務者　○○○　B 根抵当権者　○○○　株式会社H銀行
付記1号	1番根抵当権変更	平成○○年○月○日 第○○○号	原　因　平成23年1月10日変更 極度額　金6,000万円

（付記登記で実行される。）

（変更前の登記事項が抹消されたことを表す記号が付される。）

変更登記を実行した場合，変更の対象（この例では〈極度額〉）について，その記録事項が既に変更されたこと（効力がないこと）を明らかにするために抹消の記号（下線）が付される（規則第150条）ことは抵当権等と同様である。

4　応用事例Ⅲ―根抵当権者の合併―

事例　株式会社H銀行は，Bとの金銭消費貸借取引等を担保するために，Bの所有する甲土地に株式会社H銀行のための根抵当権を設定してその登記を完了した。その後，平成23年1月20日に株式会社K銀行が，株式会社H銀行を吸収合併したので，甲土地の根抵当権についてこれによる登記の手続を行うことになった。

(1)　実体関係の整理

　株式会社は，他の株式会社と合併することができるが（会社法第748条），合併により消滅する会社の権利義務の全部を合併後存続する会社に承継させるものを，吸収合併という（会社法第2条第27号）。したがって，この例では株式会社H銀行の権利義務が株式会社K銀行に承継されたことにともない，B所有の土地に設定登記された根抵当権も株式会社K銀行に承継された（民法第398条の9参照）。この他，元本確定前の根抵当権は，根抵当権者と第三者の合意によりその第三者に絶対的に譲渡することができる[11]。これには，設定者の承諾を得て根抵当権を全て譲渡するものと（全部譲渡（民法第398条の12第1項）），設定者とその根抵当権を目的とした権利がある場合にはその者の承諾を得て，二個に分割して一方を譲渡するもの（分割譲渡（民法第398条の12第2項）），及び，設定者の承諾を得て一部を譲渡するもの（一部譲渡（民法第398条の13））がある。いずれの場合も根抵当権が移転することになるので，それによる登記をすることができる。これに対して，元本確定前の根抵当権は，担保する債権の範囲に含まれる債権について，債権譲渡や代位弁済がなされても移転することはないし，債務引受や更改がなされた場合でも抵

---
[11]　これは，元本確定前の根抵当権は，抵当権と異なり担保する債権が特定されていないことによるものと考えられる（附従性及び随伴性の緩和）。

当権のような影響は受けない（民法第398条の7）。

(2) 手続関係の整理

　根抵当権が，現在の登記名義人から別の者に合併により承継された場合は権利の移転登記を申請することができる（法第3条）。そして，法人が合併したことによる権利の移転登記は，登記権利者が単独で申請することができる（法第63条第2項）。

>【求める登記　根抵当権移転】

　上述のように，株式会社H銀行が株式会社K銀行に吸収合併されたことにより，前者の有する根抵当権は株式会社K銀行に移転するので，それによる根抵当権の移転登記を申請することができる。

　申請人　　手続は権利を承継した会社が，単独で行うことができる（法第63条第2項）。この例では，合併により根抵当権を承継した株式会社K銀行が申請人である。

(3) 申請の作業

　ここでの登記の申請作業の要点は，次のとおりである。

>【申請情報】

　申請情報の内容は移転登記のそれであり，この例について主なものは次のとおりである。

　登記の目的　　〈1番根抵当権移転〉と記載する。ここでの〈1番〉の趣旨は，変更登記などと同様に，対象となる登記を記録の上で特定するためである。

　原因　　株式会社K銀行が，株式会社H銀行を吸収合併してその効力が発生した日であり（会社法第749条第1項第6号，第750条），この例では〈平成23年1月20日合併〉と記載する。

　申請人　　申請人の〈住所と名称（商号）〉を記載する。申請人が法人なので，〈代表者の氏名〉をも記載する。この他，〈連絡先の電話番号〉もここに記載するが，代理人によって申請を行う場合，この記載は要しない。

　不動産の表示　　登記を求める土地の表示をする。

≪上記以外の申請情報の内容≫　全て基本事例と同様である。

添付情報　移転登記の添付情報は，基本的には一般的なそれであり，単独申請による根抵当権の移転について特有のものはない。この例では〈登記原因証明情報〉，登記権利者が会社なので代表者の〈資格証明書〉，及び株式会社Ｋ銀行からＸへの〈代理権限証明書〉である。登記原因証明情報は，この例では，株式会社Ｋ銀行が株式会社Ｈ銀行を吸収合併したことを証する商業登記上の証明書で，下記のような合併事項の記録がなされているものが，これにあたる。なお，登記識別情報は，会社等の法人合併による権利の移転登記が単独でなされ，登記義務者は存在しないことと，別に添付を求める規定がないことから，提供する必要はない。

吸収合併	平成１９年９月２８日東京都中野区野方一丁目３４番１号新田商事株式会社を合併 平成１９年１０月１日登記

この例は，会社法施行にともなう商業登記記載例による（法務省HP）。

登録免許税　根抵当権の移転登記の登録免許税は定率課税であるが，登記原因によって税率が異なり，合併については極度額を課税標準金額としてそれに1,000分の1を乗じて算出された金額である（登録免許税法別表第一の一の(六)のイ）。

(4) 申請情報の例

書面申請の例　次は，上記の事実関係に従った登記の申請を代理人Ｘが書面で行う場合の例である。網掛け文字の部分が，基本事例と異なるところである。

```
　　　　登　記　申　請　書
登記の目的　　１番根抵当権移転
原　　　因　　平成２３年１月２０日合併
根抵当権者　　（被合併会社　株式会社　Ｈ銀行）
　　　　　　　○○○（株式会社Ｋ銀行の住所を記載する）
　　　　　　　　　株式会社　Ｋ銀行
　　　　　　　　　代表取締役　　Ｍ
添付情報
　登記原因証明情報　　資格証明書　　代理権限証明書
（以下，省略する）
```

登記記録の例　上記の申請に基づき，登記記録には根抵当権移転登記が次のように実行される。

権利部（乙区）	（所有権以外の権利に関する事項）		
順位番号	登記の目的	受付年月日・受付番号	権利者その他の事項
1	根抵当権設定	平成○○年○月○日 第○○○号	原　因　平成２２年９月１日設定 極度額　金３，０００万円 債権の範囲　銀行取引　手形債権 　　　　　　　　　　小切手債権 債務者　○○○　　Ｂ 根抵当権者　○○○　株式会社Ｈ銀行
付記1号	1番根抵当権移転	平成○○年○月○日 第○○○号	原　因　平成２３年１月２０日合併 根抵当権者　○○○　株式会社Ｋ銀行

5　関連知識の整理

(1)　根抵当権の設定

　根抵当権の設定登記をめぐっては，申請情報の担保すべき債権の範囲の記載方法についての取扱い方法が多く示されている。また，共同根抵当権については，登記が単なる対抗要件ではなく一定の場合についての効力発生の要件となっているために（民法第398条の16），手続の仕方が抵当権と異なることに注意しなければならない。

　申請及び申請人　根抵当権の申請に関する代表的なものは，次のとおりである。

- 数人共有の根抵当権を設定することができる。この場合，各共有者について，担保すべき債権の範囲又は債務者が異なるものであっても差し支えない。また，設定登記の申請書（申請情報）に，持分の記載（提供）をすることを要しない[12]。
- 債務者を複数とした根抵当権を設定することができる。この場合，債務者ごとに債権の範囲を異にしても差し支えはない。但し，複数の債務者を「連帯債務者」とすることはできない[13]。
- 権利能力なき社団を債務者と定めることができる[14]。

---

[12] 昭和46年10月4日民事甲第3230号通達第十二の一
[13] 昭和46年12月24日民事甲第3630号通達
[14] 昭和31年6月13日民事甲第1317号回答

- 元本確定期日を，「契約から○年」と定めることはできない[15]。
- 根抵当権共有者間の優先の定めは，根抵当権の共有者全員がその登記を申請する（法第89条第2項）。また，優先の定めの登記の申請情報である「優先の定め」は例えば「AはBに優先」や「A6, B4の割合」のように記載する[16]。

申請の時期

- 数個の不動産について，設定契約の日付が異なるときでも，それらを共同担保とする場合には一つの申請情報（申請書）でその登記を申請することができる（規則第35条第10号）[17]。
- 既に元本が確定した根抵当権と共同担保とするための根抵当権（追加）設定契約はすることができないので，それによる登記の申請もすることができない[18]。

債権の範囲について　申請情報の内容である債権の範囲について，次のようなものがある。

- 担保すべき債権の範囲を，「商取引」「根抵当取引」「商社取引」等のように，一定の種類の取引を限定したものとして認めがたいものを取引の種類とする登記の申請は，受理すべきでない[19]。
- 担保すべき債権の範囲を「債務者の不法行為による損害賠償債権」とする登記を申請することはできない[20]。

登記原因証明情報　根抵当権設定登記の登記原因証明情報の例は，次のとおりである。

---

[15] 登記研究第310号39頁　質疑応答　確定期日は「期間」ではなく特定の日である。
[16] 昭和46年10月4日民事甲第3230号通達第十三
[17] 昭和39年3月7日民事甲第588号回答
[18] 平成元年9月5日民事三第3486号回答
[19] 昭和46年12月27日民事三発依命通知第二
[20] 登記研究第306号48頁　質疑応答　債権が，継続して発生するものとされていないからである（民法第398条ノ2第3項参照）。

〈共同抵当権設定契約についての報告書形式の登記原因証明情報の例〉

登記原因証明情報

1　登記申請情報の要項
　　登記の目的　　共同根抵当権設定
　　原　　　因　　平成２２年９月１日設定
　　極　度　額　　金３，０００万円
　　債権の範囲　　電気製品売買取引
　　債　務　者　　○○県○○市○○町○丁目○○番○号
　　　　　　　　　　　　　　　株式会社　Ｂ
　　根抵当権者　　○○県○○市○○町○丁目○○番○号
　　　　　　　　　　　　　　　株式会社　Ａ
　　　　　　　　　　　　　　　代表取締役　Ｉ
　　設　定　者　　○○県○○市○○町○丁目○○番○号
　　　　　　　　　　　　　　　株式会社　Ｂ
　　　　　　　　　　　　　　　代表取締役　Ｊ

2　不動産の表示
　　　　所　　在　　○○市○○町○丁目
　　　　地　　番　　○番
　　　　地　　目　　宅　地
　　　　地　　積　　○○○・○○m²

　　　　所　　在　　○○市○○町○丁目○○番地○
　　　　家屋番号　　○番
　　　　種　　類　　居　宅
　　　　構　　造　　木造瓦葺平家建
　　　　床面積　　　○○○・○○m²

3　登記の原因となる事実又は法律行為
　　株式会社Ａ（以下，甲という）と，株式会社Ｂ（以下，乙という）は，乙が甲に対して負担する債務を担保するために，上記2に記載する不動産に対し，甲のために共同担保として，平成２２年９月１日下記の根抵当権設定契約を締結した。
　　極　度　額　　金３，０００万円
　　債権の範囲　　電気製品売買取引
　　債　務　者　　○○県○○市○○町○丁目○○番○号
　　　　　　　　　　　　　　　株式会社　Ｂ
　　元本確定期日　予め定めない。

平成○○年○月○日　○○法務局○○出張所　御中

　上記の登記原因のとおり相違ありません。

```
        債務者兼設定者    ○○県○○市○○町○丁目○○番○号
                         株式会社  B
                         代表取締役   K   ㊞
        根抵当権者       ○○県○○市○○町○丁目○○番○号
                         株式会社  A
                         代表取締役   I   ㊞
```

〈共同根抵当権設定契約書の例〉

```
      共同根抵当権設定契約書

  債権者 株式会社A（以下,「甲」という。）と, 債務者・設定者 株式会社B（以下,「乙」という。）とは, 乙所有の不動産に対して甲のための根抵当権を設定するための契約を下記の通り締結した。
第1条（根抵当権設定）　乙は甲に対して, 現在及び将来負担する債務の担保とするために, 乙の所有する後記物件目録記載の不動産（以下,「本件不動産」という。）に, 甲のために下記の事項を内容とする根抵当権を, 共同担保として設定する。

  極度額   金○○○○万円也
  担保する債権の範囲
      電気製品売買取引
  債務者   ○○県○○市○○町○○丁目○○番○○号株式会社  B
  元本確定期日　予め定めない。

第2条（登記義務）　乙は甲に対し, 本契約が成立したとき, または第3条もしくは第4条に定める根抵当権の変更が行われたときは, 乙の費用負担において, 本件不動産について遅滞なく根抵当権設定登記もしくはその他必要な登記手続きを行わなければならない。

第3条（被担保債権の変更等）　乙は, 甲が本件根抵当権について担保する債権の範囲の変更, 極度額の増額, 根抵当権の一部又は全部の譲渡等を求めたときは, 異議なくこれに応じなければならない。

第4条（増担保等）　（省略）
第5条（禁止事項）　（省略）
第6条（期限の利益喪失）　（省略）
第7条（協議）　（省略）


不動産の表示　　（省略）

  以上のとおり契約が成立したことを証するため, 本書2通を作成し, 各自署名押印のうえ, その1通を保有する。
```

```
    平成○○年○○月○○日
        根抵当権者（甲）
        ○○県○○市○○町○○丁目○○番○○号
        ○○○○株式会社　　A
        代表取締役　何某　　㊞
        債務者・設定者（乙）
        ○○県○○市○○町○○丁目○○番○○号
        ○○○○株式会社　　B
        代表取締役　何某　　㊞
```

登記原因についての第三者の許可，同意，承諾を証する情報　根抵当権の設定登記の際に提供を求められる，登記原因についての第三者の許可等を証する情報は，抵当権で述べたことが概ね該当する。ここでは，根抵当権には登記申請をめぐって必要となる登記原因についての第三者の許可等が，未成年者の法律行為に関する親権者の同意等，他の権利に共通となるものを除いて固有のそれが多いので，設定登記以外のものを簡単に整理しておくことにする。

➢極度額の変更　　利害関係を有する者の承諾（民法第398条の5）

➢全部譲渡　　設定者の承諾（民法第398条の12第1項）

➢分割譲渡　　設定者の承諾　その根抵当権を目的とする権利を有する者の承諾（民法第398条の12第2項第3項）

➢一部譲渡　　設定者の承諾（民法第398条の13）

➢共有者の権利移転　　他の共有者の同意　設定者の承諾（民法第398条の14第2項）

(2)　根抵当権の変更（更正）

　根抵当権の変更については，権利の性質から登記可能な時期や登記原因についての第三者の許可等に関する規定が数多く定められている。また，元本確定前の根抵当権については，被担保債権が特定されていないことから登記の結果から当事者の利益や不利益の予想がつかないことが多く，登記権利者と登記義務者の地位の判断が難しいので実務ではその取扱い方法が多く示されている。この点も抵当権とは異なるので注意が必要である。

根抵当権の変更については，元本確定の前か後か，あるいはその前後を問わないなど，登記申請の時期が決められている。

右は，これを簡単に整理したものである。

	登記の種類
元本確定前	・債権の範囲の変更（民法第398条の4第1項） ・合意による債務者の変更（民法第398条の4第1項） ・元本確定期日の定めとその変更（民法第398条の6） ・優先の定めとその変更（民法第398条の14）
元本確定後	・債務引受による変更 ・債務者更改による変更 ・転抵当権以外の民法第376条第1項による処分 ・減額請求による極度額の変更
元本確定の前後	・合意による極度額の変更 ・順位変更 ・転抵当 ・債権質入

極度額の変更

➤ 極度額の変更の登記原因の日付は原則として変更契約の日であるが，登記上の利害関係人の承諾が契約日より後になされた場合には，承諾の日である[21]。

➤ 極度額の増額による変更の登記についての登記上の利害関係人に該当する主なものは，同順位及び後順位の担保権者，後順位の所有権移転（請求権）仮登記の登記名義人，後順位の所有権の差押え，仮差押え，仮処分の登記名義人，増額に係る根抵当権に対して順位譲渡等をしている先順位担保権者である。これに対して極度額の増額による根抵当権変更登記の申請について，後順位の用益権者は登記上の利害関係人に該当しない[22]。

➤ 根抵当権の極度額の変更登記は，登記上の利害関係人がいる場合，その者の承諾がなければすることができないので（民法第398条の5，令第7条第1項第5号ハ），その登記は常に付記によりなされる[23]。

---

[21] 昭和46年12月24日民事甲第3630号通達
[22] 登記研究第460号105頁　質疑応答
[23] 昭和46年10月4日民事甲第3230号通達第五

債権の範囲の変更

➢ 根抵当権の債権の範囲（及び債務者）の変更は登記上の利害関係人の承諾を得る必要はない（民法第398条の4第2項）。したがって，その登記を申請する際に，申請情報に併せて後順位抵当権者等の承諾を証する情報の提供を要しない[24]。

➢ 担保する債権の範囲を変更する登記の申請は，原則として根抵当権者が登記権利者，設定者が登記義務者となるが，例えば債権の範囲を「証書貸付取引，当座貸越取引」を「証書貸付取引」のみとする場合や，「売買取引」から「電気製品売買取引」に変更する場合のように，変更することにより債権の範囲が縮減することが形式的に明らかである場合には，設定者が登記権利者，根抵当権者が登記義務者となる[25]。

➢ 共有の根抵当権について，共有者の一人についてのみの債権の範囲の変更をすることができるが，この場合でも，変更は根抵当権自体の変更であるから，契約は根抵当権の共有者全員と設定者で行なわなければならない。また申請情報の変更後の事項には，共有根抵当権者の債権の範囲の全てを記載することを要する[26]。

債務者の変更

➢ 債務者の変更登記は，原則として根抵当権者が登記権利者，設定者が登記義務者となるが[27]，変更により債務者が縮減することが形式的に明らかな場合には，設定者が登記権利者，根抵当権者が登記義務者となって変更登記の申請をする[28]。

➢ 根抵当権の債務者の住所等の変更登記を申請する場合でも，書面申請については，登記義務者の作成後3月以内の印鑑証明書を添付しなければならない[29]。

---

[24] 昭和46年12月24日民事甲第3630号通達
[25] 昭和46年10月4日民事甲第3230号通達第三，昭和46年12月27日民事三発第960号依命通知第三。
[26] 昭和46年12月24日民事甲第3630号通達，登記研究第524号167頁　質疑応答
[27] 昭和46年10月4日民事甲第3230号通達第四。
[28] 登記研究第405号91頁　質疑応答

> 債務者を分割会社として会社分割があった場合，承継会社を債務者に追加するための根抵当権の債務者の変更登記を申請することができる[30]。
> 元本確定前においては，債務者を追加的に変更することやその一部を除外することもできるが，それによる申請情報については変更後の債務者の全員を記載しなければならない[31]。

確定期日の変更と元本の確定

> 登記された元本確定期日の経過した後に，確定期日を変更する登記を申請することはできない[32]。
> 共有根抵当権の共有者の一人について元本の確定事由が生じても，根抵当権の元本は確定しない[33]。
> 債務者が複数の根抵当権について，債務者の一人について元本の確定事由が生じても，根抵当権の元本は確定しない[34]。
> 元本確定の登記は，根抵当権者が登記義務者，設定者が登記権利者となって申請する。但し，根抵当権者が元本の確定請求をした場合などについては，根抵当権登記名義人が単独で元本確定の登記を申請することができる（法第93条）。なお，元本確定の申請書には，確定時における債権額の記載は要しない[35]。
> 登記記録の上で元本の確定が明白な場合を除き，元本が確定した後でなければ申請することができない登記を申請する場合には，その前提に元本確定の登記を申請しなければならない[36]。元本確定が登記記録の上で明白な場合には次のものがある。

◆登記された元本確定期日の到来

---

[29] 抵当権の債務者の変更登記は，書面申請について登記義務者が登記識別情報の提供をすれば，印鑑証明書の添付は要しないが，根抵当権にこの規定は該当しない（令第16条第1項，規則第48条第1項5号，同第47条第3号イ(1)等参照）。
[30] 平成13年3月30日民事二第867号通達
[31] 昭和46年12月24日民事甲第3630号通達　この点は，抵当権とは異なる。
[32] 昭和46年10月4日民事甲第3230号通達第六の2
[33] 登記研究第312号47頁　質疑応答
[34] 登記研究第515号254頁　質疑応答
[35] 昭和46年10月4日民事甲第3230号通達第九
[36] 昭和46年12月27日民事三発第960号依命通知第七

- ◆相続により根抵当権の移転登記，又は相続による債務者の変更登記がなされたが，相続の開始後6ヶ月以内に指定根抵当権者あるいは指定債務者の合意の登記がなされていない場合（民法第398条の8第4項参照）。
- ◆根抵当権者が，根抵当権の目的である不動産について競売等の申立てをして差押えの登記がされている場合（民法第398条の20第1項第1号参照）。
- ◆根抵当権者が，根抵当権の目的である不動産について滞納処分による差押えの登記をしたとき（民法第398条の20第1項第2号参照）。
- ◆根抵当権設定者が破産手続の開始決定を受け，破産手続開始の登記がなされている場合（民法第398条の20第1項第4号参照）。

> 第三者の申立てにより根抵当権の目的不動産につき差押えがなされ，根抵当権の元本が確定した後に，根抵当権について債権譲渡による移転の登記を申請する場合には，その前提に元本確定の登記を申請することを要する[37]。

> 根抵当権者からの確定請求に基づき，根抵当権者が単独で元本確定の登記を申請する場合，申請情報と併せて民法第398条の19第2項の規定による請求をしたことを証する情報の添付を要するが（令別表六十一添付情報），具体的には配達証明付きの内容証明郵便がこれに該当する[38]。

> 根抵当権者が単独で元本確定の登記を申請する場合，申請情報・申請書への登記識別情報の添付を要しない[39]。

優先の定めと変更　　根抵当権は元本確定までの間は被担保債権は流動的であることから，(準)共有された場合，共有者間において権利を行使する割合もそのままでは明らかではない。そこで，共有者間で優先弁済の割合を予め決めることができることとした（民法第398条の14第1項但し書）。この登記を根抵当権の優先の定めと呼び，登記は登記権利者と登記義務者の共同申

---

[37] 登記研究第318号75頁　質疑応答
[38] 平成15年12月25日民二第3817号通達
[39] 登記研究第676号183頁　質疑応答

請ではなく，共有根抵当権者の合同申請でなされる（法第89条第2項）。
- 既に登記された優先の定めを変更した場合，根抵当権の共有者全員で優先の定めの変更登記を申請することが出来る。この場合には，共有根抵当権者の全員が，根抵当権の登記名義を得たときの登記識別情報（登記済証）を提供（添付）しなければならない[40]。
- 既に登記された優先の定めを廃止した場合，それによる登記は優先の定めの変更として申請することができる[41]。

更正の登記
- 根抵当権者をAからA及びBとする更正登記の申請人は，登記権利者はB，登記義務者はA及び根抵当権設定者である[42]。

(3) **根抵当権の移転**

　根抵当権は，元本確定の前後で被担保債権との繋がりが異なるので，そのことが権利の移転登記の仕方の違いに現われている。

　元本確定前の移転登記　元本確定前に根抵当権者が設定者の承諾を得ておこなうことができる譲渡には，全部譲渡，分割譲渡及び一部譲渡があるが，この登記に関する目的等を簡単にまとめると，以下のようになる。

登記の内容	登記の目的	登記原因	承諾等を要する者
全部譲渡（民法第398条の12第1項）	○番根抵当権移転	年月日譲渡	設定者
一部譲渡（民法第398条の13）	○番根抵当権一部移転	年月日一部譲渡	設定者
分割譲渡（民法第398条の12第2項）	○番根抵当権分割譲渡	年月日分割譲渡	設定者，根抵当権を目的とした権利者
共有者の権利の譲渡（民法第398条の14第2項）	○番根抵当権共有者○○の権利移転	年月日譲渡	設定者　他の共有者の同意

　元本確定前になしうる根抵当権の譲渡の登記に関する疑義について示され

---

[40] 昭和46年12月24日民事甲第3630号通達
[41] 登記研究第660号207頁　質疑応答
[42] 登記研究第376号89頁　質疑応答

た取扱い例の代表的なものは，以下のとおりである。

全部譲渡・一部譲渡
- 全部譲渡又は一部譲渡による根抵当権の移転（一部移転）の登記の原因日付は，当事者間の契約の後に設定者の承諾を得た場合には，その承諾の日である[43]。
- 根抵当権の共有者の権利については，全部譲渡のみが可能であり，一部譲渡や分割譲渡をすることはできない[44]。
- AからBに一部譲渡による一部移転の登記がなされている根抵当権について，AとBが共同してCに対して根抵当権の一部譲渡をすることは差し支えない[45]。
- 根抵当権の一部譲渡による一部移転登記を申請する場合，申請情報には移転部分の表示（譲受人の持分）を要しない[46]。
- 元本確定の前に，債権譲渡を登記原因とする根抵当権の移転登記はすることができない。

分割譲渡
- AとBの共有の根抵当権について，分割譲渡により直ちにAとBそれぞれの単有とする旨の登記を申請することはできない[47]。

共有者の権利の移転
- 根抵当権の共有者の一人が自己の権利を放棄したことにより，他の共有者に対して権利移転の登記を申請する場合，申請情報と併せて設定者の承諾や他の共有者の同意を証する情報の提供を要しない[48]。

---

[43] 昭和46年12月24日民事甲第3630号通達
[44] 昭和46年10月4日民事甲第3230号通達第十二の2
[45] 登記研究第314号67頁　質疑応答
[46] 昭和46年10月4日民事甲第3230号通達第十一
[47] 昭和46年12月27日民事三発第960号依命通知第八
[48] 登記研究第490号145頁　質疑応答

元本確定前の合併・会社分割　元本確定前の会社（法人）の根抵当権者について合併や分割があった場合の登記は，次のようになされる。
- 元本確定前に根抵当権者を分割会社とする会社分割があった場合，根抵当権は分割会社と承継会社の（準）共有となるので（民法第398条の10第1項），承継会社を登記権利者，分割会社を登記義務者として，「会社分割」を登記原因とする根抵当権一部移転の登記を申請することができる[49]。
- 元本確定前の根抵当権について，会社分割を登記原因とする根抵当権の一部移転登記を申請する場合，権利を承継した会社の登記事項証明書を登記原因証明情報として提供する[50]。
- 会社分割による根抵当権の一部移転の登記を申請する場合には，申請情報と併せて設定者の承諾を証する情報の提供を要しない[51]。

元本確定後の移転登記　根抵当権は，元本確定により担保する債権が確定するので，その債権の変動に従い根抵当権も変動する。
- 元本確定の後に，根抵当権者に相続が開始したことによる移転登記を申請する場合，相続人が複数いる場合には申請情報の内容として各相続人の持分を記載しなければならない[52]。

(4) **根抵当権者と債務者の相続**

　元本確定前の根抵当権については，根抵当権者と債務者の何れに相続が開始した場合でも，将来に向けて根抵当権の性質を維持していくためには，そのことを目的にした当事者間の合意が必要とされている（民法第398条の8）。これがなされたときは，「合意の登記」と呼ぶ根抵当権にしかみられない登記を行うことになっている。なおこの登記は，相続による根抵当権の移転，もしくは相続による債務者の変更登記をした後でなければすることができない（法第92条）。

---
[49] 平成13年3月30日民事二第867号通達
[50] 平成17年8月8日民事二第1810号回答
[51] 登記研究第640号163頁　質疑応答
[52] 登記研究第454号129頁　質疑応答

元本確定前の根抵当権者相続による移転と合意の登記　元本確定前の根抵当権は，根抵当権者に相続が開始した場合，相続による移転と根抵当関係の継続に向けた合意をすることができる。

相続による移転の登記

➢ 元本確定の前に，根抵当権者が死亡して相続による根抵当権の移転登記を申請する場合，相続人が数人いる場合であっても申請情報に相続人の持分を記載することを要しない（令第3条第9号括弧書き）。

➢ 相続による根抵当権の移転登記を申請する場合，登記原因証明情報として添付される遺産分割協議書等の内容から，当該根抵当権を相続しないことが明白な相続人がいるとき，その者は相続による根抵当権移転登記の申請人にはならない[53]。相続しないことが明白な場合とは，民法第903条の特別受益の証明書又は遺産分割協議書等の記載に，既発生の債権を相続しない旨及び民法第398条の9第1項の合意による指定を受ける意思のない旨が明らかに記載されている者である[54]。

指定根抵当権者の合意の登記

➢ 指定根抵当権者の合意の登記は，相続による根抵当権の移転登記のされた後でなければ申請することができない（法第92条）。

➢ 指定根抵当権者の合意の登記は，相続による根抵当権移転登記による登記名義人（相続人）の全員が登記権利者，設定者が登記義務者となって申請しなければならない。なお，当該合意によって定められた者は，相続による移転登記により登記名義人となった者でなければならない[55]。

➢ 根抵当権者の相続人が一人であるときでも，当該根抵当権について元本を確定させないで存続させる場合には，指定根抵当権者の合意の登記をしなければならない[56]。

➢ 指定根抵当権者として指定される者の人数は，一人に限る必要はない[57]。

---

[53] 昭和46年10月4日民事甲第3230号通達第七
[54] 昭和46年12月27日民事三発第960号依命通知第五
[55] 昭和46年10月4日民事甲第3230号通達第八
[56] 登記研究第369号81頁　質疑応答
[57] 登記研究第312号46頁　質疑応答

元本確定前の債務者相続による変更と合意の登記　元本確定前の根抵当権は，債務者に相続が開始した場合，債務者について相続による変更と根抵当関係の継続に向けた合意をすることができる。
相続による債務者の変更の登記
➢債務者について，相続による根抵当権の変更の登記を申請する場合の登記原因証明情報は，市区町村長等の公務員が職務上作成した情報（戸籍の証明等）である必要はない[58]。
➢相続による債務者の変更の登記と，指定債務者の合意の登記を，一つの申請情報で申請することはできない[59]。

指定債務者の合意の登記
➢指定債務者の合意による根抵当権の変更の登記を申請する場合，指定債務者は相続による債務者の変更登記において相続人として登記された者でなければならない[60]。

(5)　**根抵当権の抹消**
➢弁済を登記原因として根抵当権の登記の抹消を申請する場合，元本の確定が登記記録上明らかでないときには，抹消に先だって元本確定の登記を申請しなければならない[61]。

---

[58]　昭和46年12月27日民事三発第960号依命通知第六の2
[59]　登記研究第327号31頁　質疑応答
[60]　昭和46年12月24日民事甲第3630号通達
[61]　登記研究第488号147頁　質疑応答

第5章

相　続

　わが国では，国民に持ち家志向が強い。このため，ある人が死亡して相続が開始すると，相続財産に不動産が含まれることが一般的であり，したがって相続を登記原因とする権利移転の登記[1]も実務現場では極めて日常的である。ここでは，誰でも自分が当事者になる可能性のある住宅の相続の例から，遺産分割協議が成立したことによる登記や，遺言がなされた場合の手続などを順を追って説明していくことにする。

1　基本事例―所有権移転登記―

事例　甲土地を所有するAは，平成22年3月10日に死亡した。Aには配偶者Bと子のC及びD（いずれも成人）がいる。平成22年8月1日に，亡Aの相続人であるB，C及びDは，亡Aの相続財産についての遺産分割の協議をおこない，甲土地はBが相続することについて合意が成立した。

(1)　実体関係の整理

　ある人が死亡した場合（相続の開始）に，その人（被相続人）に帰属していた一切の権利義務を他の人が承継する制度を相続という（民法第896条参照）。被相続人から相続により（積極・消極）財産を承継する者を相続人といい，それは，被相続人の配偶者及び子・直系尊属・兄弟姉妹等と，一定の血縁関係に従って法律上に決められている（法定相続人（民法第887条，第889条，第

---

[1]　一般に「相続登記」と呼ぶのはこの登記，特に所有権移転登記である。

890条, 第886条))。法定相続人は, 一定の時期までは家庭裁判所において相続を放棄する申述をすることができる（民法第915条）。法定相続人が数人いる場合（これを共同相続という）にはそれぞれの相続分が決められているが（民法第900条), 被相続人が遺言により相続分を定めることができる（民法902条）。相続人が実際に相続により承継する財産（具体的な相続分）は, 相続人中に被相続人から特別受益を受けた者がいる場合や（民法第903条), 寄与分のある者がいる場合（民法第904条の2）にはそれに従い, また共同相続人は被相続人の遺した財産（遺産）を誰が取得するかに関する協議（遺産分割協議）を行い, それによって個々の相続人が実際に相続する財産を決めることができる（民法第907条第1項）。遺産分割協議を行う時期について, 法律に特別の定めはないが, それがなされた時は相続の開始に遡って効力が発生する（民法第909条）。なお, 共同相続人の間で遺産分割の協議が整わない場合, 請求があれば家庭裁判所がそれを定めることができる（民法第907条第2項）。

この事例では, Aが死亡して相続が開始し, 法定相続人はAの配偶者Bと, 子のC及びDであるが, 遺産分割協議により甲土地はBが相続することについての合意がなされているので, 甲土地の所有権は相続開始の日に亡AからBへと所有権が移転したと判断することができる。

(2) **手続関係の整理**

甲土地について所有権が移転した場合には, それによる登記を申請することができる（法第3条）。相続を登記原因とする権利の移転登記は, 登記権利者が単独申請で行うことができる（法第63条第2項）。

現在の登記記録　権利の登記の申請作業は, 繰り返し述べるように現在の登記記録が前提である。ここでは甲土地の登記記録は次のようなものであるとして, 被相続人の住所と氏名が現在のそれと同一であるかを確認するのである[2]。被相続人の住所もしくは氏名が相続開始時（死亡の時）と登記記録との間で異なっている場合, 被相続人と登記名義人の同一性を明らかにするために, 住所等が異なることとなった理由を明らかにする情報, 例えば住所の変更であれば転居等の事実を示す住民票の除票等を添付情報に加えて提供しなければならない。

権利部（甲区）	（所有権に関する事項）		
順位番号	登記の目的	受付年月日・受付番号	権利者その他の事項
5	所有権移転	平成〇〇年〇月〇日 第〇〇〇号	原因　平成〇年〇月〇日売買 所有者　〇〇〇 　　　　A

求める登記
【所有権移転】
　　Bが，Aから相続によって不動産の所有権を承継したのであり，不動産に関して被相続人Aの所有権が登記されていれば，所有権の移転登記である[3]。

その他の登記　目的不動産について，被相続人Aの所有権の登記（権利部甲区）がない場合でも，表題登記はなされそこに被相続人が表題部所有者として名前が記載されていれば，相続人はその不動産を自分の名義とするための所有権保存登記を申請することができる（法第74条第1項第1号）[4]。

　申請人　相続を登記原因とする権利の移転の登記であるから，所有権移転登記の場合でも相続人による単独申請であり（法第63条第2項），この例では不動産の所有権を相続により取得したBである[5]。

(3)　申請の作業

　相続を登記原因とする所有権移転登記の申請作業の要点は，次のとおりである。

---

[2] 相続を登記原因として権利を移転する登記は相続人からの単独申請であるが，現在の登記名義人から新たな所有者に登記名義を移す手続の構造は，共同申請の場合と変わらない。被相続人が登記名義人と同一人であることの確定は，被相続人の氏名及び最後の住所（相続開始地）と登記記録上の氏名及び住所が符合しているか否かでなされる。もし符合していない場合，一般的な共同申請の際にはそれを理由に申請が却下されるので（法第25条第7号）登記名義人住所移転等の登記の申請を必要とする（法第64条参照）。これに対して相続を登記原因とする権利の移転登記については，単独申請でなされるために登記義務者はいないので，この規定の適用は受けないものと考えられる。しかし，本文で述べたように被相続人の住所等が登記記録から変更されたことを証する情報（住民票等）を提供することは，必要である。

[3] 被相続人の不動産に関する登記された権利が地上権等であれば，当然ながら地上権移転等の登記を行うことになる。

[4] 表題登記もなされていないときには，相続人は自分で表題登記を申請することもできる（法第36条，第47条）。

[5] 相続による権利移転の登記を単独で申請できるのは〈相続人〉であるが（法第63条第2項），ここでいう相続人は，相続権を有する者の意味ではなく，具体的なそれ，言い換えれば登記の対象である不動産を相続により取得した者を指す。本例で相続権を有するのはB，C及びDであるが，申請人（法文の相続人）となるのは具体的に土地を相続したBだけである。

申請情報 　相続を登記原因とする所有権移転の登記は，登記権利者である相続人の単独申請であるが，申請情報は一般的なそれの内容で構成され，主なものは次のとおりである。

　登記の目的　　〈所有権移転〉である。
　原因　　相続により権利が変動したのであるから，この例では，〈平成22年3月10日相続〉と記載する。
　申請人　　登記権利者である相続人の〈住所と氏名〉を記載するが，実務で使用する申請情報には権利者ではなく〈相続人〉と冠記して記載する。
　登記義務者の記載は要しないけれど，実務では被相続人である登記記録の現在の登記名義人を，〈被相続人〉と冠記して記載する。この他，〈連絡先の電話番号〉もここに記載するが，代理人によって申請を行う場合，この記載は要しない。
　≪上記以外の申請情報の内容≫　売買による所有権移転と同様の一般的な申請情報の内容を記載するが，主なものをあげておくことにする。
　添付情報　　この申請に提供を求められる添付情報を表示する。具体的なものは，次の〔添付情報〕に示すとおりである。
　登記所　　この登記を申請する登記所，つまり目的不動産を管轄する登記所である。
　申請年月日　　申請情報を送信する日，もしくは申請書を登記所に提出する日である。
　代理人　　この登記が代理人によって申請される場合には，代理人の住所・氏名を表示しなければならない。
　登録免許税額　　登記の申請には，〈登録免許税〉を納付する必要があり，これを金額とともに申請情報の内容に記載しなければならない。また，納付税額が定率課税で決められる場合には，〈課税価格〉をも記載しなければならない。
　不動産の表示　　登記を求める不動産を，土地については〈所在・地番・地目・地積〉で，建物は〈所在・家屋番号・種類・構造・床面積〉をもって表示する。なお建物については，附属建物がある場合及び区分建物については表示が幾分異なる。

その他 上記の他に，事例に応じて次のような情報を記載しなければならない。

登記識別情報の通知を不要とする旨 所有権移転登記は，申請人である相続人が登記名義人となり，登記識別情報の通知を受けるべき者となるので，申請人が登記識別情報を不要とする場合，その旨を申請情報の内容に記載しなければならない（法第21条但し書，規則第64条第2項）。

添付情報 相続を登記原因とする権利の移転登記の添付情報は，登記原因証明情報など一般的なそれを基本にして，他に所有権の移転登記に必要な住所を証する情報など個別に求められるものが加えられる。ところで，相続を登記原因とする権利の移転登記の登記原因証明情報については，相続を証する市町村長その他の公務員が職務上作成した情報，及びその他の登記原因を証する情報と決められているが，内容は次のとおりである。

登記原因証明情報 相続による権利移転登記の登記原因証明情報は，相続を証する市町村長その他の公務員が職務上作成した情報，及びその他の登記原因を証する情報であり，具体的には，被相続人の12歳前後から死亡に至るまでの全ての戸籍の証明書[6]，及び法定相続人全員の現在の戸籍の証明書と，この例のように，特定の不動産を法定相続人中の特定の者が取得した場合には，取得の経緯を証明する情報である。後者の具体例は，この例であれば法定相続人の全員が作成した遺産分割協議の成立を証する情報であり，〈遺産分割協議書〉がこの典型例である。この他，民法第903条に該当する者がいる場合には，その者自身が作成した，いわゆる特別受益者に該当する旨の証明や，民法第904条の2の寄与分を得た者がいる場合には，他の相続人からのその旨の証明書，相続の放棄をした者がいる場合には，家庭裁判所の作成した相続放棄の申述の受理証明書などである。なお，これらの証明書が私人の作成に係る場合には，それが真正に作成されたものであることを担保するために，作成者（法定相続人）の印鑑証明書の添付が必要である。

---

[6] 被相続人に関する戸籍の証明書（除籍等）は，実務上は12歳前後から死亡までのものを添付する例が多いようであるが，法務省は「登記原因証明情報として，被相続人（死亡した方）の出生から死亡までの戸籍謄本，除籍謄本等を添付します。」としている。(http://www.moj.go.jp/MINJI/MINJI79/minji79-02-08.pdf)

≪上記以外の添付情報≫　相続を登記原因とする所有権移転の登記であっても，上記以外の添付情報は一般的な所有権移転登記のそれと変わりはないが，主なものをあげておくことにする。

住所を証する情報　所有権の移転登記を申請する場合，登記名義を取得する者の住所を証する情報が必要であり（令別表三十添付情報ロ），この例では相続した者の住民票の証明が代表的なものである。なお，売買による所有権移転登記の基本事例の項で述べたように，一定の場合には，これを省略できるときがある。

電子証明書　申請が電子申請でなされる場合については，申請人（この例ではB）の電子署名についての〈電子証明書〉を提供しなければならない。

その他　申請の内容に従って，次のものの提供が求められる。

代理権限を証する情報　登記の申請を代理人が行う場合には，代理人の〈代理権限を証する情報〉を添付しなければならない。この例では，例えばBがこの登記の申請を司法書士Xに委任したのであれば（任意代理），代理人の代理権限を証する情報として，BがXに登記申請を委任した旨の〈委任状〉を作成してそれを申請情報に添付しなければならない。

　登録免許税 　所有権移転登記の登録免許税額は，登記原因によって異なる。相続については，課税標準金額に1,000分の4を乗じて算出した金額を納付しなければならない（登録免許税法別表第一の一の㈡のイ）。

(4)　申請情報の例

書面申請の例　次は，上記の事実関係に従った登記の申請を代理人Xが書面で行う場合の例である。

```
　　　　登　記　申　請　書
登記の目的　　所有権移転
原　　因　　平成22年3月10日相続
相　続　人　　（被相続人　A）
　　　　　　　○○○（Bの住所を記載する）
　　　　　　　　　B
添付情報
　登記原因証明情報　　住所証明書　　代理権限証明書
```

```
平成○○年○月○○日申請　○○地方法務局○○支局
代　理　人　　○○○（Xの住所を記載する）
　　　　　　　　　　　X
　　　　　　　　連絡先の電話番号　・・・・・
（以下，省略する）
```

登記記録の例　上記の申請に基づき，登記記録には所有権移転登記が次のように実行される。

権利部（甲区）　　（所有権に関する事項）			
順位番号	登記の目的	受付年月日・受付番号	権利者その他の事項
5	所有権移転	平成○○年○月○日 第○○○号	原因　平成○年○月○日売買 所有者　○○○ 　　　　　　A
6	所有権移転	平成○○年○月○日 第○○○号	原因　平成２２年３月１０日相続 所有者　○○○ 　　　　　　B

2　応用事例Ⅰ―法定相続分による共有―

事例　甲土地を所有するAは，平成22年3月10日に死亡した。Aには配偶者Bと子のC及びD（いずれも成人）がいる。甲土地について，相続人全員は，それを相続により取得する者を決める遺産分割の協議を行うまでの間，民法所定の共有とすることにし，それによる登記を行うこととした。

(1)　実体関係の整理

　本章の前例で述べたとおりであるが，この例では相続の開始後に遺産分割の協議が行われていないので，甲土地の所有権は，A死亡による相続により，共同相続人に対して民法所定の相続分（法定相続分）で移転したと考えられる。具体的には，共同相続人が其々，B持分4分の2，C及びDが各々持分4分の1の，三人の共有で所有権を取得したものと判断することができる（民法第900条参照）。

(2)　手続関係の整理

　基本事例と同様に，相続を登記原因として所有権が移転したのであるから，それによる所有権移転登記を申請することができる（法第3条）。そして手続

は相続人の単独申請である（法第63条第2項）[7]。なお，共同相続人全員のための相続による登記を，共有物の保存行為（民法第252条但し書）と解して共同相続人中の一部の者から申請することはできるが[8]，共同相続人中の一部の者が，自分の共有持分のみの登記の申請をすることはできない[9]。

作業に先立ちここでも現在の登記記録の内容の確認が必要であるが，それは基本事例と同様であるものとして手続を進めることにする。

求める登記【所有権移転】 共同相続人のB，C及びDが，被相続人Aから相続によって不動産の所有権を民法所定の共有で取得したので，基本事例と同様に，被相続人Aの所有権が登記されていれば，所有権の移転登記である。なお目的不動産について，被相続人Aの所有権の登記がない場合に所有権保存登記をする場合があることは，基本事例と同様である。

申請人 登記原因を相続とする権利の移転登記であるから，基本事例と同様にここでも相続人の単独申請であり[10]，民法所定の持分により取得したB，C及びDである。

(3) 申請の作業

ここでの登記の申請作業の要点は，次のとおりである。

申請情報 申請情報の内容は一般的なそれであるが，基本事例と同様に登記権利者の単独申請であるため，〈義務者〉の記載はなされない。この事例の申請情報は，申請人の内容が異なるだけでその他は基本事例と変わるところはない。主なものは次のとおりである。

登記の目的 〈所有権移転〉である。

原因 この例でも相続による権利の移転であるから，基本事例と同様に

---

[7] ここでもう一度確認するが，単独申請とは，行為者が物理的に一人という意味ではなく，登記権利者と登記義務者が揃って登場しないで，どちらか一方だけで行う申請を指す用語である。したがって，相続人が複数いても，相続を登記原因とする権利の移転登記は，登記権利者の単独申請である。

[8] 昭和30年10月15日民事甲第2216号民事局長回答。但し，このような申請をした場合，申請の行為に加わらなかった相続人に対して登記識別情報は通知されない。

[9] 昭和30年10月15日民事甲第2216号民事局長回答

[10] 注7で述べたように，相続人は複数であるが，全員が相続により権利を取得した者であり，手続上の地位としては全員が登記権利者に該当する。

〈平成22年3月10日相続〉と記載する。

申請人　登記権利者である相続人の〈住所と氏名〉を記載するが，これに〈相続人〉との冠記を加えて記載することと，〈被相続人〉の記載をも加えることは，基本事例と同様である。この他，連絡先の電話番号もここに記載するが，代理人によって申請を行う場合，この記載は要しない。住民票コードの記載がなされることがあることは，前例と同様である。

■この登記の申請に特有の申請情報の内容

権利者はこの例ではBとC及びDであり，共有で権利を取得しているので，それぞれの〈共有持分〉を申請情報の内容として記載しなければならない（令第3条第9号）。

≪上記以外の申請情報の内容≫　全て基本事例と同様である。

添付情報　基本事例と同様であるが，内容に若干の違いがあるので，簡単にふれておくことにする。

登記原因証明情報　相続による権利移転登記の登記原因証明情報は，基本的には相続を証する市町村長その他の公務員が職務上作成した情報，及びその他の登記原因を証する情報の，二種類のもので構成され，その内容は基本事例で述べたとおりである。この例は，相続財産について遺産分割などをしない民法所定の共同相続の状態を登記するものであり，相続関係は共同相続人の共有持分（割合）も含めて相続を証する市町村長その他の公務員が職務上作成した情報だけで明らかなので[11]，これを提供すれば足りる。

住所を証する情報　所有権の移転登記を申請する場合，登記名義を取得する者の住所を証する情報が必要であり（令別表三十添付情報ロ），この例ではB，C及びDの住民票の証明が代表的なものである。

電子証明書　申請が電子申請でなされる場合については，申請人（この例ではB，C及びD）の電子署名についての〈電子証明書〉を提供しなければならない。

その他　申請の内容に従って，次のものの提供が求められる。

---

[11] 共同相続人の相続分としての，いわゆる法定持分は，相続人の身分関係が明らかになればそれに従って民法により決められる性質のものである（民法第900条，第901条参照）。

代理権限を証する情報　登記の申請を代理人が行う場合には，代理人の〈代理権限を証する情報〉を添付しなければならない。例えば，B，C及びDがこの登記の申請を司法書士Xに委任したときは（任意代理），代理人の代理権限を証する情報として，B，C及びDがXに登記申請を委任した旨の〈委任状〉を作成してそれを申請情報に添付しなければならない。

登録免許税　所有権移転登記の登録免許税額は，登記原因によって異なる。相続については，課税標準金額に1,000分の4を乗じて算出した金額を納付しなければならないことは，基本事例と同様である（登録免許税法別表第一の一の㈡のイ）。

(4) 申請情報の例

書面申請の例　次は，上記の事実関係に従った登記の申請を代理人Xが書面で行う場合の例である。

```
          登 記 申 請 書
登記の目的    所有権移転
原   因    平成２２年３月１０日相続
相 続 人   （被相続人 A）
          ○○○（Bの住所を記載する）  持分４分の２　B
          ○○○（Cの住所を記載する）  持分４分の１　C
          ○○○（Dの住所を記載する）  持分４分の１　D

添付情報
    登記原因証明情報    住所証明書    代理権限証明書
平成○○年○月○○日申請  ○○地方法務局○○支局
代 理 人   ○○○（Xの住所を記載する）
                X
          連絡先の電話番号 ・・・・・
(以下，省略する)
```

登記記録の例　上記の申請に基づき，登記記録には所有権移転登記が次のように実行される。なお，登記完了の際には，共有者全員にそれぞれ別の登記識別情報が通知される。

権利部（甲区）	（所有権に関する事項）		
順位番号	登記の目的	受付年月日・受付番号	権利者その他の事項
5	所有権移転	平成○○年○月○日 第○○○号	原因　平成○年○月○日売買 所有者　○○○ 　　　　　A
6	所有権移転	平成○○年○月○日 第○○○号	原因　平成２２年３月１０日相続 共有者　○○○　持分４分の２　B 　　　　○○○　　　４分の１　C 　　　　○○○　　　４分の１　D

3　応用事例Ⅱ―遺産分割協議の成立―

事例　甲土地を所有するAは，平成22年3月10日に死亡した。Aには配偶者Bと成人の子のC及びDがいる。甲土地について，相続人全員は，それを相続により取得する者を決める遺産分割の協議を行うまでの間，民法所定の共有とすることとし，それによる登記をした（前例～応用事例Ⅰ）。その後，平成23年1月10日に，被相続人Aの相続人全員が相続財産についての遺産分割の協議をおこない，甲土地はBが相続することについて合意した。

(1)　実体関係の整理

本章基本事例と同様である。

(2)　手続関係の整理

不動産の所有権が移転した場合には，所有権移転登記を申請することができる（法第3条）。ところでこの例は，実体関係は基本事例と同じであるが，相続を登記原因とした所有権移転登記が既になされ（前例），その後に法定相続人の遺産分割協議が成立したことによる登記であるところが，基本事例とは異なる。このような場合の登記を行う方法については，実務では，既になされた共同相続人の登記名義を前提に，遺産分割を登記原因とした共有者（共同相続人）間の共有持分の移転と考えて，手続を行うことにしている。したがって，申請は相続を登記原因とする場合の単独申請ではなく，原則的な形態である共同申請で行わなければならない（法第60条参照）[12]。

現在の登記記録　申請の手続の際に確認すべき甲土地の登記記録の例は、次のとおりであるものとする。

権利部（甲区）	（所有権に関する事項）		
順位番号	登記の目的	受付年月日・受付番号	権利者その他の事項
5	所有権移転	平成○○年○月○日 第○○○号	原因　平成○年○月○日売買 所有者　○○○ 　　　　　　A
6	所有権移転	平成○○年○月○日 第○○○号	原因　平成22年3月10日相続 共有者　○○○　持分4分の2　B 　　　　○○○　　　　4分の1　C 　　　　○○○　　　　4分の1　D

求める登記【所有権移転】　広い意味では所有権移転登記であるが（法第3条）、共有持分権の移転による登記であり、登記記録の上では〈C、D持分全部移転〉と記録がなされる登記である。

申請人　手続が原則的な共同申請でなされる場合には、次のとおりである。

【登記権利者】　この登記を行うことにより所有権（共有持分権）登記名義人となり、登記記録上で利益を受けることになる者であり、この例ではBである。

【登記義務者】　この登記を行うことで（共有持分権の）登記名義を失って不利益を被る現在の登記名義人であり、この例ではC及びDである。登記義務者の住所・氏名が登記記録と一致していなければならないことなどは、本編売買の基本事例で述べたことと同様である。

(3)　**申請の作業**

この登記の申請作業の要点は、次のとおりである。

申請情報　この登記は、売買によるものと同様の、通常なされる所有権移転登記であり、申請情報は、一般的な申請情報の内容で構成される。事例の事実関係に法令の規定をあてはめて必要な申請情報の内容を集約すると以下のようになる。

---

[12]　この登記はいわゆる相続登記ではなく、遺産分割を登記原因とする共同申請の登記である。

登記の目的　登記の目的は，広い意味では所有権移転であるが，この登記は，持分権（所有権の一部）が移転するものである。

▍この登記の申請に特有の申請情報の内容

権利の一部移転の登記を申請する場合には，その旨を申請情報の内容としなければならない（令第3条第11号ホ）。したがって，登記の目的を〈C，D持分全部移転〉と記載しなければならない。

＊ここから一般的な申請情報の内容に戻る。

原因　この例は，遺産分割協議を権利変動の原因と考えるので，〈平成23年1月10日遺産分割〉と記載する。

申請人　CとDから持分権を取得したBを登記権利者として，その〈住所と氏名〉を記載しなければならない。この他，〈連絡先の電話番号〉もここに記載するが，代理人によって申請を行う場合，この記載は要しない。

▍この登記の申請に特有の申請情報の内容

権利者はこの例ではBであり，持分権を取得しているので，〈共有持分〉を申請情報の内容として記載しなければならない（令第3条第9号）。

＊再び一般的な申請情報の内容に戻る。

添付情報　この申請に提供を求められる添付情報を表示する。具体的なものは，次の〔添付情報〕に示すとおりである。

不動産の表示　登記を求める土地の表示をする。

その他　上記の他に，事例に応じて次のような情報を記載しなければならない。

登記識別情報の通知を不要とする旨　申請する持分移転登記は，申請人が登記名義人となり，登記識別情報の通知を受けるべき者となるので，申請人が登記識別情報を不要とする場合，その旨を記載しなければならない（法第21条但し書，規則第64条第2項）。

≪上記以外の申請情報の内容≫　売買による所有権移転と同様の一般的な申請情報である。

▍添付情報　この登記の申請に求められるものは，本編売買による所有権移転登記の基本事例と同様であるが，主なものは次のとおりである。

登記原因証明情報　この例では，遺産分割協議が成立したことを証する情報としての〈遺産分割協議書〉が典型であるが，実務では記載要件を満たした〈登記原因証明情報〉が使われることもある。

登記識別情報　共同申請の登記義務者について求められる情報であり，この例ではCとDが，相続を原因として登記名義を取得した際に登記所から通知を受けたものである。登記義務者が正当な理由により登記識別情報の提供ができない場合には，その者に対して登記官による事前通知の手続（法第23条第1項）か，もしくは資格者代理人による本人確認情報の提供（法第23条第4項第1号），公証人による登記義務者の認証（法第23条第4項第2号）の，いずれかの方法で登記識別情報に代えることができることは，他の共同申請と同様である。

住所を証する情報　所有権の移転（持分移転）登記を申請する場合，登記名義を取得する者の住所を証する情報が必要であり（令別表三十添付情報ロ），この例ではBの住民票の証明が代表的なものである。

電子証明書・印鑑証明書　申請が電子申請でなされる場合については，申請人（この例ではB，C及びD）の電子署名についての〈電子証明書〉を提供しなければならない。書面申請の場合には，登記義務者であるC及びDの作成後3月以内の印鑑証明書を添付しなければならない。

その他　申請の内容に従って，次のものの提供が求められる。

代理権限を証する情報　登記の申請を代理人が行う場合には，代理人の〈代理権限を証する情報〉を添付しなければならない。例えば，B，C及びDがこの登記の申請を司法書士Xに委任したときは（任意代理），代理人の代理権限を証する情報として，B，C及びDがXに登記申請を委任した旨の〈委任状〉を作成してそれを申請情報に添付しなければならない。

登録免許税　所有権（共有持分）移転登記の登録免許税額は，登記原因によって異なる。遺産分割協議を登記原因とする持分権の移転登記については，明示の規定がないが，相続を登記原因とするものと同様の，課税標準金額に1,000分の4を乗じて算出するのが（登録免許税法別表第一の一の㈡のイ）実務の取扱いである[13]。

(4) 申請情報の例

書面申請の例 次は，上記の事実関係に従った登記の申請を代理人Xが書面で行う場合の例である。

```
　　　　　登　記　申　請　書
登記の目的　　Ｃ，Ｄ持分全部移転
原　　因　　平成２３年１月１０日遺産分割
権　利　者　　○○○（Bの住所を記載する）
　　持分4分の2　B
義　務　者　　○○○（Cの住所を記載する）
　　　　　　　　C
　　　　　　○○○（Dの住所を記載する）
　　　　　　　　D

添付情報
　　登記原因証明情報　　住所証明書　　印鑑証明書　　代理権限証明書
　　登記識別情報
平成○○年○月○○日申請　　○○地方法務局○○支局
代　理　人　　○○○（Xの住所を記載する）
　　　　　　　　X
　　　　　　連絡先の電話番号　・・・・・
（以下，省略する）
```

登記記録の例 上記の申請に基づき，登記記録には持分移転登記が次のように実行される。

権利部（甲区）	（所有権に関する事項）		
順位番号	登記の目的	受付年月日・受付番号	権利者その他の事項
5	所有権移転	平成○○年○月○日 第○○○号	原因　平成○年○月○日売買 所有者　○○○ 　　　　　A
6	所有権移転	平成○○年○月○日 第○○○号	原因　平成２２年３月１０日相続 共有者　○○○　持分4分の2　B 　　　　○○○　　　　4分の1　C 　　　　○○○　　　　4分の1　D
7	Ｃ，Ｄ持分全部移転	平成○○年○月○日 第○○○号	原因　平成２３年１月１０日遺産分割 所有者　○○○　持分4分の2　B

---

[13] 平成12年3月31日民三第828号通達

4　応用事例Ⅲ―遺贈―

事例　甲土地を所有するAは，平成22年3月10日に死亡した。Aには配偶者Bと成人の子のC及びDがいる。甲土地については，亡Aから孫のE（成人）に遺贈する旨の遺言があり，Eがそれを承認した。

(1)　実体関係の整理

遺贈とは，ある人（遺言者）が遺言により自分の財産を他の人（受遺者）に無償で譲り渡すことである。遺言は，自筆証書，公正証書及び秘密証書の三種類のいずれかの方式で行わなければならず（民法第967条），公正証書遺言を除く遺言書について，その保管者は相続の開始を知った後にこれを家庭裁判所に提出して検認を受けなければならない（民法第1004条）。遺贈には，譲り渡す財産を「全部」とか「2分の1」のように割合で示す包括遺贈と，「何市何々何丁目……の土地」のように，個別に特定してする特定遺贈があり，前者によって権利を得た包括受遺者は相続人と同一の権利義務を有する（民法第990条）。この他，受遺者に対して一定の負担（対価ではない）を求める負担付遺贈がある。

遺言は遺言者の単独行為であり，受遺者は遺言者が死亡した後に遺贈を承認するか放棄するかの選択ができる（民法第986条）[14]。

遺贈の履行については，遺言執行者がいるときはその者が行い，遺言執行者がいないときは相続人がその義務を負う（民法第1012条第1項）。

事例の事実関係を上記の要点でチェックし，甲土地の所有権が亡Aの遺贈によりEに移転したと判断することができれば，登記の申請を行うことになる。

(2)　手続関係の整理

遺贈が効力を生じて不動産の所有権が移転した場合には，それによる登記

---

[14] この点が，契約である死因贈与と異なるところである。

を申請することができる（法第3条）。遺贈は相続に類似するけれども，「相続」を登記原因としてはいないので，受遺者が単独で申請することはできず[15]，申請は登記権利者と登記義務者が共同でしなければならない（法第60条）。

求める登記【所有権移転】　Eが遺贈により土地の所有権を取得したことによる登記であり，遺言者から受遺者への所有権移転登記としてなされる。

　申請人　手続が原則的な共同申請でなされる場合には，次のとおりである。なお，遺贈による権利の移転の登記は，それが包括遺贈であっても共同申請によってしなければならない。

　【登記権利者】　この登記を行うことにより所有権登記名義人となり，登記記録上で利益を受けることになる者であり，この例では受遺者のEである。

　【登記義務者】　本来は，この登記を行うことで登記名義を失って不利益を被る現在の登記名義人であるが，そのAは既に死亡しているので，この場合，遺贈義務を負う者が登記義務者の立場で手続を行う。

(3)　申請の作業

　ここでの登記の申請作業の要点は，次のとおりである。

申請情報　申請情報の内容については，売買による所有権移転の基本事例にこの申請に特有のものが加わり，次のとおりである。

　登記の目的　〈所有権移転〉である。

　原因　登記原因は遺贈であり，日付はその効力が発生した日（Aの死亡した日）である。この例では〈平成22年3月10日遺贈〉と記載する。なお，登記原因の上で，包括遺贈と特定遺贈の区別はしない[16]。

　申請人　登記権利者として受遺者の住所と氏名を記載し，登記義務者は，遺言執行者がいる場合には被相続人であり，これを〈亡　A〉と記載するが，遺言執行者がいないで法定相続人が遺贈義務者になるときには，被相続人と

---

[15]　昭和33年4月28日民事甲第779号通達
[16]　不動産登記記録例198参照

ともにその法定相続人を〈亡A　相続人　（住所）B　同　（住所）C　同（住所）D〉のように記載するのが実務で使用される申請情報である。この他，〈連絡先の電話番号〉もここに記載するが，代理人によって申請を行う場合，この記載は要しない。

　添付情報　　この申請に提供を求められる添付情報を表示する。具体的なものは，次の〔添付情報〕に示すとおりである。

　不動産の表示　　登記を求める不動産の表示をする。

　その他　　上記の他に，事例に応じて次のような情報を記載しなければならない。

　登記識別情報の通知を不要とする旨　　所有権移転登記は，実行されると登記権利者が登記名義人となり，登記識別情報の通知を受けるべき者となるが，登記権利者がそれを不要とする場合には，その旨を申請情報の内容に記載しなければならない（法第21条但し書，規則第64条第2項）。

　登記識別情報を提供できない理由　　遺贈を登記原因とする所有権移転登記は，形式的に見た場合に登記義務者と考える者は既に死亡しているが，その者に通知されていた登記識別情報の提供が必要である。これが正当な理由により提供が出来ない場合には，その旨を申請情報の内容に記載しなければならない（令第3条第12号）。

　添付情報　所有権移転登記の添付情報は，登記原因が遺贈による場合であっても売買による所有権移転のときと同様であり，登記原因証明情報など一般的なそれを基本にして，他に所有権の移転登記に必要な住所を証する情報など個別に求められるものが加えられ，概ね次のとおりである。

　登記原因証明情報　　遺言書，及び遺贈が効力を生じたことを表すために，遺言者の死亡を明らかにする戸籍の証明である[17]。

　住所を証する情報　　所有権の移転登記を申請する場合，登記名義を取得する者の住所を証する情報が必要であり（令別表三十添付情報ロ），この例ではEの住民票の証明が代表的なものである。ここでも，省略できる場合があ

---

[17] 登記研究第733号157頁　質疑応答

ることは，本編売買による所有権移転の基本事例と同様である。

登記識別情報　　共同申請の登記義務者について求められる情報であり，この場合，形式上登記義務者の地位にあって登記識別情報の通知を受けた所有権登記名義人は既に死亡しているが，原則どおりこれの提供が求められる。提供できない場合については，売買の基本事例で述べたとおり，登記官の事前通知等の手続を行う。

電子証明書・印鑑証明書　　申請が電子申請でなされる場合については，申請人（この例では登記権利者のEと，登記義務者となるB，C及びD，又は遺言執行者）の電子署名についての〈電子証明書〉を提供しなければならない。書面申請の場合には，B，C及びDもしくは遺言執行者の作成後3月以内の印鑑証明書を添付しなければならない。

その他　　申請の内容に従って，次のものの提供が求められる。

遺言執行者の資格を証する情報　　遺言執行者が申請する場合には，その資格を証する情報を提供しなければならない（令第7条第1項第2号）。具体例は，遺言執行者が遺言で選任されている場合には，遺言書及び遺贈が効力を生じたことを表すために，遺言者の死亡を明らかにする戸籍の証明であり，遺言執行者が家庭裁判所で選任された場合は，そのことを明らかにした審判書と，これに遺言書をも添付するのが実務の扱いである[18]。

権利承継を証する情報　　遺言執行者がいない場合で，遺言者の法定相続人が申請人となるときは，相続人の権利承継を証する情報を添付しなければならない（令第7条第1項第5号イ）。具体的には，遺贈者である被相続人と，法定相続人の相続関係を表す，市町村長の作成した戸籍の写しである。なおこの情報を，実務では〈相続証明書〉と言い表すことがある。

代理権限を証する情報　　登記の申請を代理人が行う場合には，代理人の〈代理権限を証する情報〉を添付しなければならない。例えば，申請人であるEその他の者がこの登記の申請を司法書士Xに委任したときは（任意代理），代理人の代理権限を証する情報として，Eやその他の者がXに登記申請を委任した旨の〈委任状〉を作成してそれを申請情報に添付しなければれ

---

[18] 昭和44年10月16日民事甲第2294号回答　登記研究第265号

ばならない。

登録免許税 所有権移転登記の登録免許税額は，登記原因によって異なる。遺贈を登記原因とする所有権の移転登記については，原則として課税標準金額に1,000分の20を乗じて算出する（登録免許税法別表第一の一の㈡のハ）。但し，受遺者が法定相続人である場合には，相続を登記原因とするものに準じて課税標準金額に1,000分の4を乗じて算出することができるとするのが実務の扱いである[19]。

(4) 申請情報の例

書面申請の例 次は，上記の事実関係に従って，遺言執行者がいない場合の登記の申請を代理人Xが書面で行う場合の例である。

```
         登 記 申 請 書
登記の目的    所有権移転
原   因    平成２２年３月１０日遺贈
権 利 者    ○○○（Eの住所を記載する）
            E
義 務 者    ○○○（Bの住所）
            亡A  相続人    B
            ○○○（Cの住所）
            亡A  相続人    C
            ○○○（Dの住所）
            亡A  相続人    D
添付情報
   登記原因証明情報   登記識別情報   住所証明書   印鑑証明書
   権利承継情報       代理権限証明書
平成○○年○月○○日申請   ○○地方法務局○○支局
代 理 人    ○○○（Xの住所を記載する）
            X
            連絡先の電話番号 ・・・・・
（以下，省略する）
```

登記記録の例 上記の申請に基づき，登記記録には所有権移転登記が次のように実行される。

---

[19] 平成15年4月1日民二第1032号通達第1-2イ

310　第5章　相続

権利部（甲区）	（所有権に関する事項）		
順位番号	登記の目的	受付年月日・受付番号	権利者その他の事項
5	所有権移転	平成○○年○月○日 第○○○号	原因　平成○年○月○日売買 所有者　○○○ 　　　　　　A
6	所有権移転	平成○○年○月○日 第○○○号	原因　平成22年3月10日遺贈 所有者　○○○　E

5　関連知識の整理

相続を登記原因とする所有権移転登記や，相続に関連する遺言による登記についての関連知識は，次のとおりである。

(1)　申請

相続をめぐる登記の申請に関しては，次のような取扱いが示されている。

申請及び申請人

➤ 胎児を相続人とする相続の登記を申請することができる。この場合登記記録には，「亡何某　妻何某　胎児」と記録する[20]。

➤ 所有権の登記名義人について数次に相続が開始した場合，各相続について順次相続による所有権移転の登記を申請すべきである。しかし，中間の相続人が単独で相続した場合には，直ちに現在の相続人の名義とする所有権移転登記を申請することができる[21]。なお，中間の相続人が単独の場合には，中間の相続について，法定相続人一人の場合の他に，共同相続であっても遺産分割協議や特別受益者がいるなどで相続人が一人になったときも含まれる。

---

[20] 胎児は，相続に関しては既に生まれたものとみなされる（民法第886条第1項　明治31年10月19日民刑第1406号回答　不動産登記記録例191）　なお，胎児の出生後には，「出生」を登記原因として登記名義人氏名変更の登記をおこなう（不動産登記記録例602）。

[21] 昭和30年12月16日民事甲2670号通達　例えば甲土地について，A死亡により相続が開始してBが相続し，その登記が未了の間にBが死亡してCがBより甲土地を相続により取得したような場合には，本来は登記名義人をAから相続を登記原因として一度Bに移し，その後更に相続を登記原因としてBからCへの所有権移転登記をすべきであるが，中間の相続人がB単独の場合には，それへの移転登記を省略してAからCへと直接所有権を移転する登記を申請することができる。ただし，登記原因証明情報は，二つの相続の過程を証するものでなければならない。なおこのような相続を「数次相続」と呼んでいる。

> 相続を登記原因として所有権移転登記を申請する場合，被相続人の住所が登記記録と死亡した時で異なっていても，予め被相続人についての登記名義人住所変更の登記を申請することを要しない[22]。
> A死亡による相続が開始し，BとCが共同相続したがそれによる所有権移転の登記の未了の間にBが死亡してCがBの相続人となった場合でも，Aから直接Cへと相続による所有権移転登記を申請することはできない[23]。
> 共同相続人の一人は，共有物保存行為として共同相続人全員のため相続による所有権移転登記を申請することができる[24]。
> 甲土地について，所有者であったAが，所有権の2分の1をBに遺贈し，残り2分の1はCが相続した場合，先ず遺贈によるAからBへの所有権一部移転の登記をし，その後にAからCへの持分移転（A持分全部移転）の登記をすべきである[25]。
> 共同相続人中に不在者がいる場合，不在者の財産管理人は家庭裁判所の許可を得て遺産分割の協議に参加することができ，その協議に基づいて相続による所有権移転登記を申請することができる[26]。

遺産分割に関するもの
> 相続が開始し，共同相続による所有権移転の登記がなされる前に遺産分割の協議が成立し，ある不動産については単独の相続人が相続により取得した場合，被相続人より共同相続の登記を経由することなくその者に対して直接に，相続を登記原因とする所有権移転登記を申請することができる[27]。

---

[22] 明治33年3月7日民刑第260号回答　既に述べたが，相続による権利の移転登記は単独申請であり（法第63条第2項），したがって被相続人は申請情報と登記記録で符合を求められる法第25条7号の登記義務者に該当しない。なお，登記原因証明情報中に，住所等について被相続人の登記記録上と死亡時の間の関係性を証するものが必要であることはいうまでもない。
[23] この場合，中間の相続が共同相続であるから，実務上認められている数次相続にはあたらないと解している（登記研究第424号219頁　質疑応答）。
[24] 登記研究第157号45頁　質疑応答
[25] 登記研究第523号139頁　質疑応答
[26] 昭和39年8月7日民三第597号回答
[27] 昭和19年10月19日民事甲第692号

➤ 相続が開始し，被相続人の妻Aとその親権に服する未成年の子Bが共同相続人である場合，両者の間で遺産分割協議を行うことは民法第826条に定める利益相反行為に該当する[28]。なお，その遺産分割協議により親権者のAが相続財産を取得しない場合であっても同様であると解されている[29]。

➤ 相続が開始し，被相続人の妻Aとその親権に服する未成年の子のBとCが共同相続人である場合，共同相続人間で遺産分割協議を行う場合には未成年者の一人一人に各別の特別代理人を選任すべきである[30]。

➤ 法定相続の登記をした後に，相続人の一人が他の相続人に相続分の譲渡をし，その後当該他の相続人の間で遺産分割協議が成立した場合には，相続分の譲渡に関する登記を省略して遺産分割を登記原因とする持分移転の登記をすることができる[31]。

遺贈に関するもの

➤ 共同相続人の中の一人に対して包括遺贈する旨の遺言による所有権移転登記を申請する場合，登記原因は遺贈とすべきである。これに対して共同相続人の全員に包括遺贈する旨の遺言により所有権移転登記を申請する場合には，その遺言は相続分の指定と解することができるので（民法第902条第1項），登記原因を相続とすべきである[32]。

➤ 受遺者が遺言執行者に指定されている場合，遺言執行者は，登記権利者たる受遺者及び登記義務者たる遺言執行者として登記の申請をすることができる[33]。

➤ 相続人ではない第三者に不動産を相続させる旨の遺言がなされた場合，その第三者に対しては，遺贈を登記原因とする所有権移転登記を申請することができる[34]。

---

[28] 昭和28年4月25日民事甲第697号通達
[29] 登記研究第459号97頁　質疑応答
[30] 昭和30年6月18日民事甲第1264号通達
[31] 登記研究第752号169頁　質疑応答
[32] 昭和38年11月20日民事甲第3119号回答
[33] 登記研究第322号73頁　質疑応答
[34] 登記研究第480号131頁　質疑応答

➢「遺言者は，相続財産中の甲土地を長男のAに相続させる」旨の遺言がなされた場合，甲土地については相続を登記原因としてAに対する所有権移転登記を申請することができる[35]。
➢「遺言執行者は不動産を売却してその代金から負債を支払い，残額を受遺者に分配する」旨の遺言に基づいて遺言執行者が相続財産の不動産を売却した場合，当該不動産に対して買主への所有権移転登記をなす前に，相続人の名義とするための相続による所有権移転登記をすべきである[36]。
➢被相続人Aが「妻Bと長男Cに甲土地を各2分の1の割合で相続させる」旨の遺言をした後に，A死亡の前にBが死亡し，その後AがXに対して甲土地の持分2分の1を売買して所有権一部移転の登記をした場合，Aが死亡したときは，甲土地のA持分2分の1をCに対して相続による所有権一部（A持分全部）移転の登記を申請することができる[37]。
➢相続及びその他の登記原因証明情報の一部として自筆証書遺言を提供（添付）するときは，遺言書は家庭裁判所の検認を受けたものであることを要する（民法第1004条第1項）[38]。
➢遺贈を登記原因とする所有権移転登記を申請する場合，申請情報と併せて提供すべき登記原因証明情報には，登記名義人の死亡を証する情報の他に遺言書が必要である[39]。

寄与分に関するもの
➢相続が開始し，共同相続による登記がなされる前に共同相続人間の協議により寄与分が定められた場合，寄与分が定められた後の相続分をもって，相続による所有権移転登記を申請することができる[40]。
➢共同相続による登記がなされた後に共同相続人間の協議で寄与分が定め

---

[35] 昭和47年4月17日民事甲第1442号通達
[36] 昭和45年10月15日民事甲第4160号回答
[37] 平成5年6月3日民三第4308号回答
[38] 平成7年12月4日民三第4344号通知
[39] 登記研究第733号157頁　質疑応答
[40] 昭和55年12月20日民三第7145号通達

➤ られた場合は，既になされた相続による所有権移転登記を更正（持分更正）するための登記を申請することができる[41]。
➤ 共同相続による登記がなされた後に共同相続人間の協議で寄与分が定められ，更に遺産分割の協議がなされた場合は，相続による所有権移転登記を更正（持分更正）する登記をすることなく，遺産分割を登記原因とする共有持分の移転の登記を申請することができる[42]。

相続人が不存在のとき

➤ 所有権の登記名義人が死亡したけれど相続人が存在しないために相続財産法人が成立した場合には，相続財産管理人は被相続人所有の不動産について，「亡　何某　相続財産」とするための登記名義人氏名変更の登記を申請することができる[43]。この場合，登記の目的は，「何番所有権登記名義人氏名変更」とするのが相当である[44]。
➤ 表題登記のみなされている不動産について表題部所有者が死亡して相続が開始したがその相続人が不存在の場合，相続財産管理人は当該不動産を相続財産法人の名義とするための所有権保存登記を申請することができる[45]。
➤ 相続財産について，特別縁故者に対して財産分与をする旨の審判が確定した場合，その特別縁故者は，審判の確定日を登記原因の日付として「民法第958条の3の審判」を登記原因とする所有権移転登記の申請をすることができる[46]。なお，この申請については，審判書の正本及びその確定証明書を登記原因証明書として提供することを要する。
➤ 共有不動産について，共有者中の一人が相続人なくして死亡し，特別縁故者への財産分与もなされなかったときには，その持分について「特別縁故者不存在確定」を登記原因として，他の共有者に持分の移転登記を

---

[41] 昭和55年12月20日民三第7145号通達
[42] 昭和55年12月20日民三第7145号通達
[43] 昭和10年1月14日民事甲第39号通達
[44] 登記研究第707号193頁　質疑応答
[45] 登記研究第399号82頁　質疑応答
[46] 昭和37年6月15日民事甲第1606号通達

申請することができる。なお，登記原因の日付は，特別縁故者からの財産分与の申立てがなかった場合には，財産分与の申立て期間満了の翌日であり，財産分与の申立てはなされたが却下された場合には，却下の審判確定の翌日である[47]。

遺留分減殺に関するもの
➢ 第三者に対して遺贈（贈与）による所有権移転登記がなされた後に，受遺者に対して相続人より遺留分の減殺請求がなされた場合，受遺者への所有権移転登記の抹消をすることなく，「遺留分減殺」を登記原因として遺留分権利者への所有権移転登記を申請することができる。これに対して，受遺者への遺贈（贈与）による所有権移転登記がなされる前に遺留分減殺請求がなされた場合には，被相続人名義からその請求をなした者に対して直接「相続」を登記原因とした所有権移転登記を申請することができる[48]。
➢ 登記権利者と登記義務者が，遺留分減殺を登記原因として所有権移転登記を共同で申請する場合，提供すべき登記原因証明情報には登記権利者が遺留分権利者であることを証する戸籍の写し等をも必要とする[49]。

相続分の譲渡に関するもの
➢ 相続が開始し，共同相続による所有権移転の登記がなされる前に相続人の一人が他の相続人に自分の相続分を譲渡した場合には，譲渡後の相続分をもって相続による所有権移転登記を申請することができる。また，A・B・Cが共同相続人である場合，Aが自分の相続分をBに譲渡し，BとCの間でBが甲不動産を単独で相続する旨の遺産分割協議が成立したときは，Bは甲土地を自分の名義とするための相続による所有権移転登記を申請することができる[50]。
➢ 相続が開始し，共同相続の登記がなされた後に，相続人の一人が他の相

---
[47] 平成3年4月12日民三第2398号通達
[48] 昭和30年5月23日民事甲第973号回答
[49] 登記研究第464号117頁　質疑応答
[50] 昭和59年10月15日民三第5196号回答

続人に相続分の譲渡したときには，相続分の譲渡が有償でなされたときは「年月日相続分の売買」，無償でなされたときは「年月日相続分の贈与」を登記原因として，共有持分の移転登記を行うことができる[51]。
➢ 共同相続人の一人が，相続人ではない第三者に自分の相続分の譲渡をした場合には，まず，譲渡人を含めた共同相続人の名義とするための所有権移転登記をおこない，その後に相続分の譲渡人から譲受人に対して「相続分の売買（贈与）」を登記原因とした持分移転の登記を申請すべきである[52]。

(2) 登記原因証明情報

➢ 相続を登記原因とする権利移転の登記等における添付書面の原本還付を請求する場合において，いわゆる相続関係説明図が提出されたときは，登記原因証明情報のうち，戸籍の謄本・抄本，除籍の謄本に限り，当該相続関係説明図をこれらの書面の謄本として取り扱って差し支えない[53]。

➢ 相続の放棄をした者がいる場合，相続を登記原因とする所有権移転登記を申請する際の登記原因証明情報には，相続放棄申述受理通知書をその一部とすることはできない[54]。

➢ 相続を登記原因とする登記の申請において，登記原因証明情報の原本還付を請求する場合，戸籍（除籍）の謄本・抄本に限り，相続関係説明図をもってこれらの書面の謄本として取り扱うことができるが，登記記録上の所有者（被相続人）の住所と本籍地（最後の住所地）が異なる場合に登記所に提供する当該登記名義人と被相続人の同一性を証する書面を原本還付する場合に，相続関係説明図をその書面の謄本として取り扱うことはできない[55]。

---

[51] 登記研究第506号148頁　質疑応答
[52] 平成4年3月18日民三第1404号回答　同趣旨登記研究第728号243頁　質疑応答
[53] 平成17年2月15日民二第457号通達第1の7
[54] 登記研究第720号205頁　質疑応答　この場合には，相続放棄申述受理証明書を提供（添付）すべきである，との考えによるものであろう。
[55] 登記研究第694号227頁　質疑応答

第6章

仮登記

　仮登記は，登記の実際において使用頻度がそれほど高いとも思えない。しかしこの手続を理解することで，視点を変えて登記の構造を眺めることができるようになり，そのことが前項まで述べてきた通常なされる登記の理解をより深めることに役立たせることができる。そこで本書では，法第105条の第1号と第2号に定められた二種類の仮登記を始め，仮登記された権利の処分，仮登記に基づく本登記そして仮登記の抹消まで，仮登記をめぐる手続の主要なものを順次採りあげることにした。とはいえ，本書はあくまでも初学者を対象とするので，ここでも仮登記をめぐる手続の基本的な説明にとどめることにする。

1　基本事例―所有権移転仮登記―

　事例　平成22年3月1日，BとAは，A所有の甲土地を金3,000万円でBに売買する契約を，甲土地の所有権はBがAに対して売買代金全額の支払い時にAからBに移転する旨の特約付きで結んだ。その後，平成22年3月31日に，BはAに売買代金の全額を支払い，同日甲土地の引き渡しを受けると同時に登記の手続を行うことになった（本編売買の基本事例と同じ）。ところが，Aは登記の申請にさいして登記義務者として登記所に提供すべき登記識別情報を失念してしまった。そこでBとAは，登記識別情報が提供できないことを理由に（手続上の条件不備），所有権移転仮登記を申請することにした（法第105条第1号，規則第178条）。

(1) 実体関係の整理

この事例は，売買による所有権移転の基本事例と同様であり，売買契約自体は有効に成立し，特約に定めた事項の履行も終わっているので，甲土地の所有権は平成22年3月31日にAからBに移転したものと判断することができる。

(2) 手続関係の整理

土地に関する権利の変動は生じたが，それによる登記（通常であればなされる登記）を申請するために必要な次の情報が提供・添付できない場合には，当事者は仮登記を申請することができる（法第105条第1号，規則第178条）。なお，この仮登記は，手続上の条件の不備を理由になされるので〈条件不備の仮登記〉と呼ばれる。また，法第105条の第1号を根拠になされるので，〈1号仮登記〉と呼ばれることもある。

添付できない情報

➢ 登記識別情報

➢ 登記原因について第三者の許可等を証する情報[1]

仮登記の手続であるが，第三者への対抗力を有していないとはいえ仮登記も登記であり[2]，したがって，まず申請作業の原則に従って登記権利者と登記義務者が共同で行うことができるし（法第60条），次に，仮登記はその予備的な性質に鑑みて，一定の要件を満たせば当事者が単独で申請することができるものとされている。そこで手続については，先に共同申請を述べ，次に単独申請を述べることにする。

寄り道　仮登記の実体関係と手続関係

ここでの事例は，ある不動産について物権変動（この例では所有権の移転）が生じたところまでは，本編冒頭の売買による所有権移転の基本事例と全く同様であるが，手続を進める上で一定の不備があり，当事者が本来であれば求めるであろう登記（所有

---

[1] 登記原因に対して第三者の許可等を要する場合，それがなければ権利の変動は生じないので（つまり登記に至らない），法文が適用されるのは，許可等は出されたがそれを証する情報（許可書等）が申請人の手元に揃わない場合である。

[2] 仮登記は，民法にいう対抗力を備えた意味での登記ではない。しかし，登記簿への一定事項の記録という手続的な意味合いでは登記である。

権移転登記) をすることが出来ないので，やむをえず法第105条第1号の仮登記を行うのである。これに対して，次の事例に登場する法第105条第2号の仮登記は，当事者の間でなされたのは予約契約であり，そこでは（通常求める）登記の前提となる物権の変動が生じていないけれど（所有権は未だ移転していない），将来不動産の物権が変動する可能性のある実体関係（法律関係）が生じたので（売買予約契約と予約完結権），それを公示するものである。したがって，前者と後者の仮登記は，不動産をめぐる実体関係に本質的な違いがある。ところが，この二つの仮登記は，いずれも一定の要件のもとで単独申請ができるし，通常の共同申請で行う場合には登記義務者の登記識別情報の提供を要しない等，手続作業においては仮登記で括られ，ほぼ同じ扱いを受ける。つまり，法第105条の第1号と第2号の仮登記は，実体関係（登記の原因）は異なるが，手続は同様の作業でなされる。このことを念頭に，整理を進めると理解しやすいように思う。

現在の登記記録

仮登記であっても登記に違いはないので，ここでも他の権利の登記の申請と同じように，現在の登記記録の内容の確認が作業の前提である。甲土地の登記記録は次の例のとおりであるものとする。

権利部（甲区）	（所有権に関する事項）		
順位番号	登記の目的	受付年月日・受付番号	権利者その他の事項
5	所有権移転	平成○○年○月○日 第○○○号	原因　平成○年○月○日売買 所有者　○○○ 　　　　　A

求める登記【所有権移転仮登記】

上記の事実関係に従えば，手続上の条件不備を理由とした所有権移転仮登記である。

申請人　手続が原則的な共同申請でなされる場合には，次のとおりである。

【(仮) 登記権利者】　この登記を行うことにより所有権に関する仮登記名義人となり，登記記録上で利益を受けることになる者であり，この例ではBである。

【(仮) 登記義務者】　この登記を行うことで，自分の所有する不動産の登記記録の所有権欄に所有権移転の仮登記を負担することになり不利益を被る現在の所有権登記名義人であり，この例ではAである。

(3) 申請の作業

共同で行う仮登記の申請作業の要点は，次のとおりである。

申請情報　仮登記は対抗力が備わっていない予備的なものでも，「登記」であることについて通常のそれ（仮登記ではない登記）と変わることはない。これについては申請情報の内容に関しても同様であり，所有権移転仮登記のそれは，登記の目的に仮登記である旨を明示する他は，基本的には通常の所有権移転の申請情報の内容と変わるところはない。次に，申請情報の内容の主なものをあげておく。

　　登記の目的　　仮登記であることを明示して〈所有権移転仮登記〉と記載する。

　　原因　　登記原因[3]に関しては，仮登記であっても目的不動産について権利が動いた原因であり，この例については売買の基本事例と同様で，〈平成22年3月31日売買〉である。

　　申請人　　権利者と義務者について，それぞれ〈住所と氏名〉を記載する。申請人が法人である場合には，〈代表者の氏名〉をも記載する。この他，〈連絡先の電話番号〉もここに記載するが，代理人によって申請を行う場合，この記載は要しない。

　　添付情報　　この申請に提供を求められる添付情報を表示する。具体的なものは，次の〔添付情報〕に示すとおりである。

　　登記所　　この登記を申請する登記所，つまり甲土地を管轄する登記所である。

　　申請年月日　　申請情報を送信する日，もしくは申請書を登記所に提出する日である。

　　代理人　　この登記が代理人によって申請される場合には，代理人の住所・氏名を表示しなければならない。

　　登録免許税額　　登記の申請には，〈登録免許税〉を納付する必要があり，これを金額とともに申請情報の内容に記載しなければならない。また，納付税額が定率課税で決められる場合には，〈課税価格〉をも記載しなければなら

---

[3] これを指して「仮登記原因」ということがあるが，申請情報など手続の上でそのように表示することはない。

ない。算出方法等については，後述する。

　不動産の表示　　登記を求める不動産を，土地については〈所在・地番・地目・地積〉で，建物は〈所在・家屋番号・種類・構造・床面積〉をもって表示する。なお建物については，附属建物がある場合及び区分建物については表示が幾分異なる。

　その他　　上記の他に，事例に応じて次のような情報を記載しなければならない。

　登記識別情報の通知を不要とする旨　　登記識別情報について，その通知を受けるべき者，この例ではＢがそれを不要とする場合には，申請情報にその旨を記載しなければならない（法第21条但し書，規則第64条第2項）。

　添付情報　　この例のように，共同申請でなされる仮登記についての添付情報は一般的なそれであり，仮登記であることを理由に特に提供を求められものはない。次に，主なものをあげておくことにするが，仮登記の申請については，後述するように，仮登記であるがゆえに提供を求められない情報がある。

　登記原因証明情報　　登記は当事者の手続上の都合で仮登記を求めることになっているが，登記原因となった権利の変動は，本例では売買の基本事例と同様であり，したがって登記原因証明情報には〈売買契約書〉や〈登記原因証明情報〉が使われることもある。

　電子証明書・印鑑証明書　　申請が電子申請でなされる場合については，申請人全員（この例ではＡとＢ）の電子署名についての〈電子証明書〉が必要であり，書面申請については，登記義務者（この例ではＡ）の，市（区）町村長が作成した作成後3月以内の〈印鑑証明書〉を添付しなければならない。

　その他　　申請の内容に従って，次のものの提供が求められる。

　代理権限を証する情報　　登記の申請を代理人が行う場合には，代理人の〈代理権限を証する情報〉を添付しなければならない。例えば，ＡとＢがこの登記の申請を司法書士Ｘに委任したときは（任意代理），代理人の代理権限を証する情報として，ＡとＢがＸに登記申請を委任した旨の〈委任状〉を作成してそれを申請情報に添付しなければならない。Ｂが未成年者で，法定代理人（親権者）のＹとＺが登記の申請を行う場合には（法定代理），

BとY・Zの身分（親子）関係を明らかにする市町村長の作成した〈戸籍の証明〉を，申請情報に添付しなければならない。

資格を証明する情報　申請人が会社等の法人である場合には，例えば株式会社であれば商業登記上の〈現在事項証明書〉など，代表者の代表権を明らかにする情報（資格証明書）を添付しなければならない。なお，一定の場合，この情報は省略することができる。

提供（添付）を求められない情報

仮登記は予備的な登記であることから，一般的な登記の申請では求められる情報のうち下記のものは提供・添付を求められない。

➢ 登記義務者の登記識別情報（法第105条第1号，規則第178条）[4]
➢ 登記原因についての第三者の許可等を証する情報（法第105条第1号，規則第178条）[5]
➢ 所有権移転仮登記の申請についての〈住所を証する情報（令別表三十添付情報ロ）〉[6]

登録免許税　所有権移転仮登記の登録免許税額は，登記原因によって異なる。売買については，「その他の原因による（所有権の）移転の登記」の区分にあたるので（登録免許税法別表第一の一の（十二）のロの(3)），課税標準金額（手続の上では課税価格という）に対して1,000分の10を乗じて算出する。課税標準金額は，売買による所有権移転の事例で述べたとおりである。

(4) 申請情報の例

次は，上記の事実関係に従った登記の申請を代理人Xが書面で行う場合の例である。

---

[4] 仮登記の理由である。
[5] 仮登記の理由である。ただし，変更登記を申請する場合に登記上の利害関係を有する第三者がいるときの，その者の承諾を証する情報はこれに該当しない。なぜなら，変更登記は，その提供があった場合に付記登記でなされ，提供がなければ主登記でなされるように（法第66条），登記実行の形式が変わってしまうからである。
[6] 昭和32年5月6日民事甲第879号通達

```
　　　　登　記　申　請　書
登記の目的　　所有権移転仮登記
原　　　因　　平成２２年３月３１日売買
権　利　者　　○○○（Ｂの住所を記載する）
　　　　　　　　　Ｂ
義　務　者　　○○○（Ａの住所を記載する）
　　　　　　　　　Ａ

添付情報
　登記原因証明情報　　印鑑証明書　　代理権限証明書
平成○○年○月○○日申請　○○地方法務局○○支局
代　理　人　　○○○（Ｘの住所を記載する）
　　　　　　　　　Ｘ
　　　　　　連絡先の電話番号　・・・・・
課税価格　　　金○○○円
登録免許税　　金○○円
不動産の表示
　所　　在　　○○市○○町○○
　地　　番　　○番○
　地　　目　　宅地
　地　　積　　○○・○○m²
```

（吹き出し）仮登記である旨を明示する。

登記記録の例　上記の申請に基づき，登記記録には所有権移転仮登記が次のように実行される。

権利部（甲区）	（所有権に関する事項）		
順位番号	登記の目的	受付年月日・受付番号	権利者その他の事項
5	所有権移転	平成○○年○月○日 第○○○号	原因　平成○年○月○日売買 所有者　○○○ 　　　　　Ａ
6	所有権移転 仮登記	平成○○年○月○日 第○○○号	原因　平成２２年３月３１日売買 権利者　○○○ 　　　　　Ｂ
	余　白	余　白	余　白

将来の本登記に備えて余白が設けられる（規則第179条第1項）。

(5) 単独申請によってなす仮登記

　事実関係は，本章前例と同様としておき，仮登記義務者[7]の承諾がある場合

---

[7] 共同申請では登記権利者と登記義務者と呼ばれる者が，仮登記を申請する場合には同様の立場であっても「仮」を付けて仮登記権利者と仮登記義務者のように呼ばれる。但し，申請情報にこのような記載をするわけではない（申請情報例を参照）。

と裁判所の，仮登記を命ずる処分がある場合には（法第107条第1項，第108条），仮登記権利者が単独で仮登記の申請をすることができるので，前例で，BがAより仮登記に関する承諾を得て単独で仮登記の申請を行うこととしたのであれば，手続の要点は次のとおりである。

求める登記【所有権移転仮登記】 当事者が求める登記は前例と変わらず，ここでも所有権移転仮登記である。

申請人 前例と異なり，仮登記権利者Bの単独申請である。

① 申請の作業

仮登記権利者が単独でする所有権移転仮登記の申請作業の要点は，次のとおりである。

申請情報 仮登記といっても，申請情報の内容は基本的には通常の登記と同様であり，申請が単独でなされる場合でも同じである。事例の事実関係に法令の規定をあてはめて必要な申請情報の内容を集約すると以下のようになる。

申請人 この例の申請人は，（仮）登記権利者のみである。申請情報の上で，権利者が単独で申請行為を行うことを明示するために，〈申請人〉との冠記を加えるのが実務の扱いである。なお，申請行為に加わらない（仮）登記義務者も申請情報の内容には記載しなければならない。申請人が法人である場合や連絡先の電話番号の記載は，基本事例と同様である。

《上記以外の申請情報の内容》 全て前例と同様である。

添付情報 （仮）登記義務者に求められる（申請情報もしくは代理権限証明書への電子署名に対する）電子証明書や印鑑証明書は，その者が手続行為に関わらないので添付を要しない。その他は，次のものを除いて前例と同様である。

承諾を証する情報 Aが作成した，仮登記を行うことを承諾する旨の情報であり（法第107条第1項，令別表六十八添付情報ロ），電子的に作成されたものである場合には作成者がこれに電子署名をして電子証明書を添付し（令第12条第2項，第14条)[8]，書面により作成された場合には，作成者であるAの印鑑証明書[8]をも添付しなければならない（令第19条）。

登録免許税　所有権移転仮登記の登録免許税額は，登記原因によって異なる。前例で述べたように，売買については，「その他の原因による（所有権の）移転の登記」の区分にあたるので（登録免許税法別表第一の一の（十二）のロの(3)），課税標準金額（手続の上では課税価格という）に対して1,000分の10を乗じて算出する。課税標準金額は，売買による所有権移転の事例で述べたとおりである。

② 申請情報の例

次は，上記の事実関係に従った登記の申請を代理人Xが書面で行う場合の例である。

```
         登　記　申　請　書
登記の目的　　所有権移転仮登記
原　　因　　　平成２２年３月３１日売買
権　利　者　　○○○（Bの住所を記載する）
（申請人）　　B
義　務　者　　○○○（Aの住所を記載する）
              A

添付情報
  登記原因証明情報　　承諾を証する情報[9]　　代理権限証明書
    平成○○年○月○○日申請　　○○地方法務局○○支局
代　理　人　　○○○（Xの住所を記載する）
              X
              連絡先の電話番号　・・・・・
課税価格　　　金○○○円
登録免許税　　金○○円
不動産の表示
  所　　在　　○○市○○町○○
  地　　番　　○番○
  地　　目　　宅地
  地　　積　　○○・○○m²
```

（吹き出し）仮登記権利者の単独申請であることを明示するために，申請人との表示を加える。

（吹き出し）仮登記義務者は，申請人ではないが申請情報の内容であるために記載しなければならない。

登記記録の例　この申請による登記記録の例は，前例と同じである。

---

[8] これは，Aが申請人として提供するものではなく，仮登記の承諾をした者の立場で提供するものである。

[9] これには，前述のように承諾した者の印鑑証明書が添付されていなければならない。

2 応用事例Ⅰ―予約契約による仮登記―

事例 平成22年3月1日，BとAは，A所有の甲土地を将来Bが取得する売買予約契約を結び，その権利を保全するための所有権移転請求権仮登記をすることになった（法第105条第2号）。

(1) 実体関係の整理

将来契約を成立させることを約した契約を予約契約といい，一般に（売買の一方の予約では）権利者は，予約による契約を将来確定的に成立させるための予約完結権を取得すると解されている。そして契約の目的が不動産である場合には，これにより権利者が取得した所有権の移転請求権についての仮登記をすることができる（法第105条第2項）。

(2) 手続関係の整理

甲土地についての所有権は未だ変動はしていないけれど，Bは所有権移転請求権の仮登記をすることができる。仮登記権利者が単独で申請できる場合があることについては，基本事例と同様である。ここでは，共同申請を行う場合を述べることにする。

求める登記
【所有権移転請求権仮登記】　予約契約により生じた請求権を保全するための登記である。

申請人　手続が原則的な共同申請でなされる場合には，次のとおりである。

【(仮)登記権利者】　この登記を行うことにより所有権に関する仮登記名義人となって，登記記録上で利益を受ける者であり，この例ではBである。

【(仮)登記義務者】　この登記を行うことで，自分の所有する不動産の登記記録の所有権欄に所有権移転請求権の仮登記を負担することになり不利益を被る現在の所有権登記名義人であり，この例ではAである。なお，(仮)登記義務者の住所，氏名等が，登記記録と一致していなければならないことは，

他の登記の申請と同様である。

⑶ **申請の作業**
ここでの登記の申請作業の要点は，次のとおりである。

申請情報 所有権移転請求権仮登記の申請情報の内容は次のとおりであるが，これも基本事例の所有権移転仮登記と同様に，一般的な申請情報の内容のみにより構成される。

登記の目的 〈所有権移転請求権仮登記〉と記載する。
原因 〈平成22年3月1日売買予約〉である。
≪上記以外の申請情報の内容≫ 全て前例と同様である。

添付情報 基本事例（共同申請の場合）と同様である。なお繰り返しになるが，所有権移転登記の申請に必要な〈住所を証する情報〉は，仮登記の申請の際には不要である。また，共同申請の登記義務者に求められる〈登記識別情報〉は，仮登記の申請には不要である（法第107条第2項）。

登録免許税 基本事例と同様である。

⑷ **申請情報の例**
次は，上記の事実関係に従った登記の申請を代理人Xが書面で行う場合の例である。

```
       登 記 申 請 書
登記の目的  所有権移転請求権仮登記
原   因  平成22年3月1日売買予約
権 利 者  ○○○（Bの住所を記載する）
              B
義 務 者  ○○○（Aの住所を記載する）
              A
```

```
添付情報
  登記原因証明情報    印鑑証明書    代理権限証明書
  平成○○年○月○○日申請　○○地方法務局○○支局
  代　理　人　　　○○○（Xの住所を記載する）
                   X
              連絡先の電話番号　・・・・・
課税価格      金○○○円
登録免許税    金○○円
不動産の表示
  所　　在    ○○市○○町○○
  地　　番    ○番○
  地　　目    宅地
  地　　積    ○○・○○m²
```

登記記録の例　上記の申請に基づき，登記記録には所有権移転請求権仮登記が次のように実行される。

権利部（甲区）	（所有権に関する事項）		
順位番号	登記の目的	受付年月日・受付番号	権利者その他の事項
5	所有権移転	平成○○年○月○日 第○○○号	原因　平成○年○月○日売買 所有者　○○○ 　　　　　A
6	所有権移転請求権仮登記	平成○○年○月○日 第○○○号	原因　平成２２年３月１日売買予約 権利者　○○○ 　　　　　B
	余白	余白	余白

将来の本登記に備えて余白が設けられる（規則第179条第１項）。

3　応用事例Ⅱ─仮登記上の権利の処分─

事例　平成22年3月1日，BとAは，A所有の甲土地を将来Bが取得する売買予約契約を結び，Bは契約上の権利を保全するための所有権移転請求権仮登記をした（前例）。その後平成23年1月10日，Bは甲土地に対するAとの売買予約契約上の権利をCに売買し，これによる登記を行うことにした。

(1)　実体関係の整理

　売買予約契約により権利者が取得した権利は財産権であるから，他人に譲渡することができる。

(2) 手続関係の整理

　仮登記によって保全された権利が処分された場合，例えば仮登記によって保全された所有権移転請求権が仮登記名義人から他の者に移転したときには，仮登記上の権利を移転する登記を申請することができる。

求める登記
【所有権移転請求権の移転】

　仮登記によって保全されている所有権移転請求権を移転するための登記である。ここで注意すべきは，ここでは仮登記によって保全された権利が処分されて確定的に移転しているのであるから，なされる登記は仮登記ではなく通常の登記，言い換えるなら"本登記"である。

寄り道　仮登記上の権利の処分と登記

　仮登記によって保全されている権利には，二種類のものがある。法第105条第1号の仮登記（1号仮登記）によって保全されている権利は，所有権であれ賃借権であれ，権利自体に問題があるわけではなく，登記の申請にあたって手続上の条件が不備であるから将来の登記に備えて"仮"に記録（手続法の上では，記録を"登記"と呼ぶ）されているのである。一方，法第105条第2号の仮登記（2号仮登記）は，権利者から見ると，①登記できる所有権などの権利は未だ取得してはいないが，将来それを得ることができる"請求権"を得た，又は②登記できる所有権などの権利を"条件付"で得た場合等に，将来所有権等を得て登記を行う場合に備えて"仮"の記録を行うのである。

　次に，仮登記により保全された権利が処分等された場合の手続であるが，法第105条第1号の仮登記によって保全されている権利が，仮登記名義人から他の者に売買等で処分された場合，それによる登記は売主の"所有権等の権利"が本来は登記を求めているのにもかかわらず，手続上の障害があって"仮"登記をした経緯があり，したがって仮登記の理由となった不備を解消しないまま次に"通常"の登記を行うことは出来ないと考えるので，再び"仮"登記をなさざるを得ないのである。これに対して，法第105条第2号に基づいてなされる仮登記によって保全されている権利が同様に仮登記名義人から他の者に売買等で処分された場合，"予約契約上の権利や条件付き権利"が買主等の権利者に確定的に移ったのであれば，登記されている予約契約上の権利（請求権）や条件付き権利の登記名義を新たな権利者に移し替える登記が必要となり，この例であれば"所有権移転請求権の移転"を行ことになる。そして，繰り返すけれどこれは"仮登記"ではない[10]。

---

[10] このときに，手続上の条件が不備であれば，（仮登記された）請求権を移転する仮登記をすることも考えられるが，これは全く別の問題である。

申請人　手続が原則的な共同申請でなされる場合には，次のとおりである。

【登記権利者】　この登記を行うことにより，所有権移転請求権仮登記の新たな登記名義人となって，登記記録上で利益を受ける者であり，この例ではCである。

【登記義務者】　この登記を行うことで，自分が登記記録上に持っていた所有権移転請求権の登記名義を失うことになり不利益を被る者であり，この例ではBである。登記義務者の住所，氏名等が，登記記録と一致していなければならないことは，ここでも他の登記の申請と同様である。

(3)　申請の作業

ここでの登記の申請作業の要点は，次のとおりである。

申請情報　所有権移転請求権の移転の登記の申請情報の内容は，移転登記一般に求められるものである。なお，仮登記の移転であるがゆえに特に求められる申請情報の内容はない。

登記の目的　〈所有権移転請求権の移転〉と記載する。

原因　〈平成23年1月10日売買〉である。

申請人　権利者と義務者について，それぞれ〈住所と氏名〉を記載する。申請人が法人である場合には，〈代表者の氏名〉をも記載する。この他，〈連絡先の電話番号〉もここに記載するが，代理人によって申請を行う場合，この記載は要しない。

添付情報　この申請に提供を求められる添付情報を表示する。具体的なものは，次の〔添付情報〕に示すとおりである。

その他　上記の他に，事例に応じて次のような情報を記載しなければならない。

登記識別情報を提供できない理由　登記義務者が正当な理由により登記識別情報の提供が出来ない場合には，その旨を申請情報の内容に記載しなければならない（令第3条第12号）。

登記識別情報の通知を不要とする旨　登記識別情報について，その通知を受けるべき者，この例ではCがそれを不要とする場合には，その旨を申請情

報の内容に記載しなければならない（法第21条但し書，規則第64条第2項）。
≪上記以外の申請情報の内容≫　全て前例と同様である。

添付情報　　　移転登記に求められる添付情報であり，次のとおりである。

登記原因証明情報　　この例の場合には，売買予約契約上の権利を譲渡することを内容とする〈契約書〉や〈登記原因証明情報〉である。

登記識別情報　　共同申請の登記義務者について求められる情報であり，この例ではBが，甲土地に所有権移転請求権仮登記の登記名義を取得した際に登記所から通知を受けたものである。登記義務者のBが正当な理由により登記識別情報の提供ができない場合には，売買の基本事例で述べたような手続をとることができることは，通常の登記と変わらない。

電子証明書・印鑑証明書　　申請が電子申請でなされる場合については，申請人全員（この例ではBとC）の電子署名についての〈電子証明書〉が必要であり，書面申請については，登記義務者（この例ではB）の，市（区）町村長が作成した作成後3月以内の〈印鑑証明書〉を添付しなければならない。

その他　　申請の内容に従って，次のものの提供が求められる。
代理権限を証する情報，資格を証明する情報や登記原因について第三者の許可等を証する情報については，売買による所有権移転の基本事例と同様である。

登録免許税　　所有権移転請求権の移転は定額課税であり，不動産一個につき金1,000円を納付する（登録免許税法別表第一の一の（十四））。

(4)　申請情報の例

次は，上記の事実関係に従った登記の申請を代理人Xが書面で行う場合の例である。

```
          登 記 申 請 書
登記の目的    6番所有権移転請求権の移転
原    因    平成23年1月10日売買
権 利 者    ○○○（Cの住所を記載する）
             C
義 務 者    ○○○（Bの住所を記載する）
             B

添付情報
   登記原因証明情報    登記識別情報    印鑑証明書
   代理権限証明書
平成○○年○月○○日申請　○○地方法務局○○支局
代 理 人    ○○○（Xの住所を記載する）
             X
             連絡先の電話番号　・・・・・
登録免許税    金○○円
不動産の表示
   所   在    ○○市○○町○○
   地   番    ○番○
   地   目    宅地
   地   積    ○○・○○m²
```

登記記録の例　上記の申請に基づき，登記記録には所有権移転請求権の移転の登記が次のように実行される。なお所有権移転請求権の移転は，付記登記で実行される（規則第3条第5号）。

権利部（甲区）	（所有権に関する事項）		
順位番号	登記の目的	受付年月日・受付番号	権利者その他の事項
5	所有権移転	平成○○年○月○日 第○○○号	原因　平成○年○月○日売買 所有者　○○○ 　　　　　A
6	所有権移転請求権 仮登記	平成○○年○月○日 第○○○号	原因　平成22年3月31日売買予約 権利者　○○○ 　　　　　B
	余　白	余　白	余　白
付記1号 （付記登記で実行される。）	6番所有権移転請求権の移転	平成○○年○月○日 第○○○号	原因　平成23年1月10日売買 権利者　○○○ 　　　　　C

4　応用事例Ⅲ―手続上の条件が具備された場合―(仮登記に基づく本登記)

事例　平成22年3月1日，BとAは，A所有の甲土地を金3,000万円でBに売買する契約を，甲土地の所有権はBがAに対して売買代金全額の支払い時にAからBに移転する旨の特約付きで結び，同月31日にBはAに代金金額を支払ったが，手続上の条件が不備であったために所有権移転仮登記を行った（本章の基本事例）。その後，Aの登記識別情報が判明したので，甲土地のBに対する所有権移転登記を行うことになった。なお，仮登記に基づく本登記の手続に関しては，前提となる仮登記が手続上の条件不備によりなされたものと（1号仮登記），請求権保全もしくは条件付き権利としてなされたもの（2号仮登記）では実体関係に違いがあるが，ここでは条件不備による仮登記に基づく本登記を述べ，後者については要点のみ説明を加えることにする。

(1)　**実体関係の整理**

　　基本事例と同様である。

(2)　**手続関係の整理**

　事例に基づく所有権移転登記は，本来は売買による所有権移転であり，手続は売買による所有権移転登記の項で述べたことをそのまま当てはめればよい。しかし，この事例が売買による所有権移転の基本事例と異なるのは，既に条件不備の仮登記がなされていることであり，したがって仮登記を前提にして手続を進めるところが大きく異なる。なお，前提に仮登記がなされているこのような登記の手続を，一般に"仮登記の本登記"と呼ぶ。

　　　　　　　　　当事者の求める登記は所有権移転である。しかし，こ
求める登記　　れだけでは仮登記を前提にするものかどうか明らかでは
【所有権移転】　ないので，この申請が仮登記を前提にする登記であるこ
とを申請情報の内容に加えなければならない。

申請人　手続が原則的な共同申請でなされる場合には，次のとおりである。

【登記権利者】　この登記を行うことにより所有権の登記名義人となり，登記記録上で利益を受けることになる者であり，この例ではBである。なお仮登記に基づく（本）登記を申請する際には，登記権利者の住所，氏名等は，仮登記の登記記録上のそれに符合していなければならない。

【登記義務者】　この登記を行うことで，登記名義を失って不利益を被る現在の登記名義人であり，この例ではAである。登記義務者の住所，氏名等が，登記記録と一致していなければならないことは，他の登記と同様である。ところで，仮登記がなされた後に（仮）登記義務者であった者が権利を処分してその登記がなされる場合がある。この例でいえば，AがBに対して所有権移転仮登記をなした後に，AがCに所有権移転登記（本登記）をしてしまった場合である。この時に，Bが所有権移転（本）登記を申請するときの登記義務者は仮登記をした時の（仮登記）義務者であったAであるか，それとも現在の所有権登記名義人のCであるかが問題となる。これについて実務では，登記義務者は現在の所有権登記名義人のCではなく，Bに所有権移転の仮登記をなした際の（仮）登記義務者であったAであるとしている。この時にCは，AからBへの所有権移転（本）登記を申請することに対しての，登記上の利害の関係を有する第三者に該当する者となり（法第109条），AからBへの所有権移転登記の申請に承諾を与えれば，その登記が実行された時に登記官の職権により自分を所有権登記名義人とした登記（AからCへの所有権移転登記）が抹消されるのである（法第109条第2項）。一方，Cの立場にある者がAからBへの所有権移転（仮登記の本登記）に承諾を与えない場合，Bへの所有権移転登記は申請することができない（法第109条第1項）。

(3) **申請の作業**

ここでの登記の申請作業の要点は，次のとおりである。

申請情報　仮登記に基づく本登記の申請情報の内容は，その旨を記載する他，仮登記がなされていない場合と基本的に変わらない。但し，形式的に見た場合，登記原因の内容は，条件不備の仮登

記とそれに基づく本登記は同一であるが，請求権保全の仮登記とそれに基づく本登記は異なる。これは，基礎となる法律関係が，前者は同一であるが後者は別であるところによるものである。このことは，所有権移転以外の仮登記に基づく本登記についても同様である。次に，登記の目的と登記原因を述べておく。

登記の目的　既に述べたように，仮登記に基づく本登記であることを明示するために，実務では〈6番仮登記の所有権移転本登記〉[11]のように記載する[12]。

原因　〈平成22年3月31日売買〉である[13]。

≪上記以外の申請情報の内容≫　売買の基本事例と同様である。

添付情報　次の情報を除き，売買の基本事例と同様である。

登記上の利害関係人の承諾を証する情報等　登記上の利害関係を有する第三者があるときは，その者が作成した承諾に関する情報又はその第三者に対抗することができる裁判があったことを証する情報の添付を要する（令別表六十九添付情報イ）。同様に，本登記につき利害関係を有する抵当証券の所持人又は裏書人がいる場合には，その者の作成した承諾に関する情報と抵当証券を添付しなければならない（令別表六十九添付情報イ，ロ）。仮登記担保契約に関する法律の適用を受ける仮登記に基づく本登記を申請する場合には，同法第18条本文の規定により当該承諾に代えることができる同条本文に規定する差押えをしたこと及び清算金を供託したことを証する情報を添付しなければならない（令別表六十九添付情報イ）。

---

[11] 申請情報の内容の登記の目的は，通常はそのまま登記事項として記録される。しかし仮登記に基づく本登記の場合，申請情報にはこのように記載されても登記記録には〈登記の目的　所有権移転〉と記録がなされる（後記記録例を参照）。

[12] 仮登記に基づく本登記である旨の記載がなされないと，その登記が仮登記を前提とする手続であるか否かの区別がつかない。

[13] これは，本文でも述べたが，先になした仮登記の登記原因（仮登記原因）と同一である。

登録免許税　仮登記を前提とする登記については，それがない場合と比べて一定の割合の金額が控除されることがある（登録免許税法第17条）。

(4) 申請情報の例

次は，上記の事実関係に従った登記の申請を代理人Xが書面で行う場合の例である。

```
　　　　　登　記　申　請　書
登記の目的　　6番仮登記の所有権移転本登記
原　　　因　　平成22年3月31日売買
権　利　者　　○○○（Bの住所を記載する）
　　　　　　　B
義　務　者　　○○○（Aの住所を記載する）
　　　　　　　A

添付情報
　登記原因証明情報　　登記識別情報　　印鑑証明書
　住所証明情報　　　　代理権限証明書
平成○○年○月○○日申請　○○地方法務局○○支局
代　理　人　　○○○（Xの住所を記載する）
　　　　　　　X
　　　　　　　連絡先の電話番号　・・・・・
課税価格　　　金○○○円
登録免許税　　金○○円　登録免許税法第17条による[14]。
不動産の表示
　所　　在　　○○市○○町○○
　地　　番　　○番○
　地　　目　　宅地
　地　　積　　○○・○○m$^2$
```

登記記録の例　上記の申請に基づき，登記記録には仮登記に基づいてなされた所有権移転登記が次のように実行される。なお，仮登記に基づく登記（仮登記の本登記）は，前提となった仮登記を実行する際に登記記録に設けられた余白に実行される（規則第179条第2項）。

---

[14] 規則189条3項

権利部（甲区）	(所有権に関する事項)		
順位番号	登記の目的	受付年月日・受付番号	権利者その他の事項
5	所有権移転	平成〇〇年〇月〇日 第〇〇〇号	原因　平成〇年〇月〇日売買 所有者　〇〇〇 　　　　A
6	所有権移転仮登記 （余白に実行される。）	平成〇〇年〇月〇日 第〇〇〇号	原因　平成２２年３月３１日売買 権利者　〇〇〇 　　　　B
	所有権移転	平成〇〇年〇月〇日 第〇〇〇号	原因　平成２２年３月３１日売買 所有者　〇〇〇 　　　　B

(5) 請求権保全の仮登記に基づく本登記について

　（本）登記をする際に前提となっている仮登記が，前掲例は条件不備の仮登記であったが，これと異なり請求権保全の仮登記あるいは条件付き権利である場合（法第105条第2号の仮登記）の（本）登記の手続は，基本的には前掲例と同じであり，申請情報や添付情報は形式において異なるところはない。しかし，登記原因については，その実質（内容）が条件不備の仮登記に基づく本登記では仮登記と同じであるが，仮登記が請求権保全もしくは条件付き権利でなされている場合には，本登記することとなった（権利の変動の）原因に従うことになり，ここが大きく異なるところである。このことは既に簡単にふれたが，ここでもう少し踏み込んで述べておくことにする。

　例えば，平成22年3月1日にA所有の甲土地を将来Bが取得する売買予約契約を結んで所有権移転請求権仮登記がなされたとした前述の応用事例1で，その後の平成23年1月10日にBがAに対して予約完結権を行使して甲土地の売買契約が成立すれば，物権の変動はその時点で生ずるのであるから，これによる所有権移転登記（仮登記の本登記）の登記原因は＜平成23年1月10日売買＞となるのである。このことは，前提となる仮登記が条件付きである場合も同様であり，例えば農地について，農地法に基づく都道府県知事の許可[15]を条件（停止条件）とする売買により条件付き仮登記をした後に許可が出された場合の登記原因の日付は，許可の日である[16]。なお，この場合は登

---

[15] 農地法第3条，第5条参照。
[16] 同様の事例でも，都道府県知事の許可を得た後に当事者が売買契約を結んだ場合などの登記原因の日付は，売買の日である。

記原因に第三者の許可等を要する場合に該当するので，添付情報の項で述べたように登記の申請（仮登記に基づく本登記）には申請情報に都道府県知事等の許可を証する情報を添付しなければならない（令第7条第1項第5号ハ）。

5　応用事例Ⅳ―予約契約の解除―

事例　平成22年3月1日，BとAは，A所有の甲土地を将来Bが取得する売買予約契約を結び，Bは契約上の権利を保全するための所有権移転請求権仮登記をした（応用事例1）。その後平成23年1月10日，BとAは甲土地に対する売買予約契約を解除した。

(1)　**実体関係の整理**

売買予約契約が解除されたことにより，不動産上にBが取得した権利は消滅した。

(2)　**手続関係の整理**

仮登記によって保全された所有権移転請求権が消滅したのであれば，その登記の抹消をすることができる。手続については，共同申請の他に，仮登記の名義人は一定の場合に単独で自分の仮登記の抹消の申請をすることができる（法第110条前段）。また，仮登記の登記名義人の承諾がある場合，利害関係人も仮登記の抹消を単独で申請することができる（法第110条後段）。ここでは，共同申請による手続を述べることにする。

【求める登記　所有権移転請求権抹消】　仮登記の抹消は通常の登記（いわば本登記）であり，仮登記でなされるわけではない[17]。

申請人　手続が原則的な共同申請でなされる場合には，次のとおりである。

【登記権利者】　この登記を行うことにより，自分が所有権登記名義人であ

---

[17] 登記の抹消を仮登記で申請することはあり得るが，これは全く別の問題である。

る登記記録から所有権移転請求権の仮登記が消えることで，登記記録上で利益を受ける者であり，この例ではAである。

【登記義務者】　この登記を行うことで，自分が登記記録上に持っていた所有権移転請求権の登記名義を失うことになり不利益を被る者であり，この例ではBである。ところで，既に述べたように，登記義務者の住所，氏名等が，登記記録と一致していない場合でも，登記の抹消をする場合に関しては，登記名義人の住所等の変更（更正）を証する情報を添付すれば，変更の登記を省略することができるが，所有権の仮登記の抹消についても同様である[18]。

(3) 申請の作業

ここでの登記の申請作業の要点は，次のとおりである。

申請情報　所有権移転請求権の抹消の申請情報の内容は，抹消登記のそれであり，抹消される登記が仮登記であるがゆえに特に求められるものはない。主なものは次のとおりである。

登記の目的　〈所有権移転請求権抹消〉と記載する。

原因　〈平成23年1月10日解除〉である。

その他　上記の他に，事例に応じて次のような情報を記載しなければならない。

登記識別情報を提供できない理由　登記義務者が正当な理由により登記識別情報の提供が出来ない場合には，その旨を申請情報の内容に記載しなければならない（令第3条第12号）。

《上記以外の申請情報の内容》　本編売買の基本事例と同様である。

添付情報　仮登記抹消の添付情報は，登記原因証明情報など一般的なそれを基本に概ね次のとおりであるが，共同申請でなされる場合には仮登記の抹消であるがゆえに特に提供を求められるものはない。

登記原因証明情報　この例の場合には，売買予約契約を解除して登記を

---

[18] 所有権以外の権利の抹消については，申請書に変更を証する書面（情報）を添付すれば登記義務者の住所等の変更の登記を省略することができるが（昭和31年10月17日民事甲第2370号通達），所有権に関する仮登記はここでいう所有権以外の権利に関する登記と同様に扱われる（昭和32年6月28日民事甲第1249号回答）。

抹消することを内容とした〈登記原因証明情報〉等である。

登記識別情報　　共同申請の登記義務者について求められる情報であり，この例ではＢが，甲土地に所有権移転請求権仮登記の登記名義を取得した際に登記所から通知を受けたものである。登記義務者のＢが正当な理由により登記識別情報の提供ができない場合には，売買の基本事例で述べたような手続をとることができることは，通常の登記と同じである。

登記上の利害関係を有する第三者等の承諾を証する情報　　登記上の利害関係を有する第三者があるときは，その者が作成した抹消の承諾に関する情報又はその第三者に対抗することができる裁判があったことを証する情報の添付を要する（令別表七十添付情報ハ）。

これ以外は，一般的な添付情報が事例に応じて求められる。

登録免許税　　登記の抹消は定額課税であり，不動産一個につき金1,000円を納付する（登録免許税法別表第一の一の（十五））。

(4) 申請情報の例

次は，上記の事実関係に従った登記の申請を代理人Ｘが書面で行う場合の例である。

```
　　　　登　記　申　請　書
登記の目的　　６番所有権移転請求権抹消
原　　　因　　平成２３年１月１０日解除
権　利　者　　○○○（Ａの住所を記載する）
　　　　　　　　Ａ
義　務　者　　○○○（Ｂの住所を記載する）
　　　　　　　　Ｂ

添付情報
　登記原因証明情報　　登記識別情報　　印鑑証明書
　代理権限証明書
平成○○年○月○○日申請　　○○地方法務局○○支局
代　理　人　　○○○（Ｘの住所を記載する）
　　　　　　　　Ｘ
　　　　　連絡先の電話番号　・・・・・
登録免許税　　金○○円
```

```
不動産の表示
　所　　在　　○○市○○町○○
　地　　番　　○番○
　地　　目　　宅地
　地　　積　　○○・○○m²
```

登記記録の例　上記の申請に基づき，登記記録には登記の抹消が次のように実行される。なお登記の抹消は，主登記で実行される。

権利部（甲区）	（所有権に関する事項）		
順位番号	登記の目的	受付年月日・受付番号	権利者その他の事項
5	所有権移転	平成○○年○月○日第○○○号	原因　平成○年○月○日売買 所有者　○○○ 　　　　　A
<u>6</u>	<u>所有権移転請求権仮登記</u>	<u>平成○○年○月○日第○○○号</u>	<u>原因　平成２１年３月３１日売買予約</u> <u>権利者　○○○</u> 　　　　　B
	余白抹消	余白抹消	余白抹消
7	6番仮登記抹消	平成○○年○月○日第○○○号	原因　平成２３年１月１０日解除

（注）登記事項が抹消されたことを表す記号（下線）が付される。

(5)　単独申請について

　仮登記は，仮登記名義人が単独でその抹消を申請することができる。前掲の例で，Ｂが単独でする仮登記の抹消手続の要点は，次のとおりである。

求める登記
【所有権移転請求権抹消】　　前例と同様に所有権移転請求権抹消である。

　申請人　　仮登記名義人Ｂの単独申請である。

申請情報　申請情報の内容については概ね前例と同様であるが，異なるところは次のとおりである。

　申請人　　申請人が単独で申請行為を行う仮登記名義人であることを明示するために，実務では住所，氏名等に〈仮登記名義人〉と冠記している。なお，申請行為に加わらない〈権利者〉も申請情報の内容ではあるので記載しなければならない。申請人が法人である場合や連絡先の電話番号の記載は，基本事例と同様である。

≪上記以外の申請情報の内容≫　前例と同様である。

添付情報　　単独で申請する仮登記名義人の当該仮登記に関する登記識別情報の添付を要する（令第8条第1項第9号）他は，前例と同様である。

登録免許税　　前例と同様である。

申請情報の例

次は，上記の事実関係に従った登記の申請を代理人Xが書面で行う場合の例である。

```
　　　　　　登　記　申　請　書
登記の目的　　6番所有権移転請求権抹消
原　　　因　　平成23年1月10日解除
権　利　者　　○○○（Aの住所を記載する）
　　　　　　　　A
義　務　者　　○○○（Bの住所を記載する）
（仮登記名義人）　B

添付情報
　　登記原因証明情報　　登記識別情報　　印鑑証明書
　　代理権限証明書
平成○○年○月○○日申請　○○地方法務局○○支局
代　理　人　　○○○（Xの住所を記載する）
　　　　　　　　X
　　　　　　連絡先の電話番号　・・・・・
登録免許税　　金○○円
不動産の表示
　　所　　在　　○○市○○町○○
　　地　　番　　○番○
　　地　　目　　宅地
　　地　　積　　○○・○○m²
```

登記記録の例
この申請による登記記録の例は，前掲例と同じである。

6　関連知識の整理

仮登記は，それを可能とする要件が法に明記されている（法第105条）。しかし，不動産をめぐる取引関係は多種多様であるために，それへの該当性に

疑義が生ずることがあり，取扱い例に示されたものが多い。

(1) 申請及び申請人

仮登記の申請等については，条件不備の仮登記と請求権保全の仮登記で基礎となる法律関係が異なるので，実務の取扱い方法は別に示されているものが多い。

法第105条第1号の仮登記

➢既にAからBへの所有権移転仮登記がなされている不動産に対して，さらにAからCへの所有権移転仮登記を申請することができる[19]。

➢共同根抵当権設定の仮登記を申請することはできない[20]。

➢抵当権の順位変更の仮登記を申請することはできない[21]。

➢相続を登記原因とする所有権移転仮登記を申請することはできない[22]。裁判所から仮登記を命ずる仮処分が出された場合でも同様である[23]。

法第105条第2号の仮登記

➢譲渡担保を登記原因とする所有権移転請求権仮登記は，申請することができない[24]。

➢相続を登記原因とする所有権移転請求権仮登記は，申請することができない[25]。

➢遺贈予約を登記原因とする所有権移転請求権仮登記は，申請することができない[26]。

---

[19] 明治33年2月2日民刑局長回答

[20] 昭和47年11月25日民事甲第4945号回答　共同根抵当権は，登記に対抗要件以外の効力が付されているからである（民法第398条の16）。

[21] 登記研究第314号64頁　質疑応答　抵当権の順位変更は，登記によって効力が発生するからである（民法第374条第2項）。

[22] 相続を原因とする権利の移転登記に関しては，それが登記義務者のいない単独申請であり登記識別情報の問題は出ないことや，相続に第三者の許可等は考えられないので，法第105条に該当することがないこと等が理由に考えられる。

[23] 昭和57年2月12日民三第1295号回答

[24] 昭和32年1月14日第76号　目的物の所有権が債権者に移転したことをもって，譲渡担保の成立と解していることによるものと思われる。

[25] 昭和32年3月27日民事甲第596号通達

[26] 登記研究第352号104頁　質疑応答

➢ 真正な登記名義の回復を登記原因とする所有権移転請求権仮登記は，申請することができない[27]。
➢ 離婚前の財産分与の予約を登記原因とする所有権移転請求権仮登記は，申請することができない[28]。

(2) 登記原因証明情報

〈所有権移転仮登記の登記原因証明情報の例〉

登記原因証明情報

1．登記申請情報の要項
　（1）登記の目的　　　所有権移転仮登記
　（2）登記の原因　　　平成　　年　　月　　日売買
　（3）当　事　者
　　　　　権利者　　　住所　○○
　　　　　　　　　　　A
　　　　　義務者　　　住所　○○
　　　　　　　　　　　B
　（4）不　動　産　　　後記のとおり

2．登記の原因となる事実又は法律行為
　（1）売買契約の締結
　　　　平成　　年　　月　　日，AとBは，本件不動産につき，売買契約を締結した。
　（2）所有権の移転
　　　　よって，本件不動産の所有権は，平成　　年　　月　　日，BからAに移転した。
　（3）仮登記の合意
　　　　平成　　年　　月　　日，AとBは，上記内容を所有権移転仮登記によって登記申請することに合意した。

平成　　年　　月　　日　　○○法務局　御中

　上記の登記原因のとおり相違ありません。
　　（権利者）住所　○○

　　　　　　　氏名　A　　　　　　　㊞

　　（義務者）住所　○○

---

[27] 登記研究第574号109頁　質疑応答　なお，真正な登記名義の回復を登記原因とする所有権移転仮登記（法第105条第1号）は可能であると考えられている。
[28] 昭和57年1月16日民三第251号回答

```
        氏名  B           ㊞

不動産の表示   （省略）
```

〈所有権移転請求権仮登記の登記原因証明情報の例〉

```
                    登記原因証明情報

 1．登記申請情報の要項
    （1）登記の目的     所有権移転請求権仮登記
    （2）登記の原因     平成　年　月　日売買予約
    （3）当 事 者
           権利者      住所  ○○
                       A
           義務者      住所  ○○
                       B
    （4）不　動　産     後記のとおり

 2．登記の原因となる事実又は法律行為
    （1）売買予約契約の締結
          平成　年　月　日，Bは，本件不動産につき，Aに売り渡す売買
       予約契約を締結した。
    （2）仮登記の合意
          平成　年　月　日，AとBは，上記内容を所有権移転請求権仮登
       記によって登記申請することに合意した。

 平成　年　月　日　○○法務局　御中

    上記の登記原因のとおり相違ありません。

    （権利者）住所  ○○

           氏名  A           ㊞

    （義務者）住所  ○○

           氏名  B           ㊞

 不動産の表示   （省略）
```

(3) 仮登記の抹消

　既に述べたように，仮登記を抹消する登記は通常の登記であって，仮登記

ではない[29]。仮登記の抹消は，原則にしたがって共同申請で行うが，一定の場合には仮登記の登記名義人が単独で申請することもできる。また，仮登記の登記名義人の承諾があれば，その仮登記について登記上の利害関係人は単独でその抹消の申請をすることができる（法第110条）。

➢仮登記は，仮登記名義人の承諾があれば，その仮登記について登記上の利害関係人は単独でその抹消の申請をすることができるが，ここでの登記上の利害関係人に仮登記義務者も含まれる[30]。

(4) 仮登記の更正

仮登記を更正する登記もすることができる。

➢既になされた法第105条第1号の仮登記を，法第105条第2号の仮登記に更正する登記を申請することができる。これとは逆の更正登記を申請することもできる[31]。

(5) 仮登記の本登記

既になされた仮登記に基づいて申請される登記を，仮登記の本登記と呼ぶ。これについては，登記義務者を誰にするかや，登記上の利害関係人への該当性について示されたものが多く，代表的なものは以下のとおりである。

登記義務者について

➢AからBに対する所有権移転仮登記がなされた後に，その不動産に対してAからCに対する相続による所有権移転登記がなされている場合，Bへの所有権移転登記（仮登記の本登記）はCを登記義務者として申請することができる。仮登記が所有権移転請求権であっても同様である[32]。

➢所有権以外の権利に関する仮登記がなされた後に，その不動産に第三者への所有権移転登記がなされた場合，その仮登記に基づく本登記を申請するときの登記義務者は，仮登記をした際の（仮）登記義務者である従来の所有権登記名義人か，現在の所有権登記名義人のいずれでも差し支

---

[29] 登記された権利を抹消する仮登記もすることができる（不動産登記記録例 563 581 参照）。
[30] 登記研究第461号117頁 質疑応答
[31] 登記研究第130号42頁 質疑応答
[32] 登記研究第273号73頁 質疑応答

えがない[33]。

登記上の利害関係人について
➢ 所有権移転仮登記がなされた後に，数次にわたり所有権移転の登記がなされている場合，仮登記権利者が仮登記に基づいて所有権移転の（本）登記を申請するさいに提供すべき登記上の利害関係を有する第三者の承諾を証する情報は，現在の登記名義人だけのもので足りる[34]。

仮登記全般について
➢ 所有権移転について仮登記に基づく本登記をなすべきところ，誤って独立の所有権移転登記がなされた（登記記録上に，仮登記に基づく本登記ではない，いわば普通の所有権登記がなされた）場合，これを仮登記に基づく本登記に更正することはできない[35]。

➢ 仮登記に基づく本登記を申請する際に，登記権利者の住所（氏名等）が登記記録上の仮登記名義のそれと符合しない場合には，本登記を申請する前に仮登記名義人の住所等の変更の登記を申請しなければならない[36]。

(6) **その他**
➢ 所有権移転仮登記及びそれに基づく所有権移転の登記（仮登記の本登記）がなされている不動産について，契約解除を登記原因としてそれぞれの登記（仮登記及びそれに基づく本登記）の抹消を申請する場合，一つの申請情報で申請することができる。この場合の登録免許税は，不動産1個であれば金1,000円で足りる[37]。なお，申請情報とともに提供すべき登記識別情報は，仮登記に基づく本登記の完了の際に通知されたもので足りる[38]。

---

[33] 昭和37年2月13日民三第75号回答
[34] 昭和37年7月30日民事甲第2117号通達
[35] 昭和36年3月31日民事甲第773号回答
[36] 昭和38年12月27日民事甲第3315号通達
[37] 昭和36年5月8日民事甲第1053号
[38] 登記研究第391号109頁　質疑応答

参考資料1　土地の登記事項証明書　例

法務省 HP　http://www.moj.go.jp/content/000001918.pdf　より

参考資料2　建物の登記事項証明書　例　　（2/2は省略する）

法務省HP　http://www.moj.go.jp/content/000001919.pdf　より

表　題　部	（主である建物の表示）	調製	余白	不動産番号	0000000000000

所在図番号	余白	
所　　在	特別区南都町一丁目　101番地	余白
家屋番号	101番	余白

①種類	②構造	③床面積　　㎡	原因及びその日付〔登記の日付〕
居宅	木造かわらぶき2階建	1階　80：00 2階　70：00	平成20年11月1日新築 〔平成20年11月12日〕

表　題　部	（附属建物の表示）			
符号	①種類	②構造	③床面積　㎡	原因及びその日付〔登記の日付〕
1	物置	木造かわらぶき平家建	30：00	〔平成20年11月12日〕

所　有　者	特別区南都町一丁目5番5号　法　務　五　郎

権　利　部（甲区）	（所有権に関する事項）		
順位番号	登　記　の　目　的	受付年月日・受付番号	権利者その他の事項
1	所有権保存	平成20年11月12日 第806号	所有者　特別区南都町一丁目5番5号 　　　　法　務　五　郎

権　利　部（乙区）	（所有権以外の権利に関する事項）		
順位番号	登　記　の　目　的	受付年月日・受付番号	権利者その他の事項
1	抵当権設定	平成20年11月12日 第807号	原因　平成20年11月4日金銭消費貸借同日設定 債権額　金4,000万円 利息　年2・60％（年365日日割計算） 損害金　年14・5％（年365日日割計算） 債務者　特別区南都町一丁目5番5号 　　　　法　務　五　郎 抵当権者　特別区北都町三丁目3番3号 　　　　株　式　会　社　南　北　銀　行 　　　（取扱店　南都支店） 共同担保　目録(A)第2340号

共　同　担　保　目　録				
記号及び番号	(A)第2340号		調製	平成20年11月12日
番　号	担保の目的である権利の表示	順位番号	予　備	
1	特別区南都町一丁目　101番の土地	1	余白	
2	特別区南都町一丁目　101番地　家屋番号　101番の建物	1	余白	

＊　下線のあるものは抹消事項であることを示す。　　整理番号　D23990　（2/2）　　1/2

350　参考資料

参考資料3　区分建物の登記事項証明書　例

法務省 HP　http://www.moj.go.jp/content/000001920.pdf　より

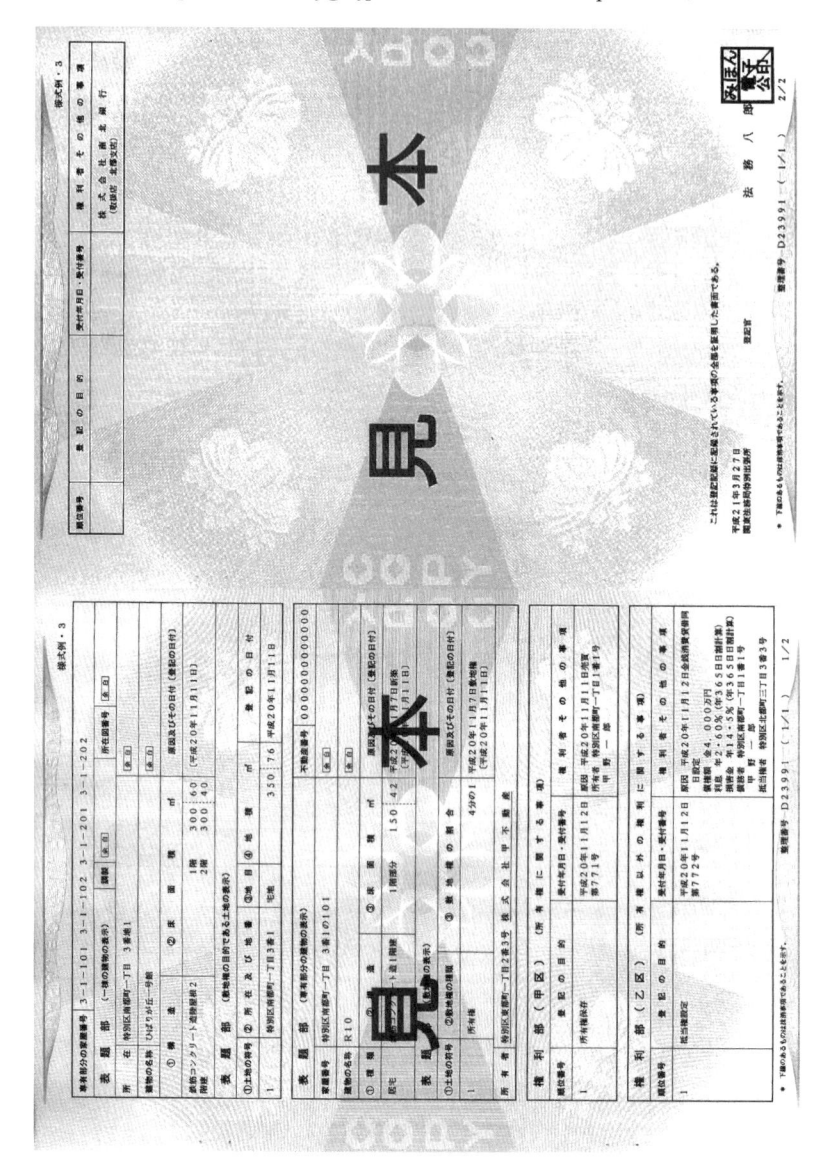

事項索引

い

遺言……………………305
遺言執行者……………305
遺産分割協議書………294
遺産分割の協議……290, 300
遺贈……………………305
一不動産一申請の原則……64
一不動産一登記記録の原則
　………………………61
一括申請………………64, 155
一筆の土地……………30
移転……………………29, 117
委任状…………………97
委任の終了……………168
印鑑証明書……………71, 73

え

永小作権………………28, 53

お

乙区……………………12, 14, 21
オンライン申請………42

か

買戻権…………………29
買戻しの特約…………56
家屋番号………………18
課税価格………………146
合併……………………273
仮登記…………8, 29, 104, 317
　——した権利の処分……109
　——に基づく本登記……333
　——の実行手続………107
　——の申請……………39

　——の本登記……………107
　——の抹消………………40
　管轄………………………10
元本確定…………………257
元本確定期日……………257, 260

き

却下………………………60
却下事由…………………60
共同申請の原則……8, 35, 36
共同担保目録……211, 216, 267
共同根抵当権……………265
共同根抵当権設定登記…264
共有………………………150
共有持分…………………150
共有持分権………………221
極度額……………………257, 259
　——の変更………………268
寄与分……………………294

く

区分建物…………………16, 32
　——の所有権保存登記
　……………………………193
　——の登記事項証明書
　……………………………350
区分地上権………………21

け

契約書……………………93
原本還付…………………102
権利承継者による所有権移転
登記………………………162
権利に関する登記………i
権利の登記………………7
権利部……………………12, 14

こ

甲区………………………12, 14, 20
公証人による認証………90
構造………………………18
戸籍の証明書……………294

さ

債権額……………………207
債権の範囲………………257, 259
債務者……………204, 208, 257, 260
先取特権…………………28, 54

し

資格者代理人による本人確認
　……………………………90
資格を証する情報………96
敷地権……………………16, 193
事前通知の手続…………88
質権………………………28, 54
主である建物……………15
主登記……………………8, 62
受領証……………………59
種類………………………18
順位番号…………………8, 23
順位変更…………………205
　——の登記………………230
条件不備の仮登記……104, 318
情報の内容………………9
消滅………………………29, 126
所在………………………17, 18
職権登記…………………34
処分の制限………………29
書面申請…………………42
所有権……………………28, 52
所有権一部移転…………153

所有権移転仮登記………317
所有権移転登記………138
所有権登記名義人………8, 36
所有権保存登記………39, 185
申請………8
　──の受付………58
　──の取下げ………59
　──の年月日………46
申請主義………8, 33, 34
申請情報………8, 40, 43
　──の審査………60
　──の内容………44
真正な登記名義の回復………168
申請人………8
　──の氏名又は名称及び住所………48
　──の適格性………187
人的編成主義………15

せ

請求権保全の仮登記………105
設定………29, 111
設定者………207, 259
前住所への通知………89
専有部分………32
　──の建物………16

そ

相続………39, 290
　──の放棄………294
相続登記………290
相続人………290
租税特別措置法………190
損害金………208

た

対抗要件………3
代理権限を証する情報………97
代理人………167
　──の氏名，又は名称及び住所………46
建物………31

　──の登記事項証明書………349
単独申請………36, 38
担保権………22

ち

地役権………21, 28, 53
地上権………21, 28, 52
地図………11
地積………17
地番………17
地目………17
賃借権………22, 28, 53

つ

追加設定の登記………214

て

抵当権………22, 28, 55, 204
　──の内容の変更………223
抵当権移転登記………234
抵当権者………207
抵当権設定登記………204
抵当権抹消………237
電子証明書………71, 73
電子署名………71
添付情報………9, 40, 43, 70
　──の省略………101
　──の提供………100
　──の表示………46
添付書面………43, 70
添付書類………43

と

登記………4, 7
　──できる権利………28
　──できる不動産………29
　──の実行………33, 61
　──の申請………33
　──の態様………29
　──の目的………48

登記官………5, 8
　──による本人確認………62
登記義務者………8, 36
登記記録………5, 12
登記原因………167
　──と日付………170
　──についての第三者の許可，同意，承諾を証する情報………98
登記原因及びその日付………48
登記原因証明情報………72, 90, 171
登記権利者………8, 35, 36
登記識別情報………72, 77, 174
　──の失効の申出………82
　──の通知………80, 81
　──の提供………79
　──の有効証明………83
　──を提供できない正当な理由………87
登記事項………7, 17
登記事項証明書………9
登記所………5, 8
　──の管轄………8
　──の表示………46
登記上の建物………31
登記上の土地………30
登記上の利害関係人………227
登記上の利害関係人の承諾を証する情報………227, 232
登記上の利害関係を有する第三者………121
登記申請書………49
登記申請人………35
登記済証………83, 174
登記簿………5
　──の謄本………23
登記名義人………8, 36
　──の氏名もしくは名称又は住所の変更………39
　──の住所等の変更（更正）の登記………124
登記名義人住所移転………156
登録免許税………46, 146, 182
　──の還付………61

特別受益者 …………… 294
特例方式 ……………… 100
土地 …………………… 30
　——の登記事項証明書
　　　　…………………… 348

ね

根抵当権 ……… 22, 28, 56, 256
　——の変更 …………… 268
根抵当権移転 …………… 274
根抵当権者 ……………… 259
根抵当権設定登記 ……… 257
年代別編成主義 ………… 15

は

売買 …………………… 139
判決 …………………… 169
　——による所有権移転登記
　　　　…………………… 159
　——による登記 ………… 38

ひ

被相続人 ……………… 290
被担保債権 …………… 204

表示に関する登記 ……… i
表示の登記 ……………… 7
表題登記 ……………… 186
表題部 ………………… 12, 14

ふ

付記登記 …………… 8, 25, 62
不正登記防止の申出 …… 63
附属建物 ……………… 15, 31
物上保証人 …………… 204
物的編成主義 ………… 15, 140
不動産登記 …………… 3
不動産登記法 ………… 5
不動産を識別するために必要
　な情報 ………………… 45
分筆登記 ……………… 31, 140

へ

変更 …………………… 29, 120

ほ

報告書 ………………… 94
法人の合併 …………… 39
法務局 ………………… 5

補正 …………………… 60
保存 …………………… 29, 111

ま

前に受けた登記の表示 …… 216
抹消（消滅） …………… 126

ゆ

床面積 ………………… 18

よ

用益権 ………………… 21

り

利息 …………………… 208

る

累積式根抵当権 ………… 265

れ

連件申請 ……………… 179, 218

著者紹介

齋藤 隆夫（さいとう たかお）
　昭和26年　千葉県生まれ
　昭和48年　國學院大学法学部卒業
　昭和55年　司法書士試験合格
　現　在　桜美林大学教授
　　　　　國學院大学法学部兼任講師

主要著書

『集中講義不動産登記法［第3版］』（2010年，成文堂）

不動産登記の仕組みと使い方
2012年3月20日　初版第1刷発行

著　者	齋　藤　隆　夫
発行者	阿　部　耕　一

〒162-0041　東京都新宿区早稲田鶴巻町514番地
発行所　株式会社　成文堂
電話 03(3203)9201(代)　FAX 03(3203)9206
http://www.seibundoh.co.jp

製版・印刷・製本　三報社印刷
ⓒ2012 T. Saito　　Printed in Japan
☆落丁・乱丁本はおとりかえいたします☆　検印省略
ISBN 978-4-7923-2621-0 C3032

定価（本体3200円＋税）